DAS ARBEITNEHMER-SCHUTZRECHT FÜR BUCHDRUCKER

mit besonderer Berücksichtigung der Lehrlingsordnungen für das Buchdruckgewerbe und dessen Verhältnis zum Deutschen Buchdrucker-Tarif

VON

WALTER MÜLLER

Dr. iur.

MÜNCHEN UND BERLIN 1932

KOMMISSIONS-VERLAG VON R. OLDENBOURG

Dresdner Akzidenz-Druckerei vorm. Richard Müller, G. m. b. H., Dresden-A., Pollerstraße 12/14.

MEINEN

LIEBEN ELTERN

IN

HERZLICHER

DANKBARKEIT

Inhaltsübersicht.

Dritter Abschnitt.

Vierter Abschnitt.

Literaturverzeichnis.

Bauer, Arbeitnehmerschutz, Handwörterbuch der Staatswissenschaften, Bd. I, Jena 1923.

Beyer, Die volkswirtschaftliche und sozialpolitische Bedeutung der Einführung der Setzmaschine im Buchdruckgewerbe, Freiburger volkswirtsch. Abhandlungen, herausgegeben von Diehl, 1. Bd., 1. Heft, Karlsruhe i. B. 1910.

Breyer, Leitfaden durch das Oesterreichische Arbeitsrecht. Der Versuch einer systematischen Darstellung, Wien 1923.

Constantin, Das rechtliche Verhältnis zwischen Versicherten und Berufsgenossenschaft in der Unfallversicherung, Diss. Leipzig 1928.

Debus, Arbeitsstreckung und Achtstundentag, Deutsche Arbeitgeber-Kartothek, IV. Jahrg. IV F. vom 1. Januar 1925.

Dechant, Der Kollektivvertrag nach österreichischem und deutschem Rechte, Wien, Leipzig, München, 1923.

Deutsche Buchdrucker-Berufsgenossenschaft, Unfallverhütung, Jahresberichte des technischen Aufsichtsdienstes, Leipzig.

Deutsche Buchdrucker-Berufsgenossenschaft, Berichte über die Geschäftsjahre, Leipzig.

Deutscher Buchdrucker-Verein, Deutscher Buchdruckertarif mit Erläuterungen, Berlin 1930.

v. Ende, Die Arbeitszeitverordnung, Kommentar, Stuttgart 1924.

Erdmann, Die Verordnung über die Arbeitszeit, Berlin 1928.

Fehlinger, Die internationale Arbeitsorganisation und ihre Ergebnisse, Sammlung Internationale Sozialpolitik, Berlin 1924.

v. Finck, Handlexikon der sozialen Gesetzgebung, Berlin 1909.

Findeisen, Das Reichsgesetz betr. Kinderarbeit in gewerblichen Betrieben, Leipzig 1904.

Flatow, Kom. z. Betriebsrätegesetz, 12. Auflage, Berlin 1928.

Frank, Das Strafgesetzbuch für das Deutsche Reich, Tübingen 1928.

Fürst, Hygiene im Buchdruckereiberuf und im poligraphischen Gewerbe, München und Berlin 1929.

Gesamtverband der christlichen Gewerkschaften Deutschlands, Die Verordnung über die Arbeitszeit, Berlin 1924.

Groh, Deutsches Arbeitsrecht, Breslau 1924.

Günther-Schneider, Arbeitszeitschutz, Berlin und Leipzig 1927.

Heréus, Die Deutschen Handwerkskammern als Glied der Verwaltung.

Herkner, Die Arbeiterfrage — Eine Einführung, Berlin und Leipzig 1921.

Heyde, Abriß der Sozialpolitik in Sammlung „Wissenschaft und Bildung“, Nr. 185, 4. Auflage, Leipzig 1922.

Hiller-Luppe, Gewerbeordnung für das Deutsche Reich nebst Kinderschutzgesetz und Hausarbeitsgesetz, 1921 mit Ergänzungsband 1925, Leipzig und Berlin.

Hoffmann, Die Reichsgewerbeordnung, Berlin 1930.

Hueck-Nipperdey, Lehrbuch des Arbeitsrechts, Berlin, I. Bd. 1928, II. Bd. 1929.

Hirte (Wilhelm), Tarifvertrag und Lehrvertrag, eine Untersuchung über die Konkurrenz zwischen der Regelungszuständigkeit des Tarifvertrags und der Zuständigkeit der Innungen und Handwerkskammern im geltenden Recht und zu dem Problem der Regelungszuständigkeit de lege ferenda, insbesondere angesichts des Entwurfs eines Berufsausbildungsgesetzes, Diss. Marburg 1928.

Jacobi, Einführung in das Gewerbe- und Arbeitsrecht, ein Grundriß, V. Auflage 1926.

ders., Betrieb und Unternehmen als Rechtsbegriffe, Sonderabdruck aus der Festschrift der Leipziger Juristenfakultät für Dr. Victor Ehrenberg, Leipzig 1926, Leipziger rechtswiss. Studien, Heft 21.

ders., Grundlehren des Arbeitsrechts, Leipzig 1927.

Jadesohn, Das gesamte Arbeitsrecht Deutschlands nach dem neuesten Stande, Bd. II, Berlin 1924.

Jäkel, Die gesetzliche Regelung der Arbeitszeit. Eine systematische Darstellung, Schriften des Instituts für ArbR. an der Universität Leipzig, 10. Heft, Leipzig 1926.

Jastrow, Was ist Arbeiterschutz, Arch. R. Phil. Bd. 6, S. 133—144, 317—333, 501—513, 1912/13.

Imle, Gewerbliche Friedensdokumente, Jena, 1905.

Kallee-Gros, Taschenbuch des Arbeitsrechts 1928.

Kandeler, Die Stellung der Berufsverbände im öffentlichen Recht, Berlin 1927.

Kaskel, Die rechtliche Natur des Arbeiterschutzes. In der Festschrift der Berliner Juristenfakultät für H. Brunner, Leipzig 1914 (Sonderdruck).

ders., Neuerungen im Arbeitsrecht, Berlin 1924.

ders., Arbeitsrecht, 3. Auflage, Berlin 1928.

Klehmet, Arbeitszeitrecht, Berlin 1924.

Köppe, Arbeiterschutzrecht im Handbuch der Politik, Bd. II.

Krahl, Der Verband der Deutschen Buchdrucker, Fünfzig Jahre deutsche gewerkschaftliche Arbeit mit einer Vorgeschichte, Bd. I, Leipzig 1916, Statistischer Teil zu Bd. II.

Krahl-Helmholz, Verband der deutschen Buchdrucker, Gewerkschaftliche Skizzen über die Zeit von 1866—1925.

v. Landmann-Rohmer, Kom. z. Gewerbeordnung für das Deutsche Reich, Bd. I 1928, Bd. II, 1. Teil 1930, München.

Leipart, Die Verordnung über die Arbeitszeit. Herausgegeben im Auftrag des ADGB. Berlin 1924.

Leymann, Arbeiterschutzvorschriften im Deutschen Reich, herausgegeben von der Deutschen Gesellschaft für Gewerbehygiene, Berlin 1927.

Lotmar, Arbeitsvertrag nach dem Privatrecht des Deutschen Reichs, I. Bd., 1902, II. Bd. 1908.

Matthaei, Grundriß des Arbeitsrechts, Leipzig 1923.

Mayer, Otto, Deutsches Verwaltungsrecht, 3. Aufl., München-Leipzig 1924.

Melzbach, Deutsches Arbeitsrecht. Zu seiner Neuordnung, Berlin und Leipzig 1923.

Morgenstern, Tarif und Lohn im Deutschen Buchdruckgewerbe, Berlin 1905.

Neitzel, Die Arbeitszeit der gewerblichen Arbeiter und Angestellten unter besonderer Berücksichtigung der Arbeitszeitverordnung vom 21. Dezember 1923. Berlin 1924.

Nelken, Die Deutschen Handwerker- und Arbeiterschutzgesetze. Berlin 1901.

Neukamp, Die Gewerbeordnung für das Deutsche Reich, Tübingen 1912.

Nikisch, Kom. z. Verordnung über die Arbeitszeit, Berlin 1929.

Nipperdey, Rechtsgutachten über Kurzarbeit, erstattet dem Verband von Arbeitgebern der sächsischen Textilindustrie, Chemnitz 1928.

ders., Die privatrechtliche Bedeutung des Arbeiterschutzes. Die Reichsgerichtspraxis im Deutschen Rechtsleben, Festgabe der juristischen Fakultäten zum 50jährigen Bestehen des Reichsgerichts, 4. Bd., S. 203 ff.

Oertmann, Deutsches Arbeitsvertragsrecht, Berlin 1923.

Oldenberg, Die Lehrlingszahl im Buchdruckgewerbe im Jahrbuch für Gesetzgebung, Verwaltung und Volkswirtschaft im Deutschen Reich, herausgegeben von Gustav Schmoller, 19. Jahrg. S. 1363 f, 1895.

Passow, Richard, Betrieb, Unternehmung, Konzern, Jena 1925.

Potthoff, Probleme des Arbeitsrechts, Rechtspolitische Betrachtungen eines Volkswirts, II. Auflage, Jena 1920.

ders., Kom. z. Arbeitszeitverordnung, Berlin 1927.

Reichsamt des Innern, Landesbehördliche Arbeiterschutzvorschriften, Berlin 1897 mit Nachträgen von 1902 und 1905.

Richter, Lutz, Arbeitsrecht als Rechtsbegriff, Leipzig, Heft 3 der Schriften des Instituts für Arbeitsrecht an der Universität Leipzig.

ders., Arbeitsrecht unter Stichworten, im Wirtschaftstaschenbuch für wissenschaftliche Assistenten, Leipzig 1925.

ders., Zur Arbeitszeitfrage, Rechtsgutachten über das Verhältnis der nach § 3 ArbZV. zulässigen Mehrarbeit zu tariflich vorgesehener Ausdehnung der Arbeitszeit für den Deutschen Textilarbeiterverband, 1928.

ders., Grundverhältnisse des Arbeitsrechts, Berlin 1928.
Rohde, Arbeitszeitverordnung in der Fassung des Arbeitszeitnotgesetzes v. 14. April 1927 nebst zugehörigen Gesetzen und Verordnungen, Berlin 1927.
Rohmer, Die Verordnung über die Arbeitszeit, München 1929.
Rohrscheidt, Kom. z. Gewerbe-Ordnung.
Schäfer, Tarifvertrag und Betriebsregelung. Rechtserhebliche Einigungen zwischen Arbeitgeber und Betriebsvertretung kraft Tarifvertrags, Schriften des Instituts für Arbeitsrecht an der Universität Leipzig, 21. Heft, Berlin 1930.
Schäffle, Zur Theorie und Politik des Arbeiterschutzes in der Zeitschrift für die gesamte Staatswissenschaft, Bd. 1890/91, Nr. 46/47.
Schenkel, Arbeiterschutz im Wörterbuch des Deutschen Staats- und Verwaltungsrecht, Bd. I, S. 149 ff., Tübingen 1911.
Schiff, Der Arbeiterschutz der Welt. Eine Uebersicht der Arbeiterschutzvorschriften aller Länder, Tübingen 1920.
Schindler-Deutschbein, Die Arbeitszeitverkürzung nach der Notverordnung vom 5. Juni 1931, München 1932.
Schindler- v. Hoffmann, Das Körperschaftsrecht des Handwerks, 1929.
Schuldt, Die Betriebsvereinbarung im Verhältnis zum Einzelarbeitsvertrag und zum Tarifvertrag, Berlin 1925.
Seidel, Karl, Die Handelskammer-Gesetzgebung der wichtigen Deutschen Länder, Leipz. Diss., 1929.
Seitz, Die Hygiene des Schriftgiessereigewerbes, eine Studie über die deutsche Schriftgießerei, Berlin 1924.
ders., Körperverhältnisse und soziale Umwelt im Buchdruckgewerbe Deutschlands, Leipzig 1929.
Sinzheimer, Grundzüge des Arbeitsrechts, Jena 1927.
Sitzler, Tarifvertragsrecht, Bd. II in „Das neue Arbeitsrecht", Berlin 1921.
Sombart, Die gewerbliche Arbeiterfrage, Leipzig 1912.
Spangenberg, Reichsgesetz betr. Kinderarbeit in gewerblichen Betrieben, Berlin 1903.
Staub, Kom. z. Handelsgesetzbuch, 12.—13. Auflage, 1. Bd. Berlin — Leipzig 1926.
Stengel-Fleischmann, Wörterbuch des deutschen Staats- und Verwaltungsrechts, 2. Aufl. 1911.
Stier-Somlo, Gewerbeordnung und Nebengesetze, Berlin 1923.
Stiller-Rothe, Das Druckereigewerbe im Handbuch des Arbeiterschutzes und der Betriebssicherheit, herausgegeben von Fr. Syrup, Bd. II, Berlin.
Syrup, Verordnung über die Arbeitszeit, Bd. 4, in Bücherei des Arbeitsrechts, Berlin 1924.
ders., Regelung des Arbeitsschutzes insbesondere der Arbeitszeit, Bd. 9, in Bücherei des Arbeitsrechts, Berlin 1928.

Tatarin-Tarnheyden, Die Berufsstände im Staatsrecht und die deutsche Wirtschaftsverfassung.

Tophoven, Die tarifliche Mehrarbeit und ihre privatrechtliche Bedeutung, Köln-Kalk, 1929.

Tschirsch, Wilhelm, Die Handwerks- und Gewerbekammer-Gesetzgebung Deutschlands, Leipz. Diss., 1930.

Voß, Sozialpolitik als Wissenschaft, Jena 1925.

v. Wiese, Einführung in die Sozialpolitik, Handelshochschulbibl. Bd. 9, 2. Auflage, Leipzig 1921.

Wölbling-Riese, Verordnung über die Arbeitszeit, Berlin 1924.

v. Zwiedineck-Südenhorst, Arbeiterschutz und Arbeiterversicherung, Leipzig, II. Auflage, 1912.

v. Zanten, Die Arbeiterschutzgesetzgebung in den europäischen Ländern, Jena 1902.

Abkürzungen.

Anm. Anmerkung.

ArbG. Das Arbeitsgericht (früher: Gewerbe- und Kaufmannsgericht), Monatsschrift des Arbeitsgerichtsverbandes, Berlin.

ArbR. Arbeitsrecht, Zeitschrift für das gesamte Dienstrecht der Arbeiter, Angestellten und Beamten, herausgegeben von H. Potthoff, Stuttgart.

ArbRSchl. Arbeitsrecht und Schlichtung (früher: Das Schlichtungswesen), herausgegeben von der Vereinigung der deutschen Schlichtungsausschüsse, Stuttgart.

ArbZAO. Anordnung über die Regelung der Arbeitszeit gewerblicher Arbeiter vom 23. November 1918 (RGBl. I, S. 1334), ergänzt durch die Anordnung vom 17. Dezember 1918 (RGBl. I, S. 1436), abgeändert durch die Verordnung über die Arbeitszeit vom 21. Dezember 1923 (RGBl. I, S. 1249).

ArbZV. Verordnung über die Arbeitszeit vom 21. Dezember 1923 (RGBl. I, S. 1249), in der Fassung der Bekanntmachung vom 14. April 1927 (RGBl. I, S. 114), abgeändert durch die Notverordnung vom 5. Juni 1931 (RGBl. I, S. 297).

BGB. Bürgerliches Gesetzbuch.

BlfArbR. Blätter für Arbeitsrecht, Ständige Beilage zur Deutschen Arbeitgeberzeitung, herausgegeben von Karger, Berlin.

BRG. Betriebsrätegesetz vom 4. Februar 1920 (RGBl. I, S. 147), abgeändert durch Gesetz vom 28. Februar 1928 (RGBl. I, S. 46).

DBT. Deutscher Buchdrucker-Tarif.

DBV. Deutscher Buchdrucker-Verein E. V. (Arbeitgeberorganisation), Sitz Berlin.

DHBl. Das Deutsche Handwerksblatt, Mitteilungen des Deutschen Handwerks- und Gewerbekammertages, Hannover.

E.d.ArbG. Entscheidung des Arbeitsgerichts.

GewO. Gewerbeordnung.

Gew.Ztg. Gewerkschaftszeitung, Organ des Allgemeinen Deutschen Gewerkschaftsbundes, Berlin.

GKG. Gewerbe- und Kaufmannsgericht (jetzt: Das Arbeitsgericht), Monatsschrift des Verbandes Deutscher Gewerbe- und Kaufmannsgerichte (jetzt: Arbeitsgerichtsverband), Berlin.

HGB. Handelsgesetzbuch.

JW. Juristische Wochenschrift.

Kom. Kommentar.

KorrfDB. Korrespondent für Deutschlands Buchdrucker, herausgegeben vom Verband der Deutschen Buchdrucker, Berlin.

KSchG. Gesetz, betreffend Kinderarbeit in gewerblichen Betrieben (Kinderschutzgesetz) vom 30. März 1903 (RGBl. I, S. 113), ergänzt durch Gesetz vom 31. Juli 1925 (RGBl. I, S. 162).

LArbG. Landesarbeitsgericht.

MitBl. Mitteilungsblatt des Schlichtungsausschusses Groß-Berlin.

MotorenVO. Bekanntmachung vom 13. Juli 1900, die Ausführungsbestimmungen des Bundesrats über die Beschäftigung von jugendlichen Arbeitern und Arbeiterinnen in Werkstätten mit Motorbetrieb betreffend (RGBl. I, S. 566).

NZfArbR. Neue Zeitschrift für Arbeitsrecht, Mannheim.

RArbBl. Reichsarbeitsblatt, herausgegeben vom Reichsarbeitsministerium, Berlin.

RArbG. Reichsarbeitsgericht.

RArbMin. Reichsarbeitsminister.

RG. Reichsgericht.

RVO. Reichsversicherungsordnung.

Sä. Industrie. Sächsische Industrie, Zeitschrift des Verbandes sächsischer Industrieller, Dresden.

SchlWes. Das Schlichtungswesen (jetzt: Arbeitsrecht und Schlichtung), herausgegeben von der Vereinigung der deutschen Schlichtungsausschüsse, Stuttgart.

Soz. Praxis. Soziale Praxis, herausgegeben von Heyde, Berlin und Jena.

TVO. Tarifvertragsordnung vom 23. Dezember 1918 (RGBl. I, S. 1456) in der Fassung der Bekanntmachung vom 1. März 1928 (RGBl. I, S. 47).

ZfDB. Zeitschrift für Deutschlands Buchdrucker und verwandte Gewerbe, herausgegeben vom Deutschen Buchdrucker-Verein E. V.

Vorbemerkung.

Das Buchdruckgewerbe hat auf die Entwicklung des Arbeitsrechts außerordentlich befruchtend eingewirkt. Buchdruckertarife stehen an der Spitze des Tarifrechts. Das Gewerbe hat sich nach der Beseitigung der gewerblichen Organisationsform der Zunft eine eigene neue gewerbliche Ordnung in den Buchdrucker-Tarifgemeinschaften geschaffen. Der deutsche Frühparlamentarismus des Jahres 1848 gab zur Bildung der ersten Tarifgemeinschaften unmittelbaren Anstoß und ihnen das Gepräge. Es waren freie Vereinigungen von Arbeitgebern und Arbeitnehmern mit dem Zweck, normativ festgesetzte Arbeitsbedingungen zugunsten der Arbeitnehmer zu sichern und mit Hilfe der Arbeitnehmer Maßnahmen zur Beschränkung des Konkurrenzkampfes durchzuführen. Diese Vereinigungen haben die beteiligten Arbeitgeber und Arbeitnehmer zueinander zu bestimmtem Verhalten und Leistungen in Bezug auf die Arbeitsverhältnisse verpflichtet, z. B. die Arbeitgeber, ihren Arbeitnehmern einen bestimmten Lohn zu zahlen. Das auf der Vereinssatzung beruhende obligatorische Rechtsverhältnis erfuhr durch eine stete Vermehrung der Mitgliederpflichten eine außerordentliche Ausgestaltung. Das Mitgliedschaftsverhältnis diente dazu, die Schäden des Grundsatzes vom freien Arbeitsvertrag zu beseitigen, die durch die Einführung der Schnellpressen und der Setzmaschinen hervorgerufene Arbeitslosigkeit und Ausnutzung der Lehrlinge als billige Arbeitskräfte abzuwenden, die Gefahren des Arbeitsvorgangs durch hygienische und soziale Maßnahmen abzuschwächen, die übermäßige Arbeitszeit und gewerbsübliche Sonntagsarbeit einzuschränken. Die Tarifgemeinschaften haben auf der Grundlage ihres Satzungsrechts einen hochentwickelten Lehrlingsschutz erreicht. Die Buchdruckertarife sind nicht nur bahnbrechend für das Tarifvertragsrecht geworden; sie haben auch mit ihrem sozialen Inhalt den Gesetzgeber bei der Schaffung des Arbeitnehmerschutzrechts beeinflußt. Die Lehrlingsordnungen für das Buchdruckgewerbe gehen unmittelbar auf die letzte Buchdrucker-Tarifgemeinschaft zurück. Diese Entwicklung zeigt, wie durch Selbsthilfe ein Gewerbe zur Verwirklichung des sozialreformatorischen Gedankens des Schutzes der Arbeitskraft zu kommen suchte, den schließlich der Staat mit seiner Arbeitnehmerschutzgesetzgebung verwirklicht hat.

Die vorliegende Arbeit setzt sich zum Ziel, zum ersten Male systematisch das Arbeitnehmerschutzrecht für Buchdrucker vom juristischen Gesichtspunkt aus zu behandeln, den umstrittenen Rechtscharakter der Lehrlingsordnungen für das Buchdruckgewerbe klarzustellen und das Verhältnis des Arbeitnehmerschutzrechts zu den Buchdruckertarifen aufzuzeigen.

I. Abschnitt.

Die Gefahren im Arbeitsverhältnis des Buchdruckers.

Zum Tatbestand der Leistung von Arbeit durch den rechtsfähigen Menschen für ein anderes Rechtssubjekt gehört die Unterstellung der Persönlichkeit des Trägers der Arbeitskraft unter fremden Willen, denn die Arbeit erfordert nicht bloß Arbeitskraft, sie beansprucht den Arbeitnehmer räumlich und zeitlich und bezieht ihn mit seinem gesamten körperlichen, geistigen und seelischen Dasein in ihren Vorgang ein. Indem sich so der ganze Mensch dem Arbeitsprozeß nach den Anweisungen eines anderen unterwerfen muß und seine Existenz und Integrität in großem Umfang in Mitleidenschaft gezogen wird, können unerträgliche Folgen entstehen. Es ist eine Aufgabe des modernen Staats, die Arbeitskraft, welche die Eigenart ihres Trägers teilt und sein Schicksal bestimmt, demjenigen zu schützen, der sie auf Grund eines Rechtsverhältnisses einem Dritten zur Verfügung stellt, auf daß der Berechtigte nicht wie der Eigentümer mit seiner Sache beliebig verfahren kann. Durch den personenrechtlichen Einschlag des Arbeitsrechts [1]), der erheblich in der Nachkriegszeit verstärkt wurde, wird in unserer Rechtsordnung, die vordem vorherrschend Eigentums- oder Wertbewegungsordnung war, diese Funktion erfüllt.

Die Gefahren des Arbeitsverhältnisses sind für alle Arbeitenden nicht die gleichen, sondern ebenso vielgestaltig und verschieden wie die Art der geleisteten Arbeit. Der Gegenstand des Betriebes, in dem der Arbeitnehmer eintritt, bestimmt die Eigenart der Betriebsmittel und beeinflußt die Dauer und Lage der Arbeitszeit und den Inhalt des Arbeitsvertrages. Der Schutz gegen die Gefahren im Arbeitsverhältnis, welchen die Rechtsordnung zu verwirklichen sucht, ist daher nicht genereller Natur, sondern ebenso vielseitig, wie die technischen Eigenarten der Betriebe. Die Schutzvorschriften müssen einerseits die individuellen Gefahrquellen der verschiedenen Betriebsmittel erfassen und andererseits sich der wirtschaftlichen Eigenart der mannigfaltigen Unternehmungen anpassen [2]). Daher besteht die Regelung des Arbeitnehmerschutzes aus einer Fülle von Sonderrechten, die ihrer Erscheinung nach eigenartige Lebensgebiete ordnen, doch ihrem Wesen nach

---

[1]) Lutz Richter, Arbeitsrecht als Rechtsbegriff, S. 23 ff.

[2]) Das kommt besonders zur Geltung nicht nur in der eigenen Ordnung des Betriebsschutzes für einzelne Gewerbe, sondern auch in der verschiedenartigen Regelung des Arbeitszeitschutzes für Bäcker, für das Anstaltspersonal der Pflege- und Krankenanstalten, für Apotheker, Schiffsleute, Bergleute, für die gewerblichen Arbeitnehmer, für die durch Tarifvertrag in begrenztem Rahmen eine individuelle Festsetzung der Ueberarbeit zugelassen ist, etc.

nicht besondere Rechtsgebiete bilden. Diese Sonderordnungen, die sich nicht durch ein gemeinsames Recht für alle Arbeitnehmer ersetzen lassen, knüpfen an die berufliche Gliederung der Arbeitnehmer an [3]). Vorliegende Untersuchung befaßt sich mit dem für einen solchen Berufsstand, für die Buchdrucker, geltenden Arbeitnehmerschutzrecht und wird seinen speziellen Sonderregelungen bevorzugtes Interesse widmen. Daneben soll der Schutz gegen die Gefahren im Arbeitsverhältnis durch die bekannte eigene rechtliche Ordnung des Gewerbes, den Deutschen Buchdruckertarif, und dessen Verhältnis zum gesetzlichen Arbeitnehmerschutzrecht dargestellt werden. Um die Vorschriften des objektiven Rechts und rechtsgeschäftlicher Natur mit dem Zweck und Ziel der Abwehr von Gefahren im Arbeitsverhältnis, die hier behandelt werden sollen, richtig zu würdigen, erscheint es notwendig, vorerst dem eigentümlichen Gegenstand, insbesondere den spezifischen Gefahrenmomenten des Buchdruckgewerbes und ihren Folgen für die Arbeitnehmer, einen kurzen Ueberblick zu widmen.

§ 1. Die im Arbeitsvorgang begründeten Gefahren.

a) Betriebsgefahren.

Die Gefahrenmomente im Arbeitsverhältnis sind grundsätzlich zwiefachen Ursprungs. Sie beruhen zum einen in der Einbeziehung menschlicher Arbeitskraft in den physikalischen Vorgang der Arbeitsleistung, zum anderen in dem Umstand, daß die Arbeit auf Grund eines Rechtsverhältnisses unter fremder Willenssphäre geleistet wird [4]).

Die durch den Arbeitsvorgang hervorgerufenen Gefahren haben verschiedene Ursachen. Sie können einerseits in dem Objekte des Arbeitsprozesses, dem Arbeitsgegenstand und andererseits in den Mitteln liegen, mit deren Hilfe am Arbeitsobjekt die Arbeit durch Veränderung, Wegverschiebung u. dergl. vollzogen wird. Schließlich können sich Gefährdungen des Arbeitnehmers aus dem Umstand ergeben, daß die wirtschaftliche Arbeit unter Einordnung des Arbeitnehmers in einem Betriebe sich vollzieht. Hierher gehören die Schädigungen, hervorgerufen von den übrigen Betriebsmitteln, von mangelhaften sanitären Einrichtungen, ungesunden Betriebsräumen, geistige und sittliche

[3]) Die Gliederung des Arbeitnehmerschutzes nach Arbeitsberufen führt Kaskel, Arbeitsrecht, S. 192 ff., durch. Was er aber unter allgemeinen, für alle Betriebe schlechthin geltenden Schutz versteht (S. 200 unten), ist in Wirklichkeit auch nur individueller und zwar regelmäßig nur für die Gewerbebetriebe geltender Arbeitnehmerschutz. Sinzheimer, Grundzüge, 1921, S. 40 ff., betrachtet den rechtlichen Arbeitnehmerschutz als Bestandteile der Rechte der Arbeitsberufe. Dieselbe Auffassung vertritt Köppe, Arbeiterschutzrecht, im Handbuch der Politik, Bd. II, S. 379: „Die Arbeiterschutzgesetzgebung will den Menschen im Arbeiter schützen gegen die mannigfachen Gefahren, die ihm bei und infolge seiner Berufstätigkeit drohen". Hueck-Nipperdey, Arbeitsrecht, Bd. I, S. 387, § 76.

[4]) In den Entwürfen des künftigen Arbeitsrechts hat die Verschiedenartigkeit der Gefahrquellen die Gesetzestechnik beeinflußt. Nur die öffentlichen Rechtssätze, die den Gefahren der ersten Gruppe vorbeugen, werden im Arbeitsschutzgesetz zusammengefaßt.

Beeinträchtigungen durch die Arbeitsumgebung, Schäden durch die Arbeitsmethode, durch die größere Entfernung von Arbeitsort und Wohnort u. a. Die Verhinderung von Schäden, die durch die Eingliederung des Arbeitnehmers in einen Betrieb [5]) oder durch das Zusammenwirken mit Betriebsmitteln entstehen, bildet den Betriebsschutz. Seine rechtliche Gestaltung wird nicht nur von der wirtschaflichen Eigenart der Betriebe, sondern auch von deren Erscheinungsform (Fabrik, Handwerksbetrieb, Hausindustrie), von Größe und Standort (stehender und ambulanter Gewerbebetrieb) beeinflußt.

Die typischen Betriebsgefahren der Buchdrucker gehen vom Letternmetall und den Maschinen aus. Die gesundheitsgefährlichen Bestandteile der Legierung, aus der die Einzeltypen des Handsetzers und der Monotype-Setzmaschine, die Gußzeilen der Setzmaschinen (Typograph, Linotype, Intertype) und die Stereotypplatten bestehen, sind Blei (zirka 75 %) und Antimon (zirka 23 %). Die beiden Metalle können den Buchdrucker in allen Aggregatzuständen schädigen: als Dämpfe, flüssig als Spritzer und in fester Form als feiner Staub. Die Folgen sind neben erhöhter Tuberkulose-Erkrankungsziffer und rheumatischer Leiden die gewerbliche Bleivergiftung. Die Neigung der Buchdrucker zur Tuberkulose ist allgemein auf die Einwirkung des Bleistaubes zurückgeführt worden. Von den Angehörigen des polygraphischen Gewerbes werden die Schriftgießer am meisten durch diese Erkrankungen betroffen [6]), unter den Buchdruckern die Sparte der Handsetzer.

Für die Bleivergiftung bildet bei allen Sparten die primäre Rolle das Blei in der Form feinster verstaubter flugfähiger Partikelchen, die sich durch Reibung der bleihaltigen Druckkörper bilden. Der Staub löst sich besonders durch Reibung der Lettern beim Ablegen, durch Aneinanderstoßen der Typen, bei Bewegung des Letternkastens und bei dem Aneinanderreihen (Setzen) im Winkelhaken vom Typenkörper ab und haftet sich Wänden, Fußböden, Regalen, der Kleidung, besonders den Fingern des Setzers an [7]). Blei und Antimonstaub wird frei bei Entfernung der Krätze, in der sich Antimon besonders anhäuft, namentlich entsteht er bei dem üblichen Schleudern der Krätze auf den Fußboden. Die Aufnahme des Staubes erfolgt im Atmungs-, vor allem im Verdauungswege. Die Einführung des Bleies per os ist hauptsächlich eine Folge mangelhaft gereinigter Hände vor Einnahme der Mahlzeiten. Die verschluckten und eingeatmeten winzigen Bleikörperchen gelangen in das Blut und können durch ihre allmähliche

[5]) Betrieb wird dabei im Sinne einer „Vereinigung von persönlichen, sächlichen und immateriellen Mitteln zur Verfolgung eines von einem oder mehreren Rechtssubjekten gemeinsam gesetzten technischen Zweckes" verstanden. Jacobi, Betrieb und Unternehmen, S. 9. Dagegen Passow, Betrieb, Unternehmen, Konzern, S. 2 ff., faßt den Betrieb nur als einen Tätigkeitsinbegriff auf.

[6]) Vgl. Arthur Seitz, Die Hygiene im Schriftgießereigewerbe.

[7]) An Bleigehalt des auf dem Fußboden der Setzerei lagernden Staubes hat Stumpf bis zu 16,43 %, Faber 6,6 % bis 11,5 % festgestellt. Stiller, Gesundheitsschädigung und ihre Verhütung, Handbuch des Arbeiterschutzes, Bd. II, S. 385.

Summierung bei jahrelanger Berufstätigkeit vergiftend wirken [8]). Die Bleivergiftung beginnt keineswegs mit deutlichen, auf das Leiden hinweisenden Anzeichen, sondern mit allgemeinen Störungen des Befindens, besonders der Verdauung. Sie macht sich durch Schmerzen im Unterleib (Bleikolik), in schweren Fällen als Gehirn-, Nerven- und Gichterkrankung geltend. Nur selten sind die Fälle der akuten Bleivergiftung.

Der Gefahr der Bleidampfinhalation, von Schmelzkesseln ausgehend, oder beim Gießvorgang sind Stereotypeure und Maschinensetzer nur in geringem Maße ausgesetzt, da Dunsthauben und Abzugsvorrichtungen vorbeugend wirken und der Schmelzpunkt der Legierung (zirka 327 ° C) unter dem Verflüchtigungspunkte (zirka 550 ° C) liegt. Berufsschädigungen werden bei diesen beiden Sparten durch „Spritzer" flüssigen Metalls beim Guß verursacht. Von den Spritzern werden meist die Arme und Hände, auch Brust, Gesicht und Füße getroffen. Die hervorgerufenen Brandwunden pflegen infolge des in die Gewebe beförderten Metallstaubes und Schmutzes zu eitern. Trotzdem gilt nach überwiegender Meinung der Setzmaschinenbetrieb gegenüber der Tätigkeit des Handsetzens wegen der erheblichen Minderung des Bleistaubes als hygienisch vorteilhafter [9]).

Zur Bleigefahr kann in Buchdruckereien die ungenügende Frischluftzufuhr als gesundheitsschädigender Faktor hinzutreten. Beim Metallguß in Stereotypien- und Setzmaschinen-Abteilungen kann Ueberproduktion an Wärme und exzessiv gesteigerte relative Feuchtigkeit zu gesundheitlichen Unzuträglichkeiten führen, wenn ausreichende Abzugsvorrichtungen und Lüftung mangelt. Riech- und Ekelstoffe, welche die Atemgröße (Sauerstoffaufnahme und Kohlensäureabgabe) beeinträchtigen, entwickeln sich beim Wiedereinschmelzen gebrauchter, schlecht von Farbresten gereinigter Druckkörper, z. B. Monotypelettern, Setzmaschinenzeilen, Stereotypplatten, ferner beim Bleireinigen und Ausschmelzen der Krätze. Die Verschlechterung der Atmungsluft war früher ein erheblicher Uebelstand der Druckereien, weil in Räumen mit geringem Luftinhalt die Befeuerung der Schmelzkessel noch nicht mit dem jetzt verwendeten elektrischen Strom oder Gas, sondern mit Petroleum, Gasolin, Beonitgas oder Benzin erfolgte [10]).

Nach den neuesten gewerbehygienischen Untersuchungen sind die typischen Krankheitsfälle der Buchdrucker, die Bleivergiftung und die Tuberkulose, die vor allem bei den Handsetzern eintreten, außerordentlich zurückgegangen. Die Auswirkung der Verordnung betr. die Einrichtung und den Betrieb der Buchdruckereien und Schriftgießereien

---

[8]) Seitz, Hygiene im Schriftgießereigewerbe, S. 9 ff., errechnet, daß die jährlich lediglich durch Atmung aufgenommene Bleimenge bei einem Schriftgießer 129 mg beträgt.

[9]) Anderer Auffassung ist Beyer, Die volkswirtschaftliche und sozialpolitische Bedeutung der Einführung der Setzmaschine im Buchdruckgewerbe, S. 134 ff.

[10]) Beyer, Die volkswirtschaftliche und sozialpolitische Bedeutung der Einführung der Setzmaschine im Buchdruckgewerbe, S. 128.

vom 31. Juli 1897 tritt deutlich beim Vergleich der Krankheitsziffern vor und nach der Geltung des Schutzgesetzes hervor. Den Anstoß zu dieser wichtigsten Arbeitnehmerschutzverordnung für die Buchdrucker gaben die Petitionen des Verbands der Deutschen Buchdrucker, die Feststellung, daß in den zehn Jahren, 1881 bis 1891, bei 61 % der verstorbenen Arbeiter der Reichsdruckerei Todesursache das Lungenleiden war, und die Rundfrage vom 15. Februar 1892 des preußischen Handelsministers an die Regierungspräsidenten nach dem Prozentsatz der an Tuberkulose gestorbenen Drucker und Setzer. Die eingesandten Berichte der Gewerbeaufsichtsbehörden ergaben die Notwendigkeit eines Schutzgesetzes. Die vorgeschlagenen Maßnahmen wurden am 28. und 29. Juni 1895 in gemeinsamen Sitzungen von Vertretern der Regierungen der Bundesstaaten mit Arbeitgebern und Arbeitnehmern der beteiligten Gewerbe beraten. Sie wurden schließlich zum Gegenstand der Verordnung gemacht.

Ein ziemlich klares Bild über die günstige Entwicklung und den gegenwärtigen Zustand der Hygiene des Buchdruckgewerbes geben die verhältnismäßig zahlreichen privaten und amtlichen statistischen Erhebungen. Nach Angaben des Verbandes der Deutschen Buchdrucker [11]) verteilten sich die verschiedenen Krankheiten seiner Mitglieder in folgender Weise:

Krankheiten	1883	1903	1923
	%	%	%
Hals-, Brust- und Lungenkrankheiten . .	25,2	3,3	2,1
Fieber- und nervöse Krankheiten . . .	9,4	0,8	2,0
Gehirn- und Rückenmarkkrankheiten . .	1,2	0,1	0,02
Blasen-, Darm- und Magenkrankheiten .	10,6	1,8	1,8
Gicht und Rheumatismus	9,7	1,3	1,1
Augen- und Ohrenkrankheiten	2,7	0,3	0,4
Wunden, Geschwüre usw.	17,7	1,8	0,2
Hautkrankheiten und Syphilis	7,2	0,4	0,1

In der Tabelle treten deutlich als spezifische Krankheiten die Hals-, Brust-, Lungen-, Blasen-, Darm- und Magenkrankheiten, Gicht und Rheumatismus hervor, sowie deren außerordentlich starker Rückgang. Der Verband [12]) hat von den 8899 in den Jahren 1889 bis 1916 verstorbenen Mitgliedern (unter Weglassung der Kriegsgefallenen) die Todesursachen in 7806 Fällen ermitteln können. Die Feststellung ergibt, daß 89 an Bleileiden, 4083 an Hals-, Kehlkopf- und Lungenleiden verschieden sind. Die ersteren Leiden machen 1,1 % und die zweite Gruppe 52,7 %

---

11) Krahl-Helmholz, Verband der Deutschen Buchdrucker, S. 34.
12) Krahl, Verband der Deutschen Buchdrucker, Statistischer Teil zu Bd. II, S. 97.

der Todesursachen aus. Die Fälle der Lungen- und Halsschwindsucht ergaben bei der Ortskrankenkasse der Berliner Buchdrucker:

in den Jahren 1857 bis 1889 . . 49,43 %,
in den Jahren 1891 bis 1893 . . 46,63 %,
in den Jahren 1901 bis 1907 . . 37,70 % der Erkrankungen.

Die neuesten gewerbehygienischen Untersuchungen, die Seitz für das Jahr 1927 vornahm, ergaben, daß 9,8 Lungenkrankheitsfälle auf 1000 Buchdrucker kommen [13]). Trotz der erheblichen Besserung ergibt der Vergleich mit anderen Berufen [14]) die auffällige Belastung der Angehörigen des Buchdruckgewerbes mit dieser Krankheit:

Berufsgruppe	erfaßte Angehörige derselben	Fälle von Lungenkrankkeiten 1927	Prozentuales Verhältnis der Fälle
Bekleidungsgewerbe	176 636	78	0,44 %
Textilindustrie	9 736	34	0,36 „
Metallindustrie	42 263	143	0,33 „
Vervielfältigungsgewerbe	21 443	45	0,3 „
Buchdruckgewerbe	41 778	412	0,98 „

Die Feststellung der Morbidität und Mortalität infolge der durch berufliche Tätigkeit eintretenden Tuberkulose, die Vergleiche der Tuberkulosefälle mit denen anderer Gewerbe werden neuestens ernstlich bestritten und teils für wertlos erachtet, indem man eine große Zahl der Tuberkulosekrankheitsfälle nicht auf die Tätigkeit im Gewerbe zurückführt, sondern vielmehr auf den Umstand, daß der Schriftsetzerberuf als ein wenig körperlich anstrengender von vielen schwächlichen, bereits tuberkulos veranlagten jungen Leuten ergriffen wird [15]).

Ebenso kritische Beurteilung wie die Tuberkulosenstatistik haben die Feststellungen der Anzahl der Bleikranken gefunden. Nach den neuesten Erhebungen von Prof. Seitz ergibt sich ein Prozentsatz der Bleikranken in Höhe von 0,28 % von den in Druckereien beschäftigten Arbeitnehmern. Seine Auffassung, daß sich die Anzahl der Bleikrankheitsfälle ziemlich gleichmäßig auf alle Betriebsgrößen verteilt, beruht m. E. auf unrichtiger Auswertung seiner Statistik [16]), indem die Anzahl der Bleikranken mit der Betriebszahl der einzelnen Betriebsgrößen in Beziehung gesetzt wurde. Stellt man aber die Prozentverhältnisse der Bleierkrankten zu den in den einzelnen Betriebsgrößengruppen beschäftigten Arbeitnehmern fest, so gelangt man zu dem Ergebnis, daß die übliche Meinung, wonach die allgemein ungünstigere hygienische

---

[13]) Seitz, Körperverhältnisse, S. 53 nach Tabelle 53.
[14]) Nach Seitz, Körperverhältnisse, S. 9.
[15]) So Stiller, Gesundheitsschädigung und ihre Verhütung im Druckereigewerbe, im Handbuch des Arbeiterschutzes und der Betriebssicherheit, herausgegeben von Syrup, S. 383.
[16]) Seitz, Körperverhältnisse, insbesondere S. 54, Tabelle 54.

Struktur der kleineren Betriebe gegenüber den größeren auf die Bleierkrankungen von Einfluß sein müsse, richtig ist:

Betriebsgröße	Zahl der erfaßten Betriebe	Zahl ihrer Arbeitnehmer	Bleikranke	Prozentverhältnis
Kleinbetriebe (0—10 Arbeiter)	120	764	27	3,35 %
Mittelbetriebe (11—50 Arbeiter)	383	9932	78	0,78 "
Großbetriebe (51—300 Arbeiter)	337	34309	98	0,28 "
Riesenbetriebe (über 300 Arbeiter)	54	36182	29	0,08 "
alle Betriebsgrößen	894	81187	232	0,28 %

Aus diesen Gegenüberstellungen ergibt sich, daß in Klein- und Mittelbetrieben die Bleigefahr am größten ist, denn auf sie fallen im Verhältnis zur Zahl der beschäftigten Arbeitnehmer das größte Kontingent der Erkrankten. Die vielen finsteren und schmutzigen Betriebe, vor allem der Buchdruckhandwerker, bilden bedenkliche Vergiftungsherde, die bei energischeren und häufigeren Revisionen der Gewerbeaufsichtsbeamten beseitigt werden könnten. Diese Betriebe verschlechtern das allgemeine Prozentverhältnis der Bleikranken außerordentlich. Die Erhebungen von Prof. Seitz geben darüber ein sehr unvollständiges Bild, da die Kleinbetriebe im Verhältnis zu den größeren in viel zu geringem Maße von seiner Statistik erfaßt sind, was die Aufstellung der Betriebsgrößen der Druckereien des Jahres 1927 nach den Angaben der Deutschen Buchdrucker-Berufsgenossenschaft [17]) lehrt:

Betriebsgröße	Zahl der Betriebe	Prozentsatz der Betriebe	Zahl der Setzer-Druckergehilfen u. Lehrlinge	Zahl der übrigen Unfallversicherten Personen	insgesamt Personen	Prozentsatz der beschäftigten Personen
Kleinbetriebe (0—10 Arbeiter)	5939	63,2 %	15058	9460	24518	10,8 %
Mittelbetriebe (11—50 Arbeiter)	2573	27,4 "	27497	29291	56788	25,0 "
Großbetriebe (51—300 Arbeiter)	776	8,4 "	31667	52710	84377	37,2 "
Riesenbetriebe (über 300 Arbeiter)	97	1	15381	45749	61160	27
insgesamt	9385	100,0 %	89603	137240	226843	100,0 %

[17]) Aus dem Geschäftsbericht der Deutschen Buchdrucker-Berufsgenossenschaft über das Rechnungsjahr 1927, S. 10.

Danach sind in der Statistik der Bleierkrankungen von Prof. Seitz die Kleinbetriebe nur mit 0,34 %, die Riesenbetriebe aber mit 59 % berücksichtigt. Wenn man die Prozentverhältnisse der Bleierkrankungen mit der tatsächlichen Anzahl der in den vier Betriebsgrößengruppen beschäftigten Personen in Beziehung setzt, müßten dann auf die Kleinbetriebe schon über die Hälfte aller Bleivergiftungsfälle entfallen, und infolge der zahlreichen Bleierkrankungen in Kleinbetrieben würde sich nach dieser Wahrscheinlichkeitsrechnung das allgemeine Prozentverhältnis der Kranken von 0,28 % auf 0,7 % erhöhen. Doch können diese Ermittelungen keinen Anspruch auf Genauigkeit machen, da die Zusammenstellungen von Seitz nur auf einer Umfrage beruhen. Die Bleikrankheitsfälle im Buchdruckgewerbe sind sehr umstritten [18]) und werden stets in Frage gestellt, wenn sie nicht durch exakte Diagnose mit Blutuntersuchung erwiesen sind. Ein weit günstigeres Verhältnis als obige Wahrscheinlichkeitsrechnung und die Angaben von Seitz deuten die Zahlen der Berufsgenossenschaft [19]) über Berufskrankheiten (Bleierkrankungen) an. 1926 wurden 555 Berufskrankheitsfälle der Berufsgenossenschaft gemeldet, davon nur 12 von ihr entschädigt. 1927 wurden 423 Fälle gemeldet, davon kamen nur 23 zur Entschädigung durch die Berufsgenossenschaft.

Hervorzuheben sind schließlich noch die Gesundheitsschädigungen der Drucker und Hilfsarbeiter, die durch das Waschen der Druckformen und Walzen mit Terpentin oder schlechten Waschmitteln entstehen. Hautekzeme an den Händen bilden sich besonders bei subjektiv Empfindlichen.

Ein Mangel unzureichender Beleuchtung führt vor allem bei den Setzern zur Beeinträchtigung der Sehschärfe, da deren Tätigkeit den dauernd angestrengten Gebrauch des Auges erfordert.

Zusammenfassend kann erklärt werden, daß die Hygiene im Buchdruckgewerbe sich sehr gebessert hat. Zu den besonders gefährdeten Berufen können die Buchdruckerberufe gegenwärtig nicht mehr gezählt werden. Nach den neuesten gewerbehygienischen Untersuchungen von Seitz sind die Körperverhältnisse (Größe, Gewicht) der Buchdrucker im allgemeinen nicht ungünstig zu bewerten und in hoffnungsvoller Aufwärtsbewegung begriffen. Die gleiche Tendenz bietet der Vergleich des Durchschnittsalters der deutschen Buchdrucker nach Feststellungen von Kassen, Aerzten und Jahresberichten des Verbandes der Deutschen Buchdrucker [20]):

Jahr	1868	1878	1888	1898	1908	1918	1923
Durchschnittsalter in Jahren	34,8	32,8	34,9	35,4	36,5	43,0	49,3

18) Vgl. Stiller, Gesundheitsschädigung und ihre Verhütung im Druckereigewerbe, im Handbuch des Arbeiterschutzes und der Betriebssicherheit von Fr. Syrup, Bd. II, S. 385.

19) Jahresbericht der Berufsgenossenschaft der Deutschen Buchdrucker 1927, S. 18.

20) Krahl-Helmholz, Verband der Deutschen Buchdrucker, S. 35.

Verschiedenste Gründe können für diese gesundheitliche Aufwärtsentwicklung angeführt werden. Charakteristisch ist jedenfalls auch für die Verlängerung des Durchschnittsalters, daß mit der Jahrhundertwende, an der sich die Arbeitnehmerschutzgesetzgebung dem Buchdruckgewerbe zuwandte, die günstige Entwicklung einsetzte

Als Folgen von Betriebsgefährdungen in Buchdruckereien treten neben Berufserkrankungen, die primär auf die Einwirkung des Bleies zurückzuführen sind, die Körperverletzung durch Unfälle. Zirka ein Fünftel aller Unfälle in Buchdruckereien entsteht durch Ausrutschen auf unreinlichem Fußboden und auf Tritten. Dann folgen zahlenmäßig vorerst die Unfälle beim Auf- und Abladen und beim Heben und Tragen von Lasten, ehe die für das Gewerbe spezifischen Unfälle an den Buchdruckmaschinen erscheinen. Die letzteren entstehen mit gewisser Regelmäßigkeit an bestimmten Gefahrstellen und infolge gewisser gefährdender Handlungen der Arbeitnehmer. Die unfallgefährlichsten Maschinen sind die Tiegeldruckpressen. Weit über hundert Hand- und Fingerzerquetschungen ereignen sich jedes Jahr zwischen Tiegel und Druckform. Die Unfälle an den Tiegeln lassen sich auf mangelhafte oder fehlende Händeschutzvorrichtungen oder auf seitliches Nachgreifen, um einen verschobenen Bogen an die Anlage zu rücken, auf Tragen von Ringen und Armbändern oder auf Waschen und Hantieren an Farbwalzen während des Ganges der Maschine zurückzuführen. Nur wenig geringer ist die Unfallgefährlichkeit der Rotationsmaschinen. Die schweren Körperverletzungen ereignen sich zwischen den Druckzylindern, an den Einführungsspindeln und zwischen den Einführungswalzen am Falzapparat meist beim Aufzugmachen und Papiereinführen, bei Hantierungen an laufender Maschine, infolge Ausgleiten und Fallen auf Treppen und Podesten. An den Buchdruckschnellpressen werden die Unfälle zwischen Form und Walzen vielfach durch das leichtsinnige Niederdrücken von Spießen während des Maschinenganges, die Unfälle zwischen Druckzylinder und Brückenwelle beim Verändern und Talkumieren von Bändern, beim Festhalten von Bogen und ähnlichen Verrichtungen während des Laufs der Maschine verursacht. Die Mehrzahl der Unglücksfälle an diesen Pressen ereignen sich beim Auf- und Absteigen vom Tritt. Kopfverletzungen entstehen immer wieder durch herabfallende Anlegedeckel, weil der Anlegeapparat (Universal) nicht ausgeschaltet wurde. Die folgende Tabelle, deren Material dem Bericht der Deutschen Buchdrucker-Berufsgenossenschaft von 1927 entnommen ist, gibt einen Ueberblick über die Auswirkung der Maschinengefahren im Druckgewerbe:

Maschinen und Unfallstellen	Jahresdurchschnitt der Unfälle in den Jahrfünften					Unfälle in den Jahren		
	1899/1903	1904/1908	1909/1913	1914/1918	1919/1923	1924	1925	1927
1. Tiegeldruckpressen								
zwischen Form und Tiegel . .	160	161,2	186,2	161,4	170,8	157	165	156
an der Zugstange	10	9	12,8	7,6	7,4	3	4	6
sonstige	60	95,6	131,8	94,2	94,2	98	126	192
2. Rotationsmaschinen								
zwischen Druck- u. Plattenzylinder	69,3	70,4	51,4	42	29	29	56	36
sonstige	32,7	67,8	138,2	226,8	155,4	168	269	258
3. Buchdruck-Schnellpressen								
an Form und Auftragwalzen . .	73	81,2	63,4	62	65	40	50	36
an Zylinder und Bandrolle . . .	38	50,6	50	42,4	38,8	36	44	44
sonstige	212,7	240,6	361,4	345,4	323,6	333	493	631
4. Setzmaschinen .	28,7	48	80,8	71,4	77,8	115	178	187
5. Stereotypie								
Kreissägen . . .	23	32,4	52,4	41	43	52	96	149
Rundhobel . . .	7,1	9,2	9,4	6,4	5,2	2	7	12
sonstige Apparate	25	31,4	50,2	100,2	81,6	101	161	252

Betrachtet man die Entwicklung der Unfälle an Maschinen rein zahlenmäßig, so wird man eine Unfallsteigerung feststellen. Um den Lauf der Zahlenreihe richtig zu deuten, muß man aber die vermehrte Zahl der Verletzten der erhöhten Anzahl der unfallversicherten Arbeitnehmer gegenüberstellen und die gewaltige technische Umbildung des Gewerbes, die Aenderung der Arbeitsweisen, die Beschleunigung des Arbeitsvorganges, die Steigerung der Maschinengeschwindigkeiten usw. berücksichtigen. Der Grad der Gefährdung und seine Entwicklung ist nicht aus den Zahlen der gesamten jährlichen Unfälle zu entnehmen, sondern aus dem Verhältnis der Anzahl der jährlichen Unfallmeldungen zur Maschinenzahl. Für die typischen Unfälle an den beiden gebräuchlichsten Pressen ergibt solche Gegenüberstellung folgende graphische Bilder.

Gemeldete Unfälle an Form und Walzen von Schnellpressen auf 1000 Maschinen bezogen

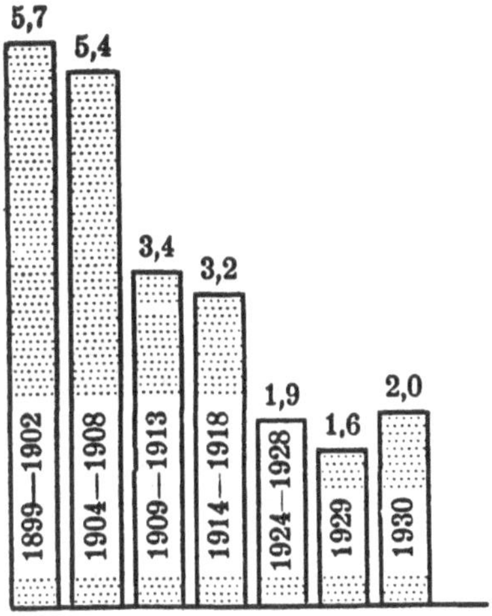

Gemeldete Unfälle zwischen Tiegel und Form an Tiegeldruckpressen auf 1000 Maschinen bezogen

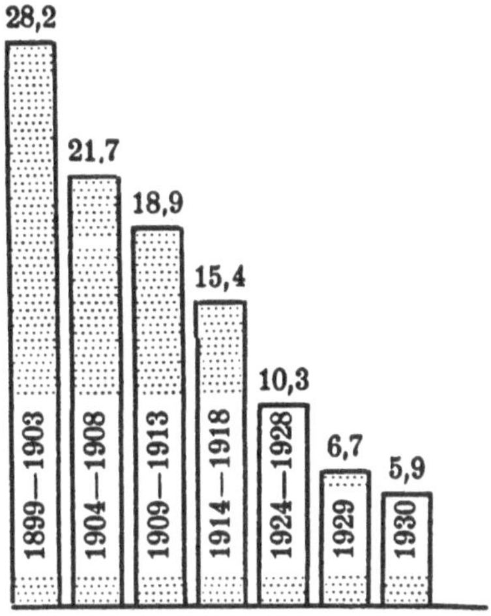

Sie lassen augenfällig den Rückgang der Unfälle erkennen, eine Entwicklung, die vor allem hervorgerufen wurde durch die unfallverhütenden technischen Vorkehrungen [21]) und Vorschriften der Deutschen Buchdrucker-Berufsgenossenschaft.

b) Gefahren durch die Zeitgebundenheit des Arbeitsvorgangs.

Den Gefahren, die von den Betriebsmitteln ausgehen und deren Abwehr die Aufgabe des Betriebsschutzes ist, reihen sich solche an, deren Ursprung in dem Umstand der Verbindung der Arbeit mit der Zeit zu suchen ist. Alle Arbeit ist zeitgebunden. Die Bindung des Arbeitnehmers an eine übermäßig lange Arbeitszeit kann zum allmählichen Abbruch der körperlichen und geistigen Kräfte führen und deren Wiederherstellungsfähigkeit überschreiten. Das Aufzehren der Arbeitskraft verursacht der Mangel von Arbeitsruheperioden, die den Zwecken der Erholung des Arbeitnehmers dienen sollen. Als solche kommen in Betracht die Pausen innerhalb der täglichen Arbeitszeit, die Mindestruhezeiten zwischen zwei Arbeitstagen, die Sonn- und Feiertagsruhe und der Urlaub [22]). Die Unterbrechung der Arbeitszeit ist

[21]) Vgl. die Jahresberichte des technischen Aufsichtsdienstes der Deutschen Buchdrucker-Berufsgenossenschaft.

[22]) Eine gesetzliche Regelung des Urlaubs ist in Deutschland außer dem besonders gelagerten Fall des Landurlaubs der Seeleute und des § 10 der bayrischen Gesindeordnung vom 13. Dezember 1918 noch nicht, wohl aber in anderen Ländern, z. B. Rußland, Deutsch-Oesterreich, Lettland, Finnland, Polen, Dänemark usw. durchgeführt. In dem Entwurf des Hausgehilfengesetzes wird der Anspruch auf Urlaub unter Fortentlohnung begründet.

schließlich auch aus anderen sanitären Gründen erforderlich, so z. B. die Gewährung von Stillpausen für Mütter. Eine weitere Gefahrquelle ist die ungünstige zeitliche Lage der Arbeitsperiode etwa in allzufrühen Morgenstunden, späten Abend- und Nachtstunden. Gefährdet sind hierbei besonders die jugendlichen Arbeitnehmer und Frauen, bei denen obendrein eine Beeinträchtigung in der Ausübung ihrer häuslichen Verrichtung eintreten kann. Hierzu gehört auch die Beschäftigung von Kindern während der Schulzeit, die Arbeitsleistung kurz vor und nach der Niederkunft.

Ehemals soll die Dauer und Lage der Arbeitszeit bei den Buchdruckern sehr ungünstig im Vergleich zu anderen Gewerben gewesen sein. Nur im Gastwirtsgewerbe konnten noch schlechtere Verhältnisse festgestellt werden. Jedoch lassen die allzu spärlichen Aufzeichnungen vor 1889 keinen allgemeinen Ueberblick über die Dauer der Arbeitszeit der Buchdrucker zu. Einen solchen gewähren erst die Arbeitszeitstatistik von Klimsch für das Jahr 1889, der von 5582 damals bestehenden Betrieben nur 2292 unterliegen, die Angaben des Verbandsvorstandes für die Jahre 1894/1898 und die dauernd seit 1898 geführten Statistiken des Tarifamtes der deutschen Buchdrucker. Stellt man die Ergebnisse der Statistiken [23]) über die verschiedene Arbeitszeit zusammen, so erhält man aus den Zahlen der Betriebe, in denen eine bestimmte Arbeitszeit gilt, und ihrer Arbeitnehmer, den Eindruck einer günstigen sozialen Entwicklung, wie aus der Tabelle auf Seite 13 ersichtlich ist.

In der Tabelle tritt der bedeutsame Einfluß des Deutschen Buchdruckertarifs auf die wöchentliche Dauer der Arbeitszeit hervor. In ansteigendem Maße entspricht die Arbeitszeit im Gewerbe der tariflichen Regelung der normalen Arbeitswoche. In der Epoche vor der tariflichen Regelung der Arbeitsverhältnisse im Buchdruckgewerbe war die Dauer der regelmäßigen täglichen Arbeitszeit noch unterschiedlicher, nur in wenigen Betrieben war sie geringer als 11 Stunden. Häufig wurden 14 bis 15 Stunden täglich gearbeitet.

Einen spezifisch buchdruckgewerblichen Uebelstand bildete die regelmäßige Sonn- und Feiertagsarbeit. Ihre Einschränkung gelang erst durch eine Reihe vom Verband geführter Teilarbeitskämpfe in den siebziger Jahren. Noch gegenwärtig bietet die Arbeit an Sonntagen und in der Nacht zum Montag, in welcher die Montagsmorgenzeitungen hergestellt werden, Gegenstand lebhafter Auseinandersetzung unter den Tarifparteien.

Ungünstig liegt die Arbeitszeit für einen großen Teil der Maschinensetzer. Der Umstand hat seine Gründe in der Satzherstellung für die Morgenpresse und im Schichtensystem zur besseren Ausnutzung der Setzmaschinen. Letzteres gilt namentlich für die teueren Linotypen,

---

23) Das Zahlenmaterial ist entnommen von Krahl, Verband der Deutschen Buchdrucker, Statistischer Teil zu Bd. II, S. 159; Krahl-Helmholz, Verband der Deutschen Buchdrucker, Gewerkschaftliche Skizzen, S. 50.

Die wöchentliche Arbeitszeit Stunden	1889	1894	1898		1901		1903		1906	1907	1910	1912	1924
	Betriebe	Betriebe	Betriebe	Gehilfen	Betriebe	Gehilfen	Betriebe	Gehilfen	Gehilfen	Gehilfen	Gehilfen	Gehilfen	Gehilfen
bis 45	483 (bis 45 bis 54 — 57)	1	3	84	—	—	2	9	4	—	68	9	**42739** (bis 45 und 45 — 48)
45 — 48		10	23	376	25	406	54	669	804	1356	1606	1648	
48 — 51		2	86	1793	117	1444	119	1724	1663	1685	2118	2455	4792
51 — 53		—	88	1848	120	2836	201	3714	5110	5840	8631	**25910**	18367
53 — 54		125	**1728**	**23016**	**2072**	**27077**	**2440**	**30379**	**32555**	**35613**	**38203** 298	3932	—
54 — 57		189	785	5670	736	4666	704	4348	4273	2238	2655	2316	—
57 — 60	**2258**	2502	571	2331	430	1863	400	1718	1327	715	541	518	—
60 — 63	989	333	80	401	42	354	42	134	127	2511	34	34	—
63 — 66	909	321	81	204	12	29	29	115	110	45	9	3	—
über 66	94	46	18	34	3	7	6	23	11	—	—	—	—
unbekannt	—	—	53	114	—	—	—	—	111	646	—	—	—

Die fetten Ziffern geben an, daß in jenen Betrieben und von jenen Gehilfen die Normalarbeitszeit der Buchdruckertarife eingehalten wurde. Diese betrug in dem Jahre 1889: 57 Stunden, 1898 bis 1907: 54 Stunden, 1910: 53½ Stunden, 1912: 53 Stunden.

in geringerem Maße für Typographen und in unbedeutenden für die anderen Setzmaschinensysteme [24]):

im Jahre	in einer Schicht Anzahl der Setzer an		in anderthalb Schicht Anzahl der Setzer an		in zwei Schichten Anzahl der Setzer an		in mehr als zwei Schichten Anzahl der Setzer an	
	Linot.	Typog.	Linot.	Typog.	Linot.	Typog.	Linot.	Typog.
1903	235	246	84	52	258	41	6	1
in %	40,8	70,0	14,4	14,7	44,3	11,6	1,0	0,3
1907	287	433	247	99	494	99	13	—
in %	27,6	68,6	23,7	15,7	47,4	15.7	1,2	—
1910	435	605	332	158	676	105	20	—
in %	29,8	69,7	22,7	18,2	46,2	12,1	1,3	—
1913	968	809	552	168	892	97	31	—
in %	40,1	75,3	21,6	15,6	37,0	9,4	1,3	—

§ 2. Gefahren durch Eintritt des Arbeitsvorgangs und des Trägers der Arbeitskraft in den Rechtsverkehr.

Die bisher besprochenen Gefahren im Arbeitsverhältnisse entsprangen dem Arbeitsvorgang selbst, den Arbeits- oder Betriebsmitteln und seiner Zeitgebundenheit. Eine weitere Gruppe von Gefahren erwächst der Einbeziehung des Arbeitsvorgangs und des Trägers der Arbeitskraft in die Rechtssphäre durch Begründung eines Rechtsverhältnisses, auf Grund dessen die Arbeitsleistung gegen Entgelt oder zu Zwecken der Ausbildung erfolgt. Aus zwei Gründen muß ein Arbeitsvertragsschutz bestehen. Das Schutzbedürfnis liegt einerseits in der Eigenart des zur Arbeitsleistung verpflichtenden Vertrags. Die Vertragserfüllung durch den Arbeitnehmer erfordert notwendig die Einordnung in den Betrieb des Arbeitgebers und erzeugt dadurch ein Unterwerfungsverhältnis des Arbeitnehmers unter den Willen der Betriebsleitung. Es muß ein Schutz gewährleistet sein gegen übermäßige Schmälerung der Persönlichkeit des fremdem Willen unterworfenen, zu Gehorsam und angemessenem Verhalten gegenüber dem Arbeitgeber verpflichteten Arbeitnehmers. Zum anderen ist die Verwertung der Arbeitskraft, der Abschluß eines Arbeitsvertrags, für alle diejenigen, die nicht selbst im Besitze geeigneter Betriebsmittel sind, in Kulturländern nahezu die einzige Möglichkeit, sich das notwendige Entgelt zur Lebensfristung zu verschaffen. Daher wird in Perioden einer für den Arbeitnehmer ungünstigen Arbeitsmarktlage die Neigung begünstigt, die wirtschaftliche Abhängigkeit vom Ertrage des Arbeitsvorgangs

[24]) Nach den Aufzeichnungen der Zentralkommission der Maschinensetzer; Krahl, Verband der Deutschen Buchdrucker, Statistischer Teil d. Bd. II, S. 161.

auszunutzen. Der Arbeitnehmer kann durch wirtschaftliche Notlage gezwungen sein, sich mit Gegenleistungen für verrichtete Arbeit zu begnügen, die zur Wiederherstellung seiner Arbeitskraft nicht ausreichen.

Die vielgestaltigen Rechtssätze, die das Schutzbedürfnis befriedigen sollen, suchen diesen Zweck auf verschiedene Weise zu erreichen. Eine Reihe von ihnen zielt auf Erleichterung und Sicherstellung des Vertragsabschlusses und Erhaltung des Vertragsverhältnisses. Eine Anzahl Vorschriften dient der Klarheit über die wichtigsten Vertragsbedingungen und der Verdeutlichung sowie der Nachprüfbarkeit der richtigen Lohnzahlung. Eine dritte Gruppe hat die Pflichten des Arbeitgebers aus dem Arbeitsvertrag zum Gegenstand und sichert deren ordentliche Erfüllung durch Androhung von Strafe und Zwang.

Gleich Arbeitnehmern anderer Berufsgruppen sind die Buchdrucker besonders vor ihren Tarifperioden und in den Anfängen derselben den geschilderten Gefahren ausgesetzt gewesen. Schwarze Listen, Geheimzeichen auf Zeugnissen, Lohneinbehaltung, verzögerte und unregelmäßige Lohnzahlung waren im Buchdruckgewerbe durchaus nicht seltene Erscheinungen.

Die erhebliche Gefährdung des Inhalts der Lehrvertragsverhältnisse war ehemals ein für den wirtschaftlichen Bestand des Druckgewerbes akutes Problem. Das traurigste Kapitel einer Geschichte der Sozialpolitik des Buchdruckgewerbes bildet die Schilderung des Mißbrauchs und der Ausnutzung der Lehrlinge zur Konkurrenzfähigerhaltung der Buchdruckereibetriebe. Die Fürsorge- und Ausbildungspflicht sind gröbstens von den Lehrherren verletzt worden, die Lehrlinge nur als die billigsten Arbeitskräfte betrachteten und deren so viel wie möglich einstellten. Krahl [25]) hat, soweit feststellbar, für die zurückliegende Zeit vom Jahre 1800 an das Verhältnis der Gehilfenzahl zur Lehrlingszahl in den einzelnen Druckorten festzustellen versucht. Die von ihm gefundenen Prozentziffern der Lehrlinge auf je 100 Gehilfen schwankten von 6 bis 543. Es ist das Verdienst der Tarifpolitik der Arbeitgeber- und Arbeitnehmerverbände und der Tarifgemeinschaften des Buchdruckgewerbes, die Lehrlingszüchterei und die durch sie hervorgerufenen Mängel der Ausbildung beseitigt zu haben. Einblick in diese großartige Entwicklung gibt die Gegenüberstellung der Anzahl der Lehrlinge zu der Zahl der beschäftigten Gehilfen in der Tabelle auf Seite 16 [26]).

Bei voller Ausnützung und allgemeiner Beachtung der Lehrlingsskalen der Buchdruckertarife dürfte die Zahl der Lehrlinge nur etwa ein Fünftel der Summe der Gehilfen betragen. Je kleiner die Druckereibetriebe sind, um so ungünstiger gestaltet sich das Verhältnis der Lehrlinge zur Gehilfenanzahl. Die private Statistik von Klimsch hatte für das Jahr 1889 festgestellt, daß der Prozentsatz der Lehrlinge in den

[25]) Krahl, Verband der Deutschen Buchdrucker, Bd. I, S. 427 ff.

[26]) Zahlenmaterial von Krahl-Helmholz, Verband der Deutschen Buchdrucker, Gewerkschaftliche Skizzen, S. 14; Krahl, Verband der Deutschen Buchdrucker, Bd. I, S. 439.

Jahr	Gehilfen nach der Statistik		Lehrlinge nach der Statistik		Auf je 100 Gehilfen entfallen Lehrlinge nach der Statistik	
	des Verbandes	der Tarifgemeinsch.	des Verbandes	der Tarifgemeinsch.	des Verbandes	d. Tarifgemeinsch.
1868	9000	—	4000	—	44	—
1872	10200	—	3725		36	—
1876	9179	—	4026	—	45	—
1878	13000	—	9000	—	69	—
1881	14958	—	7429	—	50	—
1882	15167	—	6690	—	44	—
1883	15827	—	6741	—	43	—
1885	16845	—	6700	—	40	—
1888	25000	—	10000	—	40	—
1889	30704	—	10348	—	34	—
1894	28027	—	12772	—	46	—
1898	33102	22720	10560	5884	32	25,9
1900	39498	32628	10171	7489	26	23,0
1903	41851	33136	11705	8472	28	25,6
1907	51098	39479	12776	9119	25	23,1
1910	58200	44137	15598	10655	29	24,1
1912	65289	46352	16928	10670	26	23,0
1914	30078	—	14246	—	47	—
1924	65809	—	9184	—	14	—

größeren Städten (über 100 000 Einwohner) 23 %, in mittelgroßen (20 000 bis 100 000 Einwohner) 30 % und in Kleinstädten (unter 20 000 Einwohner) 45 % betrüge[27]).

§ 3. Der Gefahrenschutz als Gegenstand der Arbeitsrechtswissenschaft.

Die Auswirkungen der dem Arbeitnehmer im Arbeitsverhältnis drohenden Gefahren und die Maßnahmen zu ihrer Beseitigung sind Gegenstand verschiedener Wissenschaften. Die Gewerbehygiene erforscht die gesundheitlichen Schädigungen der Arbeitnehmerschaft auf verschiedensten Gebieten und die Hygiene der Betriebe. In der Wissenschaft der Sozialpolitik werden unter dem Inbegriff des Arbeitnehmerschutzes „alle wirtschaftlichen und sozialpolitischen Maßnahmen (Normen und Einrichtungen)" behandelt, die darauf gerichtet sind, Schädigungen irgendwelcher Art, denen der unselbständige Arbeiter durch seine Berufsstellung und in seiner beruflichen Beschäftigung ausgesetzt ist, hintenan zu halten, d. h. ihnen vorzubeugen[28]). Soweit der Gefahren-

[27]) K. Oldenberg, Lehrlingszahl, in Schmollers Jahrbuch, 19. Jahrg., S. 1364.

[28]) Zugrunde gelegt ist die Definition des Arbeitnehmerschutzes durch von Zwiedineck-Südenhorst, Arbeiterschutz und Arbeiterversicherung. S. 2.

schutz den Inhalt von Rechtssätzen und Rechtsverhältnissen bildet, wird der Arbeitnehmerschutz auch Gegenstand rechtswissenschaftlicher Betrachtung. Sie beschränkt sich demnach auf ein engeres Gebiet; jedoch besteht in der Sozialpolitik die Neigung, den Arbeiter- oder Arbeitnehmerschutz auch auf die „gesetzlichen Normen" zur Abwehr der Gefahren im Arbeitsverhältnis begrifflich auszudehnen [29]), da die Gesetzgebung das wesentliche Mittel war, mit der sie die soziale Reform betrieb.

Einen sehr großen Kreis von Rechtssätzen pflegen die Sozialpolitiker unter den Begriff des Arbeitnehmerschutzes zu bringen, nämlich alle Rechtsgebiete, die das Arbeitsverhältnis im sozialpolitischen Sinne, „die Abhängigkeitsbeziehungen, die zwischen dem einzelnen und den anderen innerhalb einer Unternehmung bestehen" [30]), zugunsten der Arbeitnehmer beeinflussen. Die übliche Einbeziehung des Koalitionsrechtes, des Tarifvertragsrechtes, der Betriebsvertretung, Arbeitsvermittlung, Arbeitslosenfürsorge, Sozialversicherung unter den Arbeiterschutz [31]) läßt sich m. E. nicht ohne eine etwas willkürliche Zergliederung des Arbeitsrechts vornehmen, das schließlich auch als ganzes wie jedes Recht in letzter Hinsicht ein Sozialrecht sein soll. Die Ueberspannung des Begriffes „Arbeitnehmerschutz" durch die versuchte Erfassung aller Rechtssätze sozialen Inhalts zugunsten der Arbeitnehmer führt dazu, mit gleicher Berechtigung diesen einen Arbeitgeberschutz als einer Sammlung von Rechtsvorschriften zugunsten der Arbeitgeber gegenüberzustellen [32]).

Für den rechtswissenschaftlichen Begriff des Arbeitnehmerschutzes und für die Einbeziehung einer Rechtsvorschrift in diesem ist der Tatbestand von Rechtssatz und Rechtsverhältnis entscheidend. Er muß ein Sich-verhalten-sollen von gewissen Personen auslösen, das auf die Beseitigung oder Minderung der Gefahren im Arbeitverhältnis, z. B. der

---

[29]) von Finckh, Handlexikon der sozialen Gesetzgebung, 1909, S. 26, versteht unter Arbeitnehmerschutz im weiteren Sinne „die gesetzgeberischen Maßnahmen, die bezwecken, den Arbeiter vor den körperlichen, geistigen und wirtschaftlichen Schädigungen seines Berufs nach Möglichkeit zu bewahren. Der Arbeiterschutz im engeren Sinne begreift nur die Vorschriften zum Schutz der Arbeiter vor Gefahren für Leben, Gesundheit und Sittlichkeit in sich". Sombart, Die gewerbliche Arbeiterfrage, 1912, S. 77: „Unter Arbeiterschutz (Fabrikgesetzgebung) verstehen wir alle diejenigen gesetzlichen Normen, welche den Betrieben der vertragschließenden Parteien bei der Ordnung des modernen Arbeitsverhältnisses Schranken setzten". Ebenso Heyde, Abriß der Sozialpolitik, 1923, S. 76: „Im engeren Sinne verstehen wir unter Arbeiterschutz nur diejenigen Rechtsvorschriften, die dem im Arbeitsverhältnis stehenden Arbeiter oder Angestellten unmittelbar vor körperlichen Schaden zu bewahren trachten". v. Wiese, Einführung in die Sozialpolitik, 1921, S. 163: „Der Arbeiterschutz enthält die gesetzlichen Vorschriften, die das Arbeitsverhältnis unmittelbar erfassen".

[30]) Voß, Sozialpolitik als Wissenschaft, S. 55.

[31]) Vgl. Heyde, Abriß der Sozialpolitik, S. 66; Bauer, Arbeitnehmerschutz, Handwörterbuch der Staatswissenschaften, Bd. I, S. 401 ff., vgl. auch die Definitionen des Arbeitnehmerschutzes von Sombart und von Wiese in Anm. 29, und Fehlinger, Die internationale Arbeitsorganisation und ihre Ergebnisse, S. 87. Dieser sozialpolitischen Terminologie hat sich auch Breyer, Leitfaden durch das österreichische Arbeitsrecht, S. 61 ff., angeschlossen.

[32]) Melzbach, Deutsches Arbeitsrecht, S. 188: „Grundsätzlich gibt es im weitesten Sinne sowohl ein Arbeitsschutzrecht zugunsten der Arbeitgeber als auch ein Arbeitsschutzrecht zugunsten der Arbeitnehmer".

übermäßig langen Arbeitszeit, des zu geringen Luftraumes an der Arbeitsstelle hinzielt. Unter Arbeitnehmerschutz im Rechtssinn ist demnach nur ein begrenzter, tatbestandsmäßig bestimmter Kreis von Rechtsvorschriften zu verstehen, die je nach dem Ziel oder der Richtung des von ihnen ausgelösten, Gefahren abwehrenden Verhaltens drei Gruppen bilden: den Betriebsschutz, den Arbeitszeitschutz und den Vertragsschutz [33]).

Die juristische Betrachtung des Arbeitnehmerschutzes ist grundverschieden von einer sozialpolitischen Untersuchung, welche die gesellschaftlichen Zustände, wie sie sich in der Rechtsordnung spiegeln, festzustellen sucht. Die Sozialpolitiker gehen in ihren Darstellungen des Arbeitnehmerschutzes regelmäßig aus von den im Arbeitsverhältnis gefährdeten Gütern des arbeitenden Menschen, dem Leben, der Gesundheit, den geistigen und sittlichen Kräften, dem religiösen und moralischen Empfinden, der Fortbildung, dem Mindestmaß an wirtschaftlicher Sicherheit u. a. m. [34]). Ihnen obliegt es, die besonderen Grade der Schutzbedürftigkeit der Arbeitnehmer, die aus hygienischen, psychologischen, kulturellen und bevölkerungspolitischen Gründen und nach Alter und Geschlecht sich abstuft, festzustellen [35]). Nur sozialpolitisch oder gewerbemedizinisch ist es von Reiz, zum Ausgangspunkt der Betrachtung den bestimmten Schaden oder die Schutzbedürftigkeit des Arbeitnehmers zu machen und ihre Ursachen aufzusuchen. Aufgabe der Rechtswissenschaft kann es nur sein, den Arbeitnehmerschutz als Rechtserscheinung vorzuführen und für die Rechtssätze und Rechtsverhältnisse, welche dem Begriff unterstellt sind, die juristischen Wesensmerkmale klarzustellen: die Rechtssubjekte, den Tatbestand und die Rechtswirkung.

---

[33]) Diese Einteilung, die auf der Verschiedenartigkeit der Gefahren im Arbeitsverhältnis beruht, ist vorherrschend geworden. Vgl. Matthaei, Grundriß des Arbeitsrechts, S. 174 ff.; Schenkel, Arbeiterschutz, Wörterbuch des deutschen Staats- und Verwaltungsrechts, Bd. I, S. 149 ff.; Lutz Richter, Arbeitsrecht unter Stichworten im Wirtschaftstaschenbuch für wissenschaftliche Assistenten, S. 85. Kaskel, Arbeitsrecht, S. 199 ff. fügt den 3 Gruppen einen Fortbildungsschutz an. Erwin Jacobi, Einführung in das Gewerbe- und Arbeitsrecht, 1925, S. 79 ff. behandelt im Vertragsschutz nur die Vorschriften, die das Ziel verfolgen, Klarheit über die maßgebenden Vertragsbedingungen zu schaffen und bringt in einer 4. Gruppe Lohnschutz, Vorschriften zur Sicherung der Lohnzahlung. Weitergehende Abweichungen bei Jadesohn, Das gesamte Arbeitsrecht, Bd. II, S. 57 ff. Hueck teilt den Schutz ein in Gefahrenschutz, Arbeitszeitschutz, Vertragsschutz, Lohnschutz und Schutz hinsichtlich der Erfüllung sonstiger Arbeitgeberpflichten. Vgl. Hueck-Nipperdey, Lehrbuch des Arbeitsrechts, Bd. I, S. 388. Ganz abweichend ist die Gliederung von Melzbach, Deutsches Arbeitsrecht, S. 192 ff., der nicht den Tatbestand sondern die am Rechtsverhältnis beteiligten Personen zugrunde legt: Arbeitsschutz durch Arbeitgeber, durch Arbeitnehmer und durch Arbeitsschutzbehörden.

[34]) Vgl. Bauer, Arbeitnehmerschutz, Handwörterbuch der Staatswissenschaften, Bd. I, S. 401, 434; Herkner, Die Arbeiterfrage, Bd. I, S. 19 ff.; Heyde, Abriß der Sozialpolitik, S. 61 ff.

[35]) Auf dieser Erwägung beruht die Gliederung des Arbeitnehmerschutzes von Herkner, Die Arbeiterfrage, Bd. I, S. 315 ff.

Zweiter Abschnitt.

Arbeitnehmerschutzrecht für Buchdrucker.

1. Kapitel.

Die Abwehr der Gefahren durch die Rechtsordnung.

Die dem Arbeitnehmer im Arbeitsverhältnis drohenden Gefahren abzuwehren, hat sich der Staat zur Aufgabe gemacht. Er hat dieses sozialpolitische Ziel mit seiner rechtssatzschaffenden Kraft durch Ausgestaltung seiner Rechtsordnung zu erreichen gesucht. Es ist juristisch von Interesse, welcher rechtlichen Mittel er sich dabei bediente. Die Rechtssätze zur Verwirklichung des Arbeitnehmerschutzes sind juristisch derart verschiedener Natur, daß ihre Zusammenfassung unter dem Begriff des Arbeitnehmerschutzes nur durch die Eigentümlichkeit ihres einheitlichen Zweckes gerechtfertigt wird. Durch die Verschiedenartigkeit der am Rechtsverhältnis beteiligten Personen gliedern sich die Rechtssätze in zwei große Gruppen. Sie gehören teils dem Privatrechte, teils dem öffentlichen Rechte an. Die arbeitsrechtliche Literatur stellte früher überwiegend unter den Begriff des Arbeitnehmerschutzes beide grundsätzlich unterschiedliche Kategorien von Rechtssätzen wegen ihrer gleichartigen Zwecke und verwandten Tatbestandsmerkmale. Sie bezeichnete damit als Arbeitnehmerschutz nur ein einzigartiges Lebensgebiet, nicht ein besonderes Rechtsgebiet [1]).

§ 4. Die Abwehr der Gefahren durch zwingendes Arbeitsvertragsrecht.

Die Sätze des Privatrechts, die der Abwehr der Gefahren aus dem Arbeitsverhältnis dienen, gehören überwiegend zum Arbeitsvertrags-

---

1) Die rechtswissenschaftliche Verschiedenartigkeit der unter dem Begriff des Arbeitnehmerschutzes zusammengefaßten Rechtssätze wird hervorgehoben z. B. von Schäffle, Zur Theorie und Politik des Arbeiterschutzes, Z. Staatsw., Bd. 1890/91, S. 626: „Arbeiterschutz ist der außerordentliche, d. h. durch besondere Bestimmungen privat-, straf- und verwaltungsrechtlicher Art angeordnete, teils durch ordentliche, teils und namentlich durch außerordentliche Verwaltungs-, Gerichts- und Vertretungsorgane geübte Schutz der arbeitsrechtlich als schutzbedürftig anerkannten gewerblichen Hilfsarbeit gegen Gefährdung aus dem Dienstverhältnis zu bestimmten Arbeitgebern". Matthaei, Grundriß des Arbeitsrechts, S. 174 ff.: „Rechtlich ist Arbeiterschutz zu bestimmen als die Gesamtheit der teils privatrechtlichen, dem Arbeitnehmer gegenüber, teils öffentlich-rechtlichen, dem Staate gegenüber, begründeten Pflichten eines Arbeitgebers zur Fürsorge in bezug auf die Beschäftigung seiner Arbeitnehmer". van Zanten, Die Arbeiterschutzgesetzgebung in den europäischen Ländern, S. 1: „Diese Gesetze (der Arbeiterschutzgesetzgebung) müssen, um ausreichende Hilfe zu schaffen, das ius dispositivum des Arbeitsvertrags in ein ius cogens umändern. Die Gesetze sind daher (!) meistens öffentlich-rechtlicher Natur. Es führen unter dem gesetzlichen Arbeitnehmerschutz sowohl zwingende privatrechtliche wie öffentlich-rechtliche Vorschriften auf: Jadesohn, Das gesamte Arbeitsrecht Deutschlands, Bd. II, S. 57 ff.; Potthoff, Probleme des Arbeitsrechts, S. 29 ff.; Schenkel, Arbeiterschutz, Wörterbuch des deutschen Staats- und Verwaltungsrechts, Bd. I, S. 151.

recht. Sie gelten für die Rechtsbeziehungen zwischen dem Arbeitgeber und dem Arbeitnehmer und ordnen private Rechtsverhältnisse. Auch öffentlich-rechtliche Personen sind diesen Rechtssätzen unterworfen, wenn sie sich der von der Rechtsordnung geschaffenen Regelung der Beziehungen zwischen Privatrechtssubjekten unterstellen. Der sonst als persona potentior auftretende Träger öffentlicher Gewalt erscheint hierbei in der rechtlich gleichgeordneten Stellung zum Staatsbürger und muß sich begnügen mit den aus dem Privatrechtsverhältnis entspringenden Ansprüchen und Pflichten. Der Gesetzgeber hat vorerst durch Schaffung solcher Rechtssätze die sozialreformatorische Idee, die sich gegen die Herrschaft des freien Arbeitsvertrages richtete, zu verwirklichen gesucht.

Die Rechtssätze des Arbeitsvertragsrechts, die Gefahren im Arbeitsverhältnis abwehren, sind zwingende, der Parteidisposition entzogene Vorschriften. Der Arbeitnehmerschutz wird dadurch erreicht, daß der Inhalt der zwingenden Rechtssätze zu einem gesetzlich bestimmten Bestandteile der Einzelarbeitsverträge wird. Gewisse Mindestansprüche des Arbeitnehmers gegen den Arbeitgeber werden begründet [2]), die Ansprüche des Arbeitgebers gegen den Arbeitnehmer werden begrenzt [3]) und schließlich werden dem Arbeitnehmer unverzichtbare Gestaltungsrechte eingeräumt [4]). Die Durchführung dieses durch zwingendes Privatrecht verwirklichten Arbeitnehmerschutzes geschieht durch Geltendmachung von Ansprüchen (auf Erfüllung, auf Schadensersatz) oder der Unwirksamkeit von Ansprüchen und Rechtsverhältnissen, gegebenenfalls vor den ordentlichen Gerichten.

Dispositiven Vorschriften des Arbeitsvertragsrechts wurden zuweilen auch die Fähigkeit zugesprochen, Arbeitnehmerschutz zu verwirklichen [5]), insbesondere der Vergünstigung des § 616 BGB., nach der ein Arbeitnehmer seines Lohnes nicht verlustig geht, wenn er eine verhältnismäßig nicht erhebliche Zeit infolge eines in seiner Person liegenden Grundes ohne sein Verschulden die Arbeitsleistung nicht verrichten kann, und der des § 615 BGB., wonach der Arbeitnehmer für die infolge Annahmeverzug des Arbeitgebers nicht geleisteten Dienste eine Vergütung verlangen kann, ohne zur Nachleistung verpflichtet zu sein. Diese Durchbrechung des obersten Grundsatzes des Arbeitsvertragsrechtes: Lohn für Arbeit und Arbeit für Lohn, durch Fälle, welche die Lohnzahlungspflicht auch bei Nichtarbeitsleistung begründen, hat nicht den Sinn, Gefahren aus dem Arbeitsverhältnis abzuwehren. Bei der Aufstellung allgemeiner Rechtsregeln für das Arbeitsverhältnis mußte der Gesetzgeber die Tendenz verfolgen, diese günstig für den wirt-

---

[2]) Vgl. z. B. BGB. §§ 617, 618, 630; HGB. § 62; GewO. §§ 113, 115, 116, 117, 120 a—c.

[3]) Vgl. z. B. GewO. § 105 a Abs. 1 S. 1, § 105 i. Abs. 2, § 134; HGB. § 74 a.

[4]) Vgl. z. B. BGB. § 624.

[5]) So von Schenkel, Arbeiterschutz, Wörterbuch des deutschen Staats- und Verwaltungsrechts, S. 151.

schaftlich schwächeren Teil des Rechtsverhältnisses, den einzelnen Arbeitnehmer, zu gestalten. Wenn man die §§ 615 und 616 BGB. in den Arbeitnehmerschutz einbezieht, so müßte man das gleiche auch mit den §§ 612, 614, 621 bis 623 BGB., §§ 122 Abs. 1, 133a GewO., ja eigentlich mit dem gesamten Arbeitsvertragsrecht tun, soweit seine allgemeinen Rechtsregeln den einzelnen Arbeitsverhältnissen einen rechtlich bestimmten Inhalt geben. Eine unbedingte Sicherheit, daß der Arbeitnehmer den durch nachgiebiges Recht aufgestellten günstigen Regelinhalt des Arbeitsvertragsverhältnisses beanspruchen darf, besteht nicht. Zwar ist die Abweichung von dem typenmäßigen Vertragsinhalt ohne seinen Willen unmöglich. Da seine Vereinbarung und sein Bestand abhängig von der wirtschaftlichen Machtstellung der beiden Vertragsparteien ist, kann dispositives Recht nicht zu den juristischen Mitteln gerechnet werden, Arbeitnehmerschutz zu verwirklichen. Den Zweck des Arbeitnehmerschutzes erreichen dagegen die zwingenden Sätze des Arbeitsvertragsrechts, durch welche der gesetzlichen Regelung widersprechende, den Arbeitnehmer schädigende Abmachungen unwirksam werden und zwar auch dort, wo vertragliche Abweichungen nur „im voraus" unmöglich sind [6]).

Von den Rechtssätzen, die das gegenseitige äußere Verhalten der Parteien des Arbeitsvertrags zwingend bestimmen, um den Gefahren im Arbeitsverhältnis vorzubeugen, seien hier als Beispiele diejenigen hervorgehoben, die für den Buchdrucker von Bedeutung sind.

Die Wirkung verschiedener Vertragsabreden und Ansprüche des Arbeitgebers und Arbeitnehmers ist von gewissen Formvorschriften und anderen Voraussetzungen abhängig gemacht. Zum Zwecke der Verlautbarung der wesentlichsten Arbeitsbedingungen des Lehrlings ist die Beurkundung des Lehrvertrags in GewO. § 126b vorgeschrieben; ohne Beachtung der Schriftform können verschiedene Ansprüche nicht zur Rechtswirksamkeit gelangen (GewO. §§ 127d, 127f). Unzulässig sind die Vereinbarungen von Vertragsstrafen im Einzelarbeitsvertrag, die nicht zum Gegenstand der Arbeitsordnung erhoben sind und soweit sie die gesetzlichen Beschränkungen verletzen (GewO. § 134c Abs. 2 S. 2 und § 134b Ziff. 4). Die Verhängung der Strafe im Einzelfall ist nur mit Zustimmung der Betriebsvertretung (Gruppenrat) wirksam (BRG. § 80 Abs. 2). Die vertragliche Erweiterung der gesetzlichen Gründe zur fristlosen Entlassung ist nur gültig, wenn die ergänzenden Kündigungsgründe in die Arbeitsordnung aufgenommen sind (GewO. § 134c Abs. 2 S. 1).

Wesentlich für den Arbeitnehmerschutz sind die gesetzlichen Fürsorgepflichten des Arbeitgebers, deren Erfüllung ihm gegenüber dem Arbeitnehmer obliegt. Die Vertragspflicht des Arbeitgebers, den beschäftigten Arbeitnehmer vor Gefahren zu schützen, die durch die Eingliederung in seinen Betrieb und aus dem Zusammenwirken mit den

---

[6]) Vgl. BGB. §§ 617—619.

Betriebsmitteln entstehen, ist generell in BGB. § 618 begründet. Spezielle Regelungen für die Arbeitnehmer sind getroffen, und zwar für die Handlungsgehilfen und -Lehrlinge in HGB. § 62, für die gewerblichen Arbeitnehmer und technischen Angestellten in GewO. §§ 120 a—c [7]). Die vertraglichen Ansprüche der Buchdrucker bestimmen sich nach den Vorschriften der Gewerbeordnung. Die Eigentümer und Leiter von Betrieben, die dem wirtschaftlichen Zweck des Buchdrucks dienen, sind verpflichtet, die Betriebsmittel (Betriebsräume, Maschinen, Werkzeuge und Geräte) derart einzurichten und zu unterhalten und die Einordnung des Arbeitnehmers in den Betrieb in der Weise vorzunehmen, daß der Arbeitnehmer gegen Gefahren für Leben und Gesundheit so weit geschützt ist, wie es sich durch Fürsorgemaßnahmen bei der eigenartigen Natur des Betriebs ermöglichen läßt, und daß er keine sittlichen Schädigungen erleide. Einen klagbaren Anspruch auf Erfüllung jener Fürsorgepflichten hat der Buchdrucker nicht, da er kein Recht auf Beschäftigung hat. Den Lehrlingen, deren Ausbildung ohne Beschäftigung nicht möglich ist, ist dagegen ein solcher Anspruch zuzusprechen. Die Arbeitnehmer können, wenn sie infolge mangelhafter Erfüllung der Fürsorgepflichten gefährdet sind, die Arbeit verweigern, ohne in Leistungsverzug zu kommen und ihren Anspruch auf Lohn zu verlieren, denn der Arbeitgeber befindet sich wegen unvollkommener Ueberlassung der notwendigen Arbeitssubstrate in Annahmeverzug. Erweitert wird durch BGB. § 618 Abs. 2 und § 617 die Fürsorgepflicht des Arbeitgebers, wenn er den Dienstverpflichteten in die häusliche Gemeinschaft aufnimmt, was vor allem zuweilen mit Lehrlingen geschieht. Dann müssen auch die Wohn- und Schlafräume, sowie die Verpflegung den Anforderungen der Gesundheit und Sittlichkeit entsprechen. Der § 120 a GewO. bezieht sich nur auf Räume, die zu einem Betrieb gehören oder zum Betriebe führen, Hofräume, Treppengänge, Aufenthalts- und Speiseräume. Die Fürsorgepflicht des § 617 BGB. zur Verpflegung und Gewährung ärztlicher Behandlung des erkrankten Arbeitnehmers ist infolge des Ausbaus der Sozialversicherung bedeutungslos geworden. Das Lehrvertragsrecht der GewO. legt dem Lehrherrn verschiedene gesetzliche Pflichten zur Fürsorge und zur Durchführung einer ordentlichen Ausbildung des Lehrlings auf (§ 127). Es gebietet ihm, den Lehrling gegen Mißhandlungen der Arbeits- und Hausgenossen zu schützen, zu verhindern, daß ihm Arbeitsleistungen zugemutet werden, die den körperlichen Kräften des Jugendlichen nicht entsprechen (§ 127 Abs. 1 S. 2) und verbietet jedwede gesundheitsgefährdende Behandlung (§ 127 a Abs. 2).

---

7) Ebenso Jacobi, Grundlehren des Arbeitsrechts, S. 8; Lutz Richter, Grundverhältnisse des Arbeitsrechts, S. 87. Im Gegensatz dazu wird die Rechtsnatur der §§ 120 a—c GewO. als öffentlich-rechtlich bezeichnet von Hiller-Luppe, Kom. z. GewO., S. 327, z. § 120 a; Stier-Somlo, Kom. z. GewO. S. 620, Anm. 2 z. § 120 a; Neukamp, Kom. z. GewO., S. 289, Anm. 1 z. 120 a; Sinzheimer, Grundzüge des Arbeitsrechts, S. 160; Hueck-Nipperdey, Lehrbuch des Arbeitsrechts, Bd. I, S. 393. Auch Kaskel, Arbeitsrecht, S. 201, reiht die Vorschriften in das öffentlich-rechtliche Arbeitnehmerschutzrecht ein.

Zivilrechtliche Schranken bestehen für den Umfang der Arbeitspflicht. Der Anspruch des Arbeitgebers auf Arbeitsleistung ist begrenzt. Zur Arbeit an Sonn- und Festtagen kann der Arbeitnehmer nicht verpflichtet werden, es sei denn, daß Ausnahmen von diesem Verbote zugelassen sind (GewO. § 105 a ff.). Das Gesetz über die Beschäftigung vor und nach der Niederkunft vom 16. Juli 1927 gibt der Arbeitnehmerin ein unverzichtbares Leistungsverweigerungsrecht, wenn sie durch ärztliches Attest nachweist, daß sie voraussichtlich binnen sechs Wochen niederkommt, und in der 7. bis 12. Woche nach der Niederkunft, wenn sie durch ärztliches Attest den Nachweis einer Erkrankung oder der Verschlimmerung einer solchen infolge der Schwangerschaft oder der Niederkunft bringt (§ 2 Abs. 1 und 2 S. 2).

Den gewerblichen Arbeitnehmern stehen aus den durch zwingenden Rechtssatz ausgestatteten Arbeitsvertragsverhältnissen unverzichtbare Ansprüche zu, z. B. auf Berechnung ihres Entgelts in Reichswährung und auf Barbezahlung des Geldlohnes[8]). Entgegenstehende Vereinbarungen sind nichtig (GewO. § 117 Abs. 1). An ihre Stelle tritt der privatrechtliche Anspruch aus § 115 Abs. 1 der GewO. Ungültig sind Vereinbarungen über Lohneinbehaltungen zur Deckung eines künftigen Schadensersatzanspruches des Arbeitgebers infolge widerrechtlicher Auflösung des Arbeitsvertragsverhältnisses oder einer aus diesem Grunde verwirkten Strafe, die ein Viertel des fälligen Lohnes und insgesamt den Betrag eines durchschnittlichen Wochenlohnes übersteigt (GewO. § 119 a Abs. 1) und Vereinbarungen, nach denen im Falle der vertragswidrigen Lösung des Arbeitsverhältnisses durch den Arbeitnehmer ein höherer Lohnbetrag verwirkt werden soll als der des durchschnittlichen Wochenlohnes (§ 134 GewO.). Die über die gesetzlich zulässige Grenze hinaus einbehaltenen Beträge können jederzeit zurückgefordert werden.

Die auf zwingenden Vorschriften des Arbeitsvertragsrechts beruhenden Kündigungsbeschränkungen, die in der Nachkriegszeit erheblich erweitert worden sind, sollen dem Arbeitnehmer die Arbeitsstelle erhalten, den Verlust der Arbeitsgelegenheit ohne triftigen Grund verhindern und ihm längere Zeit zum Aufsuchen einer neuen Stellung während der Dauer des endigenden Arbeitsverhältnisses gewährleisten. Die unsichere Stellung des unselbständigen Lohnarbeiters soll dadurch gebessert werden und die Verbundenheit mit einem Betriebe, dem er längere Zeit angehörte, auch für schlechte Konjunkturperioden erhalten bleiben.

Die wichtigste einseitige Beschränkung des Kündigungsrechts des Arbeitgebers, deren Ausschluß vertraglich nicht vereinbart werden kann, ist das unverzichtbare Einspruchsrecht der Arbeitnehmer im Sinne des Betriebsrätegesetzes in solchen Betrieben, wo ein Betriebsrat be-

---

[8]) Dagegen die herrschende Meinung, nach welcher die Bestimmungen der GewO. §§ 115 ff. als öffentlich-rechtlicher Natur bezeichnet werden. Vgl. Lutz Richter, Grundverhältnisse des Arbeitsrechts, S. 85; Hueck-Nipperdey, Lehrbuch des Arbeitsrechts, S. 201 ff.

steht, gegen Kündigungen, die sozial zu mißbilligen sind (BRG. §§ 84 ff.). Das wahrgenommene und gerechtfertigte Einspruchsrecht begründet eine Pflicht des Arbeitgebers, eine Entschädigungssumme an den entlassenen Arbeitnehmer zu zahlen, von welcher er sich infolge facultas alternativa durch Weiterbeschäftigung befreien kann. Nichtig sind in der Regel die Kündigungen von Mitgliedern der Betriebsvertretung, die ohne Zustimmung des Gruppenrats oder des Gesamtbetriebsrates erfolgen (BRG. §§ 96 und 97) und die Kündigungen von Schwerbeschädigten ohne Zustimmung der Hauptfürsorgestelle (Gesetz über die Beschäftigung Schwerbeschädigter vom 12. Januar 1923 § 13 Abs. 1 S. 1). Die Arbeiterinnen genießen vor und nach der Niederkunft einen besonderen Kündigungsschutz. Das Gesetz über die Beschäftigung vor und nach der Niederkunft erklärt in § 4 Abs. 1 die Kündigungen durch Arbeitgeber innerhalb der Periode von 6 Wochen vor bis 6 Wochen nach der Niederkunft (im Falle von Krankheitsnachwirkungen der Schwangerschaft oder der Niederkunft bis 12 Wochen nach der Niederkunft) für schwebend unwirksam, wenn den Arbeitgebern z. Zt. ihres Kündigungsausspruchs die Schwangerschaft oder die Entbindung bekannt war oder wenn ihnen die Arbeitnehmerin unverzüglich nach Empfang der Kündigung davon Kenntnis verschafft. Wurde die Kündigung vor Beginn der Schutzfrist erklärt, lief aber die Kündigungsfrist noch, als die Schutzfrist einsetzte, dann ruht erstere solange die letztere andauert (§ 4 Abs. 2).

Der Grundsatz des freien Arbeitsvertrags ist eingeschränkt durch zwingende Vorschriften über die Gleichheit der Kündigungsfristen (GewO. §§ 122 S. 2 f., 133aa Abs. 1) und deren Mindestdauer. Die beiderseitige Kündigungsfrist darf für das Arbeitsvertragsverhältnis der gewerblichen Angestellten (Faktoren, Betriebsleiter, Obermaschinenmeister) nicht weniger als einen Monat betragen und das Vertragsende kann nur auf den Schluß eines Kalendermonats fallen (§ 133a a, Abweichungen §§ 133a b, 133a c). An Stelle vereinbarter kürzerer Frist gilt die gesetzliche Mindestfrist. Das Gesetz über die Fristen für die Kündigung von Angestellten vom 9. Juli 1926 verlängert die Kündigungsfristen von Angestellten, die mindestens 30 Jahre alt sind, bei gewisser Dauer des Beschäftigungsverhältnisses. Diese Mindestfristen gelten nur für die Kündigungen durch solche Arbeitgeber, die in der Regel mehr als zwei Angestellte beschäftigen. Eine Mindestfrist von 4 Wochen besteht für die Kündigung des Arbeitsverhältnisses eines Schwerbeschädigten durch den Arbeitgeber, es sei denn, daß eine fristlose Kündigung aus einem gesetzlich anerkannten Grunde gerechtfertigt ist (Gesetz über die Beschäftigung Schwerbeschädigter vom 12. Januar 1923 § 13 Abs. 1).

Außerordentliche, nicht an Frist gebundene Kündigungen gewerblicher Arbeitnehmer sind nur zulässig, wenn wirklich die gesetzlichen oder die in der Arbeitsordnung angegebenen Kündigungsgründe vorliegen. Da die gesetzlichen Gründe so bestimmt normiert sind, kann ihnen durch Parteivereinbarungen dieser Charakter nicht genommen werden, sodaß das Kündigungsrecht aus diesen gesetzlichen Gründen weder ausgeschlossen noch eingeschränkt werden kann. GewO. §§ 123 Abs. 1, 124 Abs. 1. Die Erweiterung des Rechtes zur fristlosen Entlassung durch Ergänzung der gesetzlichen Kündigungsgründe im Arbeitsvertrage ist nichtig, wenn sie nicht in die Arbeitsordnung, soweit eine solche obligatorisch ist, aufgenommen ist (§ 134c Abs. 2). Das Arbeitsverhältnis des gewerblichen Angestellten kann von jeder Vertragspartei fristlos gekündigt werden, wenn ein wichtiger nach den Umständen des Falles die Aufhebung rechtfertigender Grund vorliegt (GewO. § 133b). Ein vertraglicher Ausschluß oder eine Beschränkung dieses Gestaltungsrechts ist ohne Wirkung. Nur exemplifikative Bedeutung haben die in den §§ 133c und d aufgezählten Kündigungsgründe. Die außerordentliche Kündigung ist bei verschiedenen Gründen nur wirksam, wenn sie innerhalb einer Woche nach Kenntnis der Tatsachen erklärt wird, die zur sofortigen Auflösung des Arbeitsverhältnisses berechtigen (GewO. §§ 123 Abs. 2, 124 Abs. 2). Unvereinbar mit dem gewerblichen Lehrvertrag sind ausbedungene Kündigungsgründe, die nicht wichtig genug sind, um eine Auflösung des Vertrags zu rechtfertigen. Die einseitige Auflösung des Lehrverhältnisses ist nach Ablauf der Probezeit nur durch außerordentliche Kündigung aus wichtigem Grunde möglich; während der Probezeit ist dagegen jederzeit die einseitige fristlose Lösung zulässig. Das Lehrverhältnis muß mit einer Probezeit beginnen, die mindestens 4 Wochen und höchstens 3 Monate dauert (GewO. § 127b). Andrerseits entbehren Lehrvertragsverhältnisse der Handwerkslehrlinge der Wirksamkeit, soweit sie die gesetzlich zulässige Höchstgrenze der Lehrzeit überschreiten (GewO. § 130a).

Bei Beendigung des Arbeitsverhältnisses erwachsen dem gewerblichen Arbeitnehmer unverzichtbare Rechte auf Erteilung eines ordnungsmäßig ausgestellten Zeugnisses (GewO. §§ 113, 127c) und einer Bescheinigung für die Zwecke der Arbeitslosenversicherung zur Erleichterung der vom Arbeitnehmer glaubhaft zu machenden Tatsachen (ArblVG. § 170 Abs. 2). Vertragswidrig ist das Zeugnis, welches der Schriftform und der Vollständigkeit entbehrt oder mit geheimen Merkmalen versehen ist. Die Bescheinigung hat Auskunft zu geben über bestimmte Tatsachen, Art, Beginn, Ende, Lösungsgrund des Arbeitsverhältnisses, Höhe des Lohnes und der evtl. bei der Entlassung gewährten Entschädigung. Der Anspruch des Arbeitgebers auf Beschränkung der gewerblichen Tätigkeit des technischen Angestellten nach Beendigung des Arbeitsverhältnisses ist insoweit unwirksam, als die Erfüllung eine unbillige Erschwerung des Fortkommens bedeuten würde (GewO. § 133 f. Abs. 1). Die Vereinbarung eines Wettbewerbsverbots mit einem minderjährigen gewerblichen Angestellten ist nichtig (§ 133 f. Abs. 2).

Der Arbeitnehmerschutz wird jedoch nicht nur durch zwingende Vorschriften des Arbeitsvertragsrechts verwirklicht, sondern auch durch Rechtssätze, die an sich anderen Privatrechtsgebieten, dem Recht der Betriebsvereinbarung, des Kaufvertrages angehören, z. B.: Zur Verhinderung des Trucksystems ist durch gesetzliche Vorschrift — abgesehen von gewissen, hervorgehobenen Ausnahmen — jeder Kaufvertrag für nichtig erklärt, durch den der Arbeitgeber dem Arbeitnehmer Waren verkauft unter Stundung des Kaufpreises (GewO. § 115 Abs. 2 und § 117 Abs. 1) [9]). Nichtig sind Verträge über den Bezug von Waren aus gewissen Verkaufsstellen und über die Verwendung des Lohnes, wenn die Parteien des Rechtsverhältnisses der Arbeitgeber und der von ihm beschäftigte Arbeitnehmer sind (GewO. § 117).

§ 5. Die Gefahrenabwehr durch öffentliches Arbeitnehmerschutzrecht.

Die Verwirklichung eines Arbeitnehmerschutzes durch zwingende Rechtssätze des Privatrechts ist gerade in den Fällen unsicher, wo er infolge starker wirtschaftlicher Ueberlegenheit des Arbeitgebers am notwendigsten erscheint, wo der Arbeitnehmer zwecks Befriedigung seiner Lebensbedürfnisse sich zur Arbeitsleistung unter allen Umständen verpflichten muß. Andererseits eignen sich Rechtssätze des Privatrechts zur Erreichung dieses Zieles nicht, wenn Verstöße des Arbeitgebers gegen die Schutzvorschriften den Arbeitnehmern unter Umständen sogar angenehm sein würden, weil die Lasten des Arbeitnehmerschutzes auch auf ihnen ruhen, z. B. als Verdienstausfall durch Beschränkung von Mehrarbeit und Verbot der Kinderarbeit. Schließlich liegt es im freien Belieben des Arbeitnehmers, ob er auf Erfüllung der Schutzbestimmungen des Arbeitsvertragsrechts besteht und die Ansprüche mit Hilfe der Organe der Gerichtsbarkeit durchsetzt. Aus reiner Bequemlichkeit oder wegen der immerhin bestehenden Möglichkeit der Lösung des Arbeitsverhältnisses wird der Arbeitnehmer diese Ansprüche oft nicht geltend machen. Die Arbeitnehmerschutzbestimmungen des privaten Rechts bestehen nur in der Rechtssphäre derjenigen, die das Arbeitsvertragsverhältnis begründen, und ihre Befolgung steht nur insoweit sicher, als beide Parteien an der Erfüllung interessiert sind. Das öffentliche Interesse des Staates an der Verwirklichung des Schutzes gab daher den Anlaß zu einer Verstärkung des Schutzes durch das öffentliche Arbeitnehmerschutzrecht.

Der Unterschied kennzeichnet sich darin, daß der bisher behandelte Arbeitnehmerschutz Gegenstand des privaten Arbeitsvertragsverhältnisses ist. Der Staat hat als Gesetzgeber für diese Rechtsverhältnisse die Normen geschaffen und kann vor seinen Gerichten zur Durchsetzung der aus den Rechtsverhältnissen entstehenden Ansprüche angerufen werden. Weiter aber reicht die Beteiligung des Staates hier

[9]) Im Gegensatz hierzu wird von der herrschenden Meinung die Vorschrift des § 115 Abs. 2 der GewO. als öffentlich-rechtlich bezeichnet. Vgl. Anm. 8.

nicht. Demgegenüber begründet das öffentliche Arbeitnehmerschutzrecht Rechtsverhältnisse, an denen der Staat selbst als Träger der öffentlichen Gewalt beteiligt ist. Die entstehenden Ansprüche unterliegen nicht dem Willen der Parteien des Arbeitsvertrags und deren Ermessen, sie zu wahren oder preiszugeben. Ansprüche des Arbeitnehmers gegenüber dem Arbeitgeber und umgekehrt kommen nicht in Frage. Nur der Staat oder ein Träger der öffentlichen Gewalt kann Ansprüche geltend machen: die Rechtssätze und rechtsatzmäßig ergehenden Verwaltungsakte begründen öffentlich-rechtliche Pflichten, die Arbeitgebern oder Arbeitnehmern bestimmtes Verhalten in bezug auf die unselbständige Beschäftigung auferlegen. Die Gebots- und Verbotsvorschriften erzeugen Rechtsverhältnisse, an denen ein Träger öffentlicher Gewalt als solcher als berechtigtes, und ein Staatsbürger, Arbeitgeber oder Arbeitnehmer, als verpflichtetes Rechtssubjekt beteiligt ist. Die Durchsetzung der öffentlichen Pflichten geschieht mit öffentlichen Mitteln, in der Regel durch Androhung von Strafe. Daneben stehen alle Möglichkeiten des Verwaltungszwanges, Ungehorsamsstrafe, Zwangsersatzvornahme und Gewaltanwendung zur Verfügung.

Die öffentlichen Rechtssätze zur Abwehr der Gefahren im Arbeitsverhältnis betrachtet man erst seit jüngster Zeit unter der Bezeichnung Arbeitnehmer- oder Arbeitsschutzrecht als ein historisch und sachlich gerechtfertigtes Sondergebiet des öffentlichen Rechts [10]). Zur Zeit des Polizeistaates, aber auch im Verfassungs- und Rechtsstaat wurden die Rechtssätze ursprünglich dem Polizeirecht eingegliedert und nach ihrem Gegenstand verschiedenen Polizeizweigen, der Armenpolizei, Bergpolizei, Gesindepolizei, Gesundheitspolizei, Gewerbepolizei zugeteilt. Ueblich wurde ihre Behandlung unter dem Begriff Fabrikgesetzgebung als Teil des Gewerbepolizeirechts [11]). Die Tatsache, daß auch die privatrechtlichen Bestimmungen über das Verhältnis zwischen Arbeitgeber und Arbeitnehmer dem gleichen Zweck dienen, veranlaßte schließlich vor allem Sozialpolitiker, die mehr die gesetzgeberischen Ziele als die Rechtsnatur der Vorschriften würdigten, unter dem Begriff „Arbeiterschutzrecht", später „Arbeitnehmerschutzrecht" alles zu bringen, was als Ergebnis der sozialreformatorischen Idee an privatrechtlichen oder öffentlich-rechtlichen Bestimmungen zugunsten der Arbeitnehmer erschien, häufig mit der Erklärung des Arbeiterschutzes als Beschränkung der Freiheit des Arbeitsvertrags. Die älteren Darstellungen, z. B. von Lotmar und Jastrow, behandelten die Arbeitnehmerschutzbestimmungen lediglich als Bestandteil des Arbeitsvertragsrechts [12]). Man war sich

---

10) Vgl. Kaskel, Die rechtliche Natur des Arbeiterschutzes.

11) Vgl. insbesondere Laband, Das Staatsrecht des Deutschen Reichs, Bd. III, § 78.

12) Siehe insbesondere Lotmar, Arbeitsvertrag, Bd. II, S. 75 ff., 378 f. u. a. O.; Jastrow, Arch. für Rechts- und Wirtschaftsphilosophie, Bd. VI, S. 133, 317 f., besonders S. 312: „Für die Systematik des Arbeiterschutzes steht fest, daß seine Gegenstände dieselben sind, wie die Gegenstände jedes Arbeitsvertrags ... Arbeiterschutz ist die gesetzliche Beschränkung des Arbeitsvertrags zum Schutze der Arbeiter"; van Zanten, Die Arbeiterschutzgesetzgebung in den europäischen Ländern; Schiff, Der Arbeiterschutz der Welt, S. 1: „Arbeiterschutz sind die öffentlich-rechtlichen Beschränkungen des sonst freien Arbeitsvertrages"; Sombart, Die gewerbliche Arbeiterfrage, S. 73.

jedoch bewußt, daß sich der Arbeitnehmerschutz nicht in einer privatrechtlichen Regelung des Arbeitsverhältnisses erschöpft [13]).

Die moderne wissenschaftliche Durchdringung des Arbeitsrechts, die zu einer Gliederung des ganzen Rechtsgebietes nach juristischen Gesichtspunkten führte, hat zur Lösung der aus sozialpolitischen Gedankengängen unter einen Begriff zusammengefaßten Rechtssätze mit juristisch verschiedener Natur beigetragen [14]), indem man die privatrechtlichen dem Arbeitsvertragsrecht zuwies und nur den Kreis der öffentlich-rechtlichen als Arbeitnehmerschutzrecht bezeichnete [15]).

Die Terminologie ist ungenau, da das Schutzrecht nicht nur zugunsten von Arbeitnehmern sondern auch zugunsten anderer Personen gilt, die nicht in Erfüllung eines Arbeits- oder Lehrvertrags Arbeit leisten, sondern etwa auf Grund eines Volontärvertrages oder eines rein persönlichen Abhängigkeitsverhältnisses (Recht des Ehemannes oder des elterlichen Gewaltinhabers auf Mitarbeit [16]). Mit dem Schutze der im rein personenrechtlichen Abhängigkeitsverhältnis geleisteten Arbeit greift das Arbeitnehmerschutzrecht über das Rechtsgebiet des Arbeitsrechts [17]) hinaus. So ist die Bezeichnung „Arbeitnehmerschutzrecht" einerseits zu eng, da die Vorschriften auch zugunsten von Personen, die nicht Arbeitnehmer sind, gelten, andererseits zu weit, als die Bezeichnung „Schutz" ohne Nennung der Gefahrquelle in dieser schrankenlosen Allgemeinheit auf alle Gefahren und Unbilden bezogen werden könnte, die jenen Personen begegnen. Die neueste Terminologie „Arbeitsschutzrecht" [18]) stellt nicht mehr auf den schutzbedürftigen Personenkreis, die Arbeitnehmer oder arbeitnehmerähnlichen Personen ab, sondern hebt die Gefahrquelle hervor. Da es sich aber um die Abwehr nicht nur der Gefahren des Arbeitsvorgangs handelt, sondern auch der Gefahren, die durch die Unterwerfung des Arbeitnehmers unter den Willen des Arbeitgebers entstehen können, ist der

---

13) Kaskel, Die rechtliche Natur des Arbeiterschutzes, Sonderabdruck aus der Festschrift der Berliner Juristenfakultät für Heinrich Brunner, S. 7 (167) ff. scheint anderer Ansicht zu sein. Lotmar, Arbeitsrecht, Bd. II, S. 375 ff., 278/79 u. a. O., der den Arbeiterschutz als Bestandteil des Arbeitsvertragsrechtes, und zwar als Beschränkung der Freiheit des Arbeitsvertrages betrachtet, behandelt auch öffentlich-rechtliche Vorschriften. Ebenso verkennt Jastrow, Was ist Arbeiterschutz, Arch. für Rechts- und Wirtschaftsphilosophie, Bd. VI, S. 33, nicht, „daß der Arbeiterschutz auch Bestandteil der Polizeigewalt ist. An sich gehört er beiden Gebieten an".

14) Dagegen spricht sich Sinzheimer, Grundzüge des Arbeitsrechts, S. 161 f., aus.

15) Das Arbeitnehmerschutzrecht wird als Begriff des öffentlichen Rechts verstanden von Kaskel, Die rechtliche Natur des Arbeiterschutzes, S. 163 ff.; Schiff, Der Arbeiterschutz der Welt; Melzbach, Deutsches Arbeitsrecht, S. 188 ff.; Groh, Deutsches Arbeitsrecht, S. 99; Kallee-Gros, Taschenbuch des Arbeitsrechts, S. 157; Lutz Richter, Arbeitsrecht unter Stichworten, S. 85; Jacobi, Grundlehren des Arbeitsrechts, S. 7, 35, 437 f. mit Anm. 22; Hueck-Nipperdey, Lehrbuch des Arbeitsrechts, Bd. I, S. 382.

16) Vgl. z. B. Gesetz betr. Kinderarbeit in gewerblichen Betrieben vom 30. März 1903, §§ 12—17 über die Beschäftigung eigener Kinder und Hausarbeitsgesetz v. 27. Juni 1923 i. d. F. v. 30. Juni 1923, §§ 6 Abs. 1 Ziff. 2 und Abs. 3; Entwurf des Arbeitsschutzgesetzes § 2, Abs. 1 Satz 2 und Begründung S. 38.

17) Vgl. Lutz Richter, Arbeitsrecht als Rechtsbegriff, S. 23.

18) Die modernste Bezeichnung findet sich bei Melzbach, Deutsches Arbeitsrecht, S. 188, und wird vom Gesetzgeber gebraucht. Vgl. Entwurf des Arbeitsschutzgesetzes. Gegen den neuen Begriff wenden sich Hueck-Nipperdey, Lehrbuch des Arbeitsrechts, Bd. I, S. 382 f.; Lutz Richter, Arch. für Rechtsphilosophie, Bd. XXII, S. 204.

Begriff zu eng; andererseits könnte er dazu führen, Rechtssätze zum Schutze des Arbeitsvorgangs, wie etwa Streikverbote, in diese Rechtsmaterie einzubeziehen.

2. Kapitel.

Der Betriebsschutz.

Das Arbeitnehmerschutzrecht zugunsten des Buchdruckers, das in den folgenden Kapiteln behandelt wird, umfaßt teils Vorschriften mit einem Geltungsbereich für alle gewerblichen Arbeitnehmer, teils Bestimmungen, die nur zugunsten des Berufsstandes der Buchdrucker ergangen sind.

Die öffentlich-rechtlichen Gebote und Verbote des Arbeitnehmerschutzrechts decken sich gegenständlich mit Vorschriften des zwingenden Arbeitsvertragsrechts, die ihnen vielfach zur Seite stehen. Der Gesetzgeber hat regelmäßig den Ausbau des Arbeitnehmerschutzrechts in der Weise vollzogen, daß er hinter die Privatrechtssätze lediglich die rechtsatzmäßige Androhung von Strafe und Verwaltungszwang, das öffentlich-rechtliche Anordnungsrecht der Polizeibehörden und die Zulässigkeit von Revisionen stellte. Dieser Umstand hat in der Doktrin zur Verwischung der notwendigen begrifflichen Unterscheidung zwischen privatem und öffentlichem Recht geführt. In der Regel sind Rechtssätze, die private Rechtsverhältnisse regeln, deshalb als öffentlich-rechtlich bezeichnet worden, weil hinter ihnen Strafrechtssätze zu ihrer Durchsetzung stehen. Sinzheimer [19]) meint sogar, daß die Bestimmungen doppelte Beziehungen, nämlich das verwaltungsrechtliche Verhältnis zwischen Arbeitgeber und Staat" und das Arbeitsverhältnis regeln. Rechtssätze mit gemischten Rechtsfolgen, die also gleichzeitig private und öffentliche Rechtsverhältnisse regeln, gibt es bei Zugrundelegung der hier vertretenen Subjektstheorie nicht [20]). Die zwingenden Privatrechtssätzen zur Seite stehenden Strafrechtssätze des Arbeitnehmerschutzrechts enthalten neben der Strafbestimmung die Bezeichnung des strafbaren Tatbestandes, der nicht nur die Behörde bindet, bei seinem Vorliegen die vorgesehene Strafe zu verhängen, sondern gleichzeitig die rechtliche Bestimmung einer öffentlichen Pflicht des Arbeitgebers gegenüber dem Staat gibt. Die Arbeitnehmerschutzpflicht richtet sich dabei regelmäßig auf das Unterlassen von Verletzungen gewisser privatrechtlicher Pflichten des Arbeitgebers aus dem Arbeitsvertrage. Das Bestehen einer privatrechtlichen Pflicht ist dabei nur pflichtbegründende Tatsache für das Arbeitnehmerschutzrecht und führt nicht zu gegenseitiger Beeinträchtigung der Rechtsnatur der Vorschriften, die für verschiedenartige öffentliche und private Rechtsverhältnisse gelten. Diese exakte nach der allein brauchbaren Subjektstheorie

[19]) Grundzüge des Arbeitsrechts, S. 162, ebenso Staudinger-Nipperdey, Kom. z. BGB., Bd. II, S. 858.

[20]) Jacobi, Grundlehren des Arbeitsrechts, S. 382.

durchzuführende Scheidung muß die Grundlage einer Untersuchung des Arbeitnehmerschutzrechts eines Berufszweigs bilden.

Der öffentlich-rechtliche Betriebsschutz für Buchdruckereien gründet sich auf die Delegation der rechtsatzschaffenden Kraft auf mittelbare und unmittelbare Staatsorgane in GewO. § 120 e und das Anordungsrecht der Polizeibehörden in GewO. § 120 d. Als Umfang des Verordnungsrechts und der polizeilichen Ermächtigung wird der Gegenstand der in den zwingenden Vorschriften des Arbeitsvertragsrechts GewO. §§ 120 a—c enthaltenen Betriebsschutzpflichten des Arbeitgebers gegenüber dem Arbeitnehmer bezeichnet.

§ 6. Die Grundsätze des Betriebsschutzes.

Für den Umfang der Verordnungsgewalt und polizeilichen Ermächtigung sind die in den §§ 120 a—c aufgestellten privatrechtlichen Pflichten als Grundsätze maßgebend. Die Einrichtung und Unterhaltung der Betriebsmittel (Betriebsräume, Maschinen, Werkzeuge und Geräte) und die Einordnung eines Arbeitnehmers in den Gesamtbetrieb (die Gestaltung der tatsächlichen Beziehungen des Arbeitnehmers zu den persönlichen, materiellen wie immateriellen Betriebsmitteln) müssen derart sein, daß der Arbeitnehmer gegen Gefahren für Leben und Gesundheit soweit geschützt ist, wie es die Natur des Buchdruckereibetriebs gestattet, und daß er nicht sittliche Schädigungen erleidet. (GewO. §§ 120 a und b). Dabei sind besondere Rücksichtnahmen auf Gesundheit und Sittlichkeit der jugendlichen Arbeitnehmer geboten (GewO. § 120 c). Der Gesetzgeber führt exemplifikativ Beschaffenheitsmerkmale von Betrieb und Betriebsmittel und Maßnahmen der Unterhaltung derselben an, die zur Verwirklichung der gekennzeichneten Ziele notwendig sind: genügendes Licht, ausreichender Luftraum und Luftwechsel, Maschinenschutzvorrichtungen, Vorkehrungen gegen die Gefahren des Fabrikbrandes, nach Geschlechtern getrennte Umkleideräume und, wenn Körperreinigung nach der Arbeit nötig ist, auch getrennte Waschräume, ausreichende und hygienisch einwandfreie wie sittlich unanstößige Bedürfnisanstalten, gründliche Entfernung des Staubes und der Abfälle, Ableitung von Gasen und Dünsten. Zur gefahrvorbeugenden Regelung des Betriebs hat der Arbeitgeber Vorschriften über die Betriebsordnung und das Verhalten der Arbeitnehmer zu erlassen (GewO. § 120 a Abs. 4) [21]). Die Trennung der Geschlechter bei der Arbeit ist durchzuführen, soweit es die Natur des Betriebes zuläßt und sofern nicht durch die Betriebseinrichtung die Aufrechterhaltung des Anstands und der guten Sitten gesichert ist (GewO. § 120 b Abs. 2). Für die Druckerei ist die Vorschrift über die Trennung der Geschlechter aus betriebstechnischen Gründen unmöglich, da Anlegerin und Drucker an derselben Presse arbeiten müssen.

---

[21]) Soweit eine Betriebsvertretung besteht, ist der Arbeitgeber in der Gestaltung der Verhaltungsvorschriften für Arbeitnehmer nicht frei; zu ihrer Wirksamkeit bedarf es der Mitwirkung der Betriebsvertretung.

§ 7. Geltungsbereich.

Die §§ 120 d und e GewO. bilden die gesetzlichen Grundlagen von Ermächtigungen zum Erlaß von Arbeitnehmerschutzvorschriften für einen bestimmten Geltungsbereich. Sie befähigen zur Begründung öffentlicher Pflichten der Gewerbetreibenden, ihren leitenden Angestellten und gewerblichen Arbeitnehmern gegenüber dem Staat. Die Polizeiverfügungen auf Grund der GewO. § 120 d und die Rechtsverordnungen auf Grund der GewO. § 120 e, insbesondere die Bundesratsverordnung betr. die Einrichtung und den Betrieb von Buchdruckereien und Schriftgießereien können sich nur auf die Betriebe erstrecken, welche unter den Geltungsbereich der Vorschriften des Titels VII der GewO. fallen. Sie gelten demnach für alle Einrichtungen, die dem technischen Zwecke des Buchdrucks von der Herstellung des Satzes bis zum eigentlichen Drucke, einschließlich der Verrichtung der notwendigen Nebenarbeiten dauernd zu dienen bestimmt sind [22]). Dabei ist gleichgültig, ob dieses wirtschaftliche Betreiben durch einen selbständigen Betrieb mit vorwiegender Produktion für fremden Bedarf (sog. Lohndruckereien) oder unselbständigen nur für eigenen Bedarf arbeitende Nebenbetriebe (sog. staatliche, kommunale und private Hausdruckereien) [23]). geschieht. Es wird auch nicht vorausgesetzt, daß der Buchdruckereibetrieb Gegenstand oder Bestandteil eines auf Gewinnerzielung gerichteten Unternehmens sei [24]). Es sind deshalb diesem Arbeitnehmerschutzrecht die künstlerischen Privatpressen, die Eisenbahndruckereien, die kommunalen und staatlichen Buchdruckereien unterworfen.

Andererseits findet dieser Betriebsschutz nur Anwendung auf solche Betriebe, in denen Arbeitnehmer mit der Ausführung des technischen Zweckes betraut werden. Er gilt nur zugunsten der Arbeitnehmer im Sinne des Titels VII der GewO., nämlich der Gehilfen, Lehrlinge, Betriebsbeamten, Werkmeister, Techniker etc. Den Betriebsschutz genießen überhaupt alle die Arbeitnehmer, die der Erreichung der technischen Haupt- und Nebenzwecke des Betriebs dienen, nicht nur die Gehilfen und Lehrlinge in Druckereien, auch die Hilfsarbeiter, der Portier, Chauffeure, Laufburschen, Zeitungsausträger, Scheuerfrauen, die Korrektoren [25]), die Betriebsbeamten, Obermaschinenmeister und Faktoren. Die öffentlichen Pflichten zu dem gefahrvorbeugenden Verhalten bestehen auch zugunsten der Volontäre, die, um gewerbetechnische Kenntnisse und

---

[22]) Die Zulässigkeit des Betreibens einer Buchdruckerei ist nicht von der Erfüllung der Anzeigepflicht (GewO. § 14 Abs. 2) ihres Betriebslokales abhängig gemacht.

[23]) anders z. B. Kaskel, Arbeitsrecht, S. 201 mit S. 73.

[24]) so Jacobi, Betrieb und Unternehmen als Rechtsbegriffe, S. 36; vgl. Hiller-Luppe, Kom. z. GewO., S. 288; „Daneben gilt aber der Titel VII, wie sich aus § 155 und GGG. § 81 ergibt, auch für die staatlichen und kommunalen Betriebe, welche ohne Gewinnabsicht im öffentlichen oder gemeinnützigen Interesse, aber technisch in gleicher Weise wie die Privatbetriebe geführt werden"; Landmann-Rohmer, Kom. z. GewO., Bd. II, S. 189 ff.; Nelken, Die deutschen Handwerker- und Arbeiterschutzgesetze, S. 350 f. Die Ansicht ist indessen nicht unbestritten.

[25]) Korrektoren sind Gewerbegehilfen, GG. 5, 160; 7, 110

Erfahrungen zu sammeln, in den Arbeitsprozeß eingegliedert und zu produktiver Arbeit herangezogen werden. Dagegen finden die §§ 120 a—e nicht Anwendung auf Handlungslehrlinge und Handlungsgehilfen [26]), z. B. Akquisiteure, Disponenten, Expedienten, Korrespondenten, Kalkulatoren, technische und kaufmännische Direktoren und auf alle Personen mit höherer künstlerischer und wissenschaftlicher Bildung z. B. Reklamekünstler, Redakteure etc. Es scheiden die Betriebe für den Betriebsschutz aus, in denen lediglich die Arbeit von Personen nicht auf Grund eines Arbeitsvertragsverhältnisses, sondern etwa in rein personenrechtlichen Abhängigkeitsverhältnissen oder in öffentlich-rechtlichen Unterwerfungsverhältnissen geleistet wird. In Betracht kommen Zwergbetriebe, in denen der Buchdruckhandwerker selbst, dessen Ehefrau auf Grund des § 1356 Abs. 2 BGB. und dessen Kinder nach § 1617 BGB., also nicht als Arbeitnehmer bzw. als Lehrlinge, die vorhandene Arbeit mit verrichten; ferner die Gefängnis-, Militär- und Klosterdruckereien. Die äußere Abgrenzung des Verordnungsrechts ist von der Bekanntmachung betr. die Einrichtung und den Betrieb der Buchdruckereien und Schriftgießereien nicht dadurch verletzt, daß Schutzmaßnahmen für „Personen", die mit näher bestimmten Arbeiten beschäftigt werden, vorgeschrieben sind. (I, Abs. 1 Ziff. 2, Ziff. 9 Abs. 1.) Diese Bezeichnung hat nur den Sinn, daß zum Schutze der gewerblichen Arbeitnehmer bei der Feststellung der Anzahl der Personen, die in bestimmten Betriebsräumen nach Maßgabe der Kubikmetergröße des Luftraums höchstens beschäftigt werden dürfen, auch diejenigen mitgerechnet werden müssen, die nicht Arbeitnehmer sind, auch wenn sie nur vorübergehend und auch andere Arbeiten als Setzen und Stereotypieren verrichten. Entsprechendes gilt für die Feststellung der notwendigen Anzahl der in diesen Räumen aufzustellenden Spucknäpfe. Im übrigen gebraucht die Verordnung den Begriff Arbeiter oder deren Berufsbezeichnung, z. B. Setzer.

§ 8. Betriebsschutzpflichten aus der Verordnung betr. die Einrichtung und den Betrieb der Buchdruckereien und Schriftgießereien.

Der § 120 e überträgt der Reichsregierung (ehemals dem Bundesrat [27]) und den Landeszentralbehörden eine Verordnungsgewalt, die darin besteht, im Rahmen der in den §§ 120 a—c enthaltenen Grundsätze im Namen des Staates Rechtssätze aufzustellen. Dadurch erleidet die Delegation die in den §§ 120 a und b vorgesehene Einschränkung des Betriebsschutzes auf solche Anforderungen, welche die Natur einer

[26]) Nicht Handlungsgehilfen sind die in Buchdruckhandwerkbetrieben mit kaufmännischen Diensten betrauten Personen. HGB. § 59 mit § 1 Abs. 2 Ziff. 9.

[27]) An die Stelle des Bundesrats ist nach Ausbruch der Revolution 1918 gemäß dem Gesetz über die vorläufige Reichsgewalt vom 10. Februar 1919 (RGBl. S. 169) der Staatenausschuß getreten. Uebergangsgesetz vom 4. März 1919 § 3 S. 1 (RGBl. S. 285). Die Reichsverfassung vom 11. August 1919 übertrug durch Artikel 179 Abs. 2 die dem Staatenausschusse überwiesene Befugnis zum Erlaß von Verordnungen auf die Reichsregierung. Diese ist bei dem Erlaß von Rechtsverordnungen auf Grund GewO. § 120 e an die Zustimmung des Reichsrats gebunden. Art. 179, Abs. 2 und Art. 77.

Betriebsgattung zuläßt. Rücksichtnahme auf die besonderen Eigenarten der Anlagen von Einzelbetrieben sind dagegen nicht geboten.

Für das Buchdruckgewerbe kommt eine Reihe solcher Rechtsverordnungen in Betracht. Die wichtigste ist die Verordnung des Bundesrates „Bekanntmachung des Reichskanzlers betr. die Einrichtung und den Betrieb von Buchdruckereien und Schriftgießereien" vom 31. Juli 1897 (RGBl. S. 614 ff.), abgeändert durch Bekanntmachung vom 5. Juli 1907 (RGBl. S. 405) und ergänzt durch Bekanntmachung vom 22. Dezember 1908 (RGBl. S. 654). Fast völlig identisch mit dieser wichtigsten Arbeitnehmerschutzverordnung des Buchdruckgewerbes ist die für ein verwandtes, regelmäßig nur in Angliederung an Druckereien ausgeübtes Gewerbe, die Polizeiverordnung des Rates der Stadt Leipzig „betr. die Einrichtung und den Betrieb der Notenstechereien" vom 21. Dezember 1901.

Die Bekanntmachung betr. die Einrichtung und den Betrieb der Buchdruckereien und Schriftgießereien hat, wie schon aus ihrer Entstehungsgeschichte[28]) hervorgeht, die Zwecke, die Tuberkulose- und Bleierkrankungsfälle unter den Buchdruckern zu mindern. Die Vorschriften finden nur für die Abteilungen der Druckereien Anwendung, die den Buchdrucker mit diesen Erkrankungen gefährden, auf die Setzerei und Stereotypie. In der Verordnung wird bestimmt, daß die Gebote und Verbote des Staates sich auf die Räume beziehen, „in welchen Personen mit dem Setzen von Lettern oder mit der Herstellung von Lettern und Stereotypplatten beschäftigt werden". Daraus folgt, daß sich auf andere Räume, die ausschließlich anderen Betriebszwecken dienen, z. B. Druckmaschinensäle, das Schriftmagazin, die Anforderungen des Betriebsschutzes nicht erstrecken. Gleichgültig ist, ob die Räume sich in anderen Betrieben als Buchdruckereien und Schriftgießereien, z. B. in Klischee- und Stereotypieanstalten, befinden und ob die Räume dauernd oder nur vorübergehend dem Zwecke der Herstellung von Lettern- oder Stereotypplatten oder dem Setzen von Lettern zu dienen bestimmt sind.

Die Verordnung ist insofern veraltet, als ihr der Stand der Buchdrucktechnik von 1897 zugrunde liegt und die seitdem im deutschen Druckgewerbe entwickelte Setzmaschinentechnik unberücksichtigt geblieben ist. Jedoch läßt sich diesem offenbaren Mangel dadurch abhelfen, daß man unter den Begriff „Letter" im Sinne der Verordnung nicht nur die Einzeltypen mit dem Buchstabenbild bringt, sondern auch die Zeilengußstücke der Setzmaschinen, den Ausschluß und Durchschuß und das übrige Blindmaterial. Daß dies dem Willen des Gesetzgebers nicht Gewalt antut, erhellt sich aus der Tatsache, daß die Vorschrift über das Reinigen der Letternkasten sich offenbar auch auf die Ausschlußkästen und die in den Letternkästen befindlichen Ausschlußfächer

[28]) Ueber ihre Entstehung ist auf S. 5 berichtet.

mit bezieht. Es ist von der technischen Tatsache auszugehen, daß nicht allein mit den Lettern im technischen Sinne, den Typen mit Buchstabenbildern, gesetzt wird. Unter „Letter" im Sinne der Verordnung ist alles zum „Satz" gehörige Material zu verstehen, da die Fabrikation von Maschinensatz Herstellung von Einzeltypen und Typenzeilen in manuskriptmäßiger Folge ist, finden die ursprünglich bei Erlaß der Verordnung nur für die Schriftgießereien gedachten Vorschriften auf die Setzmaschinenabteilungen der Druckereien entsprechende Anwendung.

Als Setzen von Lettern ist, um den Sinn der Verordnung richtig zu erfassen, nicht nur die Arbeit des Handsetzers, sondern auch diejenige des Metteurs, das Umbrechen, anzusehen. Nicht als Setzen ist die Tätigkeit des Setzers am Monotype-Taster zu betrachten. Der Begriff „Herstellung von Lettern" umfaßt alle Schriftgußverfahren, insbesondere auch dasjenige mittels der Ludlow und der Monotype-Gießmaschinen, und ist nicht nur auf die Herstellung von Lettern, sondern in sinngemäßer Auslegung auch auf die Herstellung von Blindmaterial, des Ausschlusses, der Regletten und Stege zu beziehen. Die Worte „Herstellung von Stereotypplatten" bezeichnen die Verrichtung des Plattengusses und des Fertigmachens der Platte: das Bestoßen, Beschneiden, Ausfräsen und Korrigieren.

I. Die Räumlichkeiten, in denen die geschilderten Arbeiten geleistet werden, müssen genügenden Luftraum besitzen (a) und die Möglichkeit einer ausreichenden Frischluftzufuhr aufweisen (b), den Anforderungen der Sauberkeit (c) und des nötigen Lichts (d) entsprechen. Im einzelnen sind bestimmte Pflichten zur Erfüllung dieser Eigenschaften der Betriebsräume den Arbeitgebern auferlegt:

a) In den Räumen, in denen die Herstellung der Lettern und der Stereotypplatten geschieht oder sich Setzmaschinen befinden, ist für jede darin beschäftigte Person ein Luftraum von mindestens 15 cbm vorgeschrieben; in Räumen, worin gesetzt wird, für jede Person ein solcher von mindestens 12 cbm (I Ziff. 2 Abs. 1). Eine Vermehrung des Personals in diesen Räumen, so daß eine Verringerung des Luftraums für den einzelnen Arbeitnehmer eintritt, kann nur mit Genehmigung der höheren Verwaltungsbehörde (in Sachsen der Kreishauptmannschaft) für Fälle außerordentlichen Bedarfs für insgesamt 30 Tage im Jahre und nur in dem Maße vorgenommen werden, daß mindestens noch 10 cbm Luftraum auf jede Person kommen (I Ziff. 2 Abs. 2). In jedem dieser Räume ist ein Aushang, dessen Inhalt von der Ortspolizei auf seine Richtigkeit geprüft und unterzeichnet ist, anzubringen. Aus ihm muß ersichtlich sein: 1. die Maße der Länge, Breite und Höhe des betr. Raumes, 2. die Kubikmeteranzahl seines Luftraums, 3. die Zahl der Arbeiter, die in dem Raum beschäftigt werden darf (II Abs. 1). Die Raumhöhe muß bei dem Erfordernis von 15 cbm Luftraum pro Person mindestens 2,60 m betragen, andernfalls mindestens 3 m. Bei schräg verlaufender Decke muß die Durchschnittshöhe des Raums der Mindesthöhe entsprechen (I Ziff. 3 Abs. 1 und 3) [29]) [30]).

b) Zur Erzielung eines genügenden Luftwechsels werden folgende Anforderungen gestellt: Die Fenster müssen eine ausreichende Oeffnung zur Lüftung zulassen (I Ziff. 3 Abs. 2 S. 2). Der Fußboden darf nicht tiefer als einen halben Meter unter dem ihn umgebenden Erdboden liegen. Ausnahmen bedürfen der Genehmigung der höheren Verwaltungsbehörde (in Sachsen der Kreishauptmannschaft). Sie dürfen nur erteilt werden, „wenn durch zweckmäßige Isolierung des Bodens, ausreichende Licht- und Luftzufuhr den gesundheitlichen Anforderungen entsprochen ist" (I Ziff. 1 Abs. 1). Unter dem Dach liegende Räume dürfen nur dann für die Zwecke des Setzens, der Herstellung von Lettern und Stereotypplatten benutzt werden, „wenn das Dach mit gerohrter und verputzter Verschalung versehen ist" (I Ziff. 1 Abs. 2). Jeden Tag ist mindestens einmal gründlich durchzulüften und während der Arbeitszeit muß eine ausreichende Zufuhr frischer Luft erfolgen (I Ziff. 5) [31]).

c) Um dem Erfordernis der Sauberkeit zu genügen, muß 1. der Fußboden dicht und fest sein, sodaß durch feuchtes Wischen sich der Staub leicht beseitigen läßt. Holzböden müssen glatt gehobelt und gegen das Eindringen von Nässe unempfindlich gemacht sein (I Ziff. 4 Abs. 1). Die Reinigung der Fußböden muß täglich mindestens einmal vorgenommen werden, und zwar durch Abwaschen oder feuchtes Abreiben, bei Holz- oder Linoleumbelag genügt tägliches Abfegen, wenn dieser mit einem nicht trocknenden staubmindernden Fußbodenöle behandelt worden ist. Die Oelung ist bei Holzbelag längstens in einer Zeitspanne von 8 Wochen, bei Linoleumbelag innerhalb 2 Wochen zu wiederholen (I Ziff. 7 Abs. 2 und 3). 2. Zur Staubbekämpfung sind Wände und Decken, soweit sie getüncht sind, alle 2 Jahre frisch mit Kalk zu streichen, soweit sie mit einer glatten abwaschbaren Verkleidung oder mit einem Oelfarbenanstrich versehen sind, jährlich abzuwaschen. Der Oelfarbenanstrich ist alle 5 Jahre, wenn er lackiert ist, alle 10 Jahre zu erneuern (I Ziff. 4 Abs. 2). Die Wände und Gesimse müssen jährlich zweimal gründlich gereinigt werden (I Ziff. 7 Abs. 1) [32]).

d) Um die Arbeitsplätze mit ausreichendem Licht zu versehen, muß eine entsprechende Anzahl Fenster in genügender Größe vorhanden sein (I Ziff. 3 Abs. 2 S. 1). Es bedarf die Benutzung von Räumen,

---

[29]) Abweichungen von den Vorschriften über die Raumhöhe (unter I Ziff. 3 Abs. 1 und 2) sind für Buchdruckereien mit in der Regel nicht mehr als 5 Arbeitern mit Erlaubnis der höheren Verwaltungsbehörde möglich. Diese kann aber nur erteilt werden, wenn die Arbeitsräume bereits vor dem 31. Juli 1897 im Besitze des jetzigen Unternehmers oder eines Familienangehörigen gewesen sind.

[30]) Aehnlich lauten die Bestimmungen I Ziff. 2, Ziff. 3 Abs. 1 S. 1 und Abs. 2 und II Abs. 1 der Bekanntmachung des Rates der Stadt Leipzig betr. die Einrichtung und den Betrieb der Notenstechereien.

[31]) Vgl. die Polizeiverordnung der Stadt Leipzig für die Notenstechereien I Ziff. 1, Ziff. 3 Abs. 1 S. 2 und Ziff. 5.

[32]) Vgl. die Polizeiverordnung der Stadt Leipzig für die Notenstechereien I Ziff. 4, 6 und 7.

deren Fußboden tiefer als einen halben Meter unter dem umgebenden Erdboden liegt, der behördlichen Genehmigung[33]) (I Ziff. 1 Abs. 1)[34]).

II. Der Arbeitgeber ist weiterhin verpflichtet, dafür zu sorgen, daß auch verschiedene in den Räumen befindliche Betriebsmittel gewisse Voraussetzungen erfüllen.

a) Die Setzerpulte und die Regale für die Letternkästen müssen entweder so beschaffen sein, daß sie allseitig dicht auf dem Boden aufsitzen, oder so hohe Füße haben, daß der Staub unter ihnen mühelos beseitigt werden kann (I Ziff. 4 Abs. 3)[35]). Der Arbeitgeber hat darauf hinzuwirken, daß die Schrift- und Ausschlußkästen nur in reinlichem Zustand in Benutzung genommen werden und daß sie nach Bedarf, mindestens aber zweimal jährlich gesäubert werden. Geschieht diese Reinigung durch Ausblasen des Staubes, so darf diese Verrichtung nur mittels Blasebalgs im Freien erfolgen (I Ziff. 8). An Stelle dieser Säuberungsart tritt mehr und mehr das Reinigen durch Aussaugen des Staubes mittels besonderer Staubsauger im Arbeitsraum, was den Anforderungen der Reinigung durchaus genügt[36]). Die Regale sind zweimal jährlich gründlich zu reinigen.

b) Um Blei- und andere Dämpfe abzuleiten, müssen die „Schmelzkessel für das Lettern- und Stereotypmetall" überdeckt sein mit Fangtrichtern, die ins Freie oder in den Schornstein münden (I Ziff. 6 Abs. 1). In sinngemäßer Auslegung wird man die Vorschrift auch auf Schmelzkessel beziehen müssen, in denen ähnliche Metallegierungen wie die zum Lettern- und Stereotypguß verwendeten, verflüssigt werden, z. B. auf die Gießkessel der Gießmaschinen für Regletten und Ausschlußguß und der Zeilengußsetzmaschinen. Schmelzkessel sind nur Behältnisse, die der Verflüssigung des Metalls dienen, nicht aber Pfannen, die zur Entnahme bereits flüssigen Metalls und zum Guß bestimmt sind, auch wenn das in ihnen befindliche Metall durch Wärmevorrichtungen temperiert wird[37]).

c) Die Beleuchtungskörper, die starke Wärme entwickeln, müssen so angebracht oder mit Vorrichtungen versehen sein, daß Wärmebelästigungen vermieden werden (I Ziff. 12).

III. Den Pflichten des Arbeitgebers, für bestimmte Eigenschaften der Betriebsmittel zu sorgen, reihen sich Fürsorgepflichten an:

a) Für je fünf in den bezeichneten Räumen beschäftigte Personen ist ein mit Wasser gefüllter Spucknapf aufzustellen, dessen tägliche Reinigung der Arbeitgeber zu veranlassen hat (I Ziff. 9 Abs. 1).

---

[33]) Siehe S. 35 oben unter b).

[34]) Vgl. die Leipziger Verordnung für Notenstechereien I Ziff. 3 Abs. 1 S. 1, Ziff. 1 Abs. 1.

[35]) Gleiche Anforderungen stellt die Leipziger Verordnung für Notenstechereien für die Arbeitstische auf. I Ziff. 4 Abs. 3.

[36]) Vgl. Sächs. Ministerialerlaß vom 12. Mai 1910.

[37]) Vgl. KG. vom 30. September 1909; GewArch. 9, 479.

b) Der Arbeitgeber hat für ausreichende Wascheinrichtungen in den betreffenden Arbeitsräumen oder in deren unmittelbarer Nähe in geeigneten Räumlichkeiten und für das Vorhandensein der nötigen Seife zu sorgen. Soweit nicht ausreichende Waschbecken an Wasserleitungen vorhanden sind, hat er besondere Waschgelegenheiten, und zwar für je fünf Arbeiter eine zu stellen. Reines Wasser darf für die Waschgelegenheiten nicht mangeln. Ein Ausguß muß am Waschplatze vorhanden sein. Mindestens allwöchentlich ist ein sauberes Handtuch den Arbeitnehmern zu liefern. Die Bekanntmachung betr. Einrichtung und den Betrieb der Buchdruckereien und Schriftgießereien begründet diese öffentlich-rechtlichen Pflichten des Arbeitgebers (I Ziff. 10) nur zugunsten der „Setzer, Gießer, Polierer und Schleifer". Wenn man unter diesen Begriffen Berufsbezeichnungen des Buchdruck- und Schriftgießereigewerbes versteht, ergibt sich eine offenbare Lücke, da die Blei- und Tuberkulosegefährdung durch bleihaltigen, besonders den Händen anhaftenden Staub in gleichem Umfang auch bei anderen Gruppen von Arbeitnehmern, z. B. den Justierern, Zurichtern, Unterschneidern, den Aufsetzern, Teilerinnen und Einsetzerinnen der Schriftgießerei, den mitsetzenden Faktoren, Ablegern, Stereotypeuren und Stereotypiehilfsarbeitern der Buchdruckereien besteht. Eine meines Erachtens gerechtfertigte Auslegung, die das Schwergewicht auf die Tätigkeiten des Setzens, Gießens, Polierens und Schleifens legt, erhöht wohl den Kreis der begünstigten Arbeitnehmer, aber nicht in so ausreichender Weise, als es vom gewerbehygienischen Standpunkt notwendig ist. Die Vorschriften der Ziff. 10 müßten für alle Arbeitnehmer Geltung haben, die in Räumen beschäftigt werden, „in welchen Personen mit dem Setzen von Lettern oder mit der Herstellung von Lettern oder Stereotypplatten beschäftigt werden" (I der Verordnung). Das Ablegen von Lettern wird man dem Setzen von Lettern gleichstellen, indem man diese Verrichtung als eine notwendige Hilfstätigkeit zur Ermöglichung des Setzens betrachtet. Für den Ableger müssen daher die sozialen Einrichtungen der Ziff. 10 getroffen werden.

c) Dem Arbeitgeber obliegt die öffentlich-rechtliche Pflicht, für die Aufbewahrung der Kleidungsstücke, die während der Arbeitszeit abgelegt werden, den Arbeitnehmern geeignete Garderoben zur Verfügung zu stellen, die das Eindringen des bleihaltigen Staubes verhindern und daher zweckmäßig sich außerhalb der betreffenden Räume befinden sollen. Die Aufbewahrung von Kleidung in Räumen der Setzerei, Stereotypie und Schriftgießerei ist nur in verschließbaren Schränken oder hinter dichtschließendem Vorhange zulässig (I Ziff. 11) [38]).

IV. Eine weitere Gruppe von Rechtssätzen legt der Betriebsorganisation des Arbeitgebers Beschränkungen auf.

---

[38]) Vgl. die gleichen Vorschriften der Leipziger Verordnung betr. Einrichtung und Betrieb der Notenstechereien I Ziff. 8 Abs. 1, Abs. 2 S. 2, Ziff. 9 Abs. 1 und 2, Ziff. 10.

a) Der Arbeitgeber darf, wenn keine Spezialräume vorhanden sind, das Legieren des Metalls und das Ausschmelzen der Krätze nur nach der Entfernung der mit diesen Arbeiten nicht betrauten Arbeitnehmer vornehmen lassen (I Ziff. 6 Abs. 2).

b) Das gesundheitsgefährliche Ausblasen des Staubes aus den Schrift- und Ausschlußkästen darf er jugendlichen Arbeitern nicht übertragen (I Ziff. 8 Abs. 2). Die Rechtsverordnung bezieht dieses Beschäftigungsverbot auf „jugendliche Arbeiter". Der § 120 c in Verbindung mit § 120 a und b der GewO. stellt für die in § 120 e begründete Verordnungsbefugnis unmittelbarer und mittelbarer Staatsorgane den Umfang fest und gibt mit der Angabe des Alters von 18 Jahren nur die Maximalaltersgrenze an, für die eine erhöhte Betriebsschutzbedürftigkeit anerkannt wird. Für die verschiedenen Altersstufen unterhalb dieser Grenze soll individuell den Anforderungen der Gesundheit und Sittlichkeit Rechnung getragen werden. Nach herrschender Meinung ist der Begriff des jugendlichen Arbeiters, der sich aus § 136 GewO. in Verbindung mit § 135 herleitet, für die Terminologie des ganzen Gesetzes und für die auf Grund von Vorschriften desselben von ermächtigten Staatsorganen erlassenen Rechtssätzen maßgebend. Als jugendliche Arbeiter im Sinne der Ziff. 8 der Bekanntmachung betr. die Einrichtung und den Betrieb der Buchdruckereien und Schriftgießereien sind sonach alle Arbeiter im Alter vom 13. bis vollendeten 16. Lebensjahre zu verstehen.

V. Schließlich hat der Arbeitgeber eine Reihe von bindenden Verhaltungsmaßregeln für die Arbeitnehmer zu treffen und auf ihre Beobachtung zu sehen (I Ziff. 13 Abs. 1). Er hat den Setzern vorzuschreiben, die Reinigung der Schriftkästen nach Bedarf, mindestens aber zweimal im Jahre und in der vorgeschriebenen Weise im Freien mit dem Blasebalg oder mit dem Staubsauger, wenn ein solcher vorhanden ist, vorzunehmen und hat ihnen eine andere, gesundheitsschädigende Säuberung, etwa Auspusten oder Entleeren des Staubes mit den Fingern, zu untersagen (I Ziff. 13 Abs. 1 mit Ziff. 8). Zu verbieten ist ferner das Ausspucken auf den Fußboden (I Ziff. 13 Abs. 1 mit Ziff. 9 Abs. 2). Es ist dem Arbeitgeber zur Pflicht gemacht, „mit Strenge", d. h. mit sofortigem Gebrauch der aus dem Arbeitsvertrag bei Ungehorsam sich ergebenden Rechte, darauf zu halten, daß die Arbeiter vor Einnahme der Mahlzeiten oder vor Verlassen des Betriebs sich waschen (I Ziff. 13 Abs. 1 mit Ziff. 10 Abs. 3). Es handelt sich hierbei um eine öffentlich-rechtliche Pflicht des Arbeitgebers zur Wahrnehmung privatrechtlicher Ansprüche, evtl. zur Vornahme des privatrechtlichen Gestaltungsakts der Kündigung. Zur Erlassung dieser Verhaltungsmaßregeln sind die Arbeitgeber nur an den mit „Setzen, Gießen, Polieren und Schleifen" beschäftigten Arbeitnehmern dem Staat gegenüber verpflichtet (vgl. Abs. 1 der Ziff. 10). Den in Arbeitsräumen, wo das Setzen von Lettern oder die Herstellung derselben oder der Stereotypplatten geschieht, beschäftigten Arbeitnehmern ist bindend vorzuschreiben, ihre abgelegten Kleidungsstücke in den Garderoben aufzuhängen. Befinden sich die Garderobeeinrichtungen in den betreffenden Arbeitsräumen, dann müssen die Arbeitnehmer angewiesen werden, dieselben während der Arbeitszeit verschlossen zu halten (I Ziff. 13 Abs. 1 mit Ziff. 11) [39].

Nach Ziff. 13 Abs. 2 sind die zu erlassenden Verhaltungsmaßregeln für die Arbeitnehmer in Buchdruckereien, in denen in der Regel mindestens 20 gewerbliche Arbeitnehmer [40]) beschäftigt werden, in die Arbeitsordnung aufzunehmen (GewO. § 134 a mit § 133 h). Insoweit wird der obligatorische Inhalt der Arbeitsordnungen (§ 134 b GewO.) für Buchdruckereibetriebe erweitert.

Die Bestimmungen der Arbeitsordnung beruhen jetzt auf Vereinbarung des Arbeitgebers mit der Betriebsvertretung. Die in die Arbeitsordnung aufzunehmenden Verhaltungsmaßregeln sind wie diese selbst mit dem Arbeiterrat, wo ein solcher nicht besteht, mit dem Betriebsrat zu vereinbaren (BRG. §§ 78 Ziff. 3, 80). Die Verhaltungsvorschriften für die betreffenden Arbeitnehmer in Buchdruckereien mit weniger als 20 gewerblichen Arbeitnehmern bedürfen als Dienstvorschriften zu ihrer Wirksamkeit der gleichen Mitwirkung des Betriebsobmanns (BRG. §§ 2, 92 mit 78 Ziff. 3). Soweit in Buchdruckereibetrieben Betriebsvertretungen nicht vorhanden sind, bewendet es bei der Pflicht des Arbeitgebers unter Ziff. 13 Abs. 1. Bestehen jedoch die gesetzlichen Vertretungen der Arbeitnehmerschaft in Buchdruckereien, so erleidet das öffentlich-rechtliche Gebot an die Arbeitgeber insofern Einschränkung, als sie objektiv zur einseitigen Verfügung über die Betriebsordnung nicht mehr in der Lage sind. Das Erlassen von verbindlichen Verhaltensvorschriften besteht nach dem Erlaß des BRG. für den Arbeitgeber nur noch in einer gleichberechtigten Mitwirkung an der Feststellung des Inhalts mit der Betriebsvertretung. Vom Arbeitgeber kann also nur verlangt werden, daß er seinerseits alles Erforderliche tut, um den Erlaß der Verhaltungsmaßregeln zu bewirken: Aufstellung des Entwurfs; Versuch einer Einigung mit der Betriebsvertretung; Anrufung des Schlichtungsausschusses bei Meinungsverschiedenheiten usw. (BRG. § 80 Abs. 1 mit § 75). Eine Erstreckung des öffentlich-rechtlichen Gebots auf die andere an der Festsetzung des Inhalts gleichberechtigt mitwirkende Partei, die Betriebsvertretung, könnte nur durch Abänderung der Verordnung des Bundesrats erfolgen, was anscheinend bei dem Erlaß des BRG. übersehen worden ist [41]).

Die öffentlich-rechtliche Pflicht der GewO. § 147 Ziff. 5 in Verbindung mit § 134 a hat zum Gegenstand den Erlaß einer Arbeitsordnung, die dem vorgeschriebenen obligatorischen Mindestinhalt entspricht. Zu

[39]) Entsprechende Bestimmungen in der Polizeiverordnung der Stadt Leipzig für die Notenstechereien I Ziff. 12 in Verbindung mit Ziff. 7, 8, 9 Abs. 3 und 10.

[40]) Auszunehmen von den gewerblichen Arbeitnehmern sind hierbei die Betriebsbeamten (Faktoren), Werkmeister (Obermaschinenmeister) und Betriebstechniker (§ 133 GewO.).

[41]) Dagegen v. Landmann-Rohmer, Kom. z. GewO., Bd. II, Anm. 6 a zu § 147, der eine Bestrafung der Betriebsvertretung wegen unzureichender Mitwirkung am Zustandekommen der Betriebsvereinbarung aus § 104 Ziff. 4 des BRG. für zulässig hält.

ihm sind nicht nur zu rechnen die Angabe des Zeitpunktes des Inkrafttretens der Arbeitsordnung (§ 134 a Abs. 2), die Gegenstände der Ziff. 1 und 2 und unter bestimmten Voraussetzungen die Regelung der in Ziff. 3 bis 5 des § 133 b GewO. angeführten Materien, sondern vor allem die Verhaltungsmaßregeln zum Schutze der Arbeiter (I, Ziff. 13 Abs. 2 der Verordnung betr. die Einrichtung und den Betrieb der Buchdruckereien und Schriftgießereien)[42]. Fehlen die Verhaltungsmaßregeln so ist demnach auch gegen die öffentlich-rechtliche Pflicht zum Erlaß einer ordnungsmäßigen Arbeitsordnung verstoßen.

Das Arbeitnehmerschutzrecht bedient sich hier zur Erreichung seines Zweckes des Mittels einer öffentlich-rechtlichen Verpflichtung des Arbeitgebers mit dem Inhalt, durch Dienstvorschriften die übernommene privatrechtliche Dienstpflicht des Arbeitnehmers näher auszugestalten. Die Pflicht zur Befolgung dieser Vorschriften durch den Arbeitnehmer ergibt sich aus dem Anstellungsvertrag, weil hiernach der Arbeitnehmer dem Arbeitgeber Gehorsam schuldet. In der praktischen Auswirkung steht dieses Schutzrecht den zwingenden Rechtssätzen des Arbeitsvertragsrechts gleich. Zwar folgt aus der öffentlichen Pflicht, Verhaltungsmaßregeln für die Arbeitnehmer zu erlassen, deren bestimmter Inhalt rechtsatzmäßig vorgeschrieben ist, daß der Arbeitgeber von den erlassenen Dienstvorschriften einzelnen Arbeitnehmern Abweichungen nicht gestatten darf und bei ihrer Nichtachtung wegen Verletzung der Gehorsamspflicht von den ihm zustehenden arbeitsvertraglichen Befugnissen gegenüber dem Arbeitnehmer Gebrauch machen muß (vgl. o. S. 38), jedoch scheint die Durchsetzung der Dienstvorschriften um deswillen ungenügend gesichert, weil dem Arbeitgeber die hierfür zu Gebote stehenden Mittel nicht ausreichen. Die Sicherheit ist erst gegeben, wenn die Befolgung der Verhaltungsmaßregeln der Arbeitnehmer im Betrieb durch Strafen erzwungen werden kann. Die Erkenntnis der Unzulänglichkeit dieses rechtlichen Mittels führte dazu, die Delegation des § 120 e GewO. durch die Novelle zur GewO. vom 27. Dezember 1911 dahin zu erweitern, daß unmittelbare und mittelbare Staatsorgane in Verordnungen den Arbeitnehmern durch Strafen (§ 150 a GewO.) gesicherte öffentlich-rechtliche Gebote und Verbote auferlegen können[43]. Die Arbeitnehmer werden im Interesse der

---

[42]) Die gleiche Rechtslage ergibt sich aus der Erweiterung des obligatorischen Inhalts der Arbeitsordnung durch § 15 der Bekanntmachung betr. die Einrichtung und den Betrieb von Anlagen zur Herstellung von Alkali-Chromaten vom 16. Mai 1907, § 20 der Bekanntmachung betr. die Einrichtung und den Betrieb von Anlagen zur Herstellung elektrischer Akkumulatoren aus Blei und Bleiverbindungen vom 6. Mai 1908; § 16 der Bekanntmachung betr. die Einrichtung und den Betrieb der Roßhaarspinnereien, Haar- und Borstenzurichtereien sowie der Bürsten- und Pinselmachereien vom 22. Oktober 1902; § 15 der Bekanntmachung betr. die Einrichtung und den Betrieb gewerblicher Anlagen zur Vulkanisierung von Gummiwaren vom 1. März 1902 u. a.

[43]) Solche Vorschriften sind enthalten in der Verordnung über die Einrichtung und den Betrieb von Anlagen zur Herstellung von Bleifarben und anderen Bleiverbindungen vom 27. Januar 1920 (§§ 6, 10, 12 letzter Abs., §§ 16, 19); in der Verordnung des Reichsarbeitsministers über die Ausführung von Anstreicherarbeiten in Schiffsräumen vom 2. Februar 1921 (§§ 4, 6, 7, 8, 9, 10); Verordnung des Reichsarbeitsministers zum Schutze der Preßluftarbeiter vom 28. Juni 1920 (§§ 18, 39 bis 49) usw.

Allgemeinheit und ihrer selbst verpflichtet, sich im Betriebe in vorgeschriebener Weise zu verhalten. Die auf der Idee des sozialen Staates beruhende Rechtsgestaltung, die den Arbeitnehmer zur Verwirklichung eigenen Interesses dem Staate gegenüber zu bestimmten Verhalten veranlaßt, ist in der Bekanntmachung des Bundesrats betr. die Einrichtung und den Betrieb der Buchdruckereien und Schriftgießereien nicht verwirklicht. Die Verordnung, die insofern als veraltet bezeichnet werden muß, enthält lediglich Gebots- und Verbotsvorschriften für Arbeitgeber.

Den Arbeitgebern ist weiterhin zur Pflicht gemacht, in jedem Setzerei- und Stereotypieraum an einer in die Augen fallenden Stelle eine Tafel auszuhängen, welche die Vorschriften des Teiles I der Verordnung in deutlicher Schrift wiedergibt. Dadurch soll den Arbeitnehmern zur Kenntnis gebracht werden, was die Arbeitgeber an Dienstvorschriften mit bestimmten, rechtsatzmäßig vorgeschriebenen Inhalt zu erlassen und an sonstigen Pflichten gegenüber dem Staate zu erfüllen haben. Es wird bezweckt, auf diese Weise die Arbeitnehmer zu bewegen, selbst mit auf die Erfüllung der Schutzvorschriften zu sehen und auf Verstöße die Gewerbeaufsichtsämter hinzuweisen.

Andere reichsrechtliche Betriebsschutzvorschriften, die auf der Ermächtigung des § 120e Abs. 1 beruhen, bestehen für Buchdruckereibetriebe nicht. Doch erstreckt sich der Geltungsbereich verschiedener landesrechtlicher Betriebsschutzvorschriften, die auf Grund der Delegation des § 120e Abs. 2 von Landeszentralbehörden und den zuständigen lokalen Polizeibehörden erlassen worden sind[44]), auch auf Buchdruckereien. Es sind dies Anordnungen der Landeszentralbehörden und Polizeiverordnungen, die Anwendung finden auf alle gewerblichen Betriebe oder generell auf solche, in denen bestimmte unfallgefährliche Einrichtungen (Maschinen aller Art, namentlich Kreissägen und Hobelmaschinen, Kraftmaschinen, wie Elektro- und Explosionsmotoren, elektrische Anlagen, Transmissionen, Aufzüge und Fahrstühle u. a. m.) bestehen oder explosions- und feuergefährliche Stoffe (Benzin, Petroleum, Putzlappen u. a. m.) zum Gebrauch gelagert werden müssen. Aus der Fülle dieser Verordnungen seien als Beispiel zitiert: Sächsische Verordnung, leichtentzündliche und feuergefährliche Stoffe und Gegenstände betreffend, vom 29. November 1904 (Sä. GVBl. S. 265), Sächsische Verordnung über die Einrichtung und den Betrieb von Aufzügen (Aufzugsverordnung) vom 25. Januar 1927 (Sä. GBl. S. 17 ff.), Bekanntmachung des Rats der Stadt Leipzig betr. die Einrichtung und den Betrieb der Notenstechereien vom 21. Dezember 1901.

§ 9. Betriebsschutz durch Polizeiverfügungen.

Diese Verordnungen oder Erlasse der Landeszentralbehörden enthalten außer den Rechtsätzen, Gebote, Verbote, Strafvorschriften, auch

[44]) Vgl. die amtliche Sammlung des Reichsamts des Innern, „Landesbehördliche Arbeiterschutzvorschriften", von 1897 mit Nachträgen von 1902 und 1905 und die private Zusammenstellung der Deutschen Gesellschaft für Gewerbehygiene; Leymann, Arbeiterschutzvorschriften im Deutschen Reich, 1927.

Direktiven an Gewerbeaufsichtsbeamte und Verwaltungsbehörden für die Ausübung des öffentlich-rechtlichen Anordnungsrechtes der Polizeibehörden nach § 120 d der GewO. zur Erzielung eines leicht an die Verhältnisse des einzelnen Betriebs anpassungsfähigen Betriebsschutzes. Auf Grund der polizeilichen Ermächtigung durch § 120 d der GewO. können die zuständigen Polizeibehörden — in Sachsen die Gewerbeaufsichtsämter [45]) — für den einzelnen Buchdruckereibetrieb — niemals allgemein für eine Anzahl solcher Betriebe — feststellen, welche Pflichten der Unternehmer zur Verwirklichung eines erforderlichen Betriebsschutzes zu erfüllen hat. Es sind Verwaltungsakte und zwar Verfügungen, die für den Einzelfall die Pflichten feststellen, welche der Arbeitgeber wie die rechtsatzmäßig begründeten zu erfüllen hat.

Es ist der eigenen Willensentschließung überlassen, von dem öffentlich-rechtlichen Anordnungsrecht Gebrauch zu machen. Gebunden ist aber das Ermessen der Behörde in der schöpferischen Begründung der Pflichten des Arbeitgebers an den in § 120 d vorgezeichneten Zweck der Abwehr der Betriebsgefahren. Dem Anordnungsrecht der Polizeibehörden sind gesetzliche Schranken gesetzt. Als sein Gegenstand sind die in §§ 120 a—c der GewO. enthaltenen „Grundsätze" bezeichnet. Darüber hinaus können die zuständigen Polizeibehörden noch die Bereitstellung von Speiseräumen und Aufenthaltsräumen [46]), die in kalter Jahreszeit zu heizen sind, anordnen. Weitergehende oder abweichende Anforderungen, als sie in den auf Grund § 120 e GewO. ergangenen Verordnungen aufgestellt sind, können durch Verfügungen nicht getroffen werden. Doch unterliegen gegenständlich gleiche und von einer Verordnung auf Grund § 120 e noch nicht bemächtigte oder nicht erschöpfend geregelte Materien dem öffentlich-rechtlichen Anordnungsrecht der Polizeibehörden [47]) [48]). Soweit dem Arbeitgeber Pflichten zur Durchführung der in §§ 120 a und b aufgestellten Grundsätze auferlegt werden, ist Rücksicht auf die technische und wirtschaftliche Struktur der Betriebsart zu nehmen. Alle Anordnungen müssen außer-

---

[45]) Ursprünglich waren die Gewerbeinspektionen in Sachsen nicht Behörden und konnten daher nur die zuständigen Polizeibehörden (Stadträte, Amtshauptmannschaften) ersuchen, Verfügungen bestimmten Inhalts zu erlassen. Zu einer ständigen Sozialverwaltungsbehörde sind die Gewerbeaufsichtsämter durch die Verordnung über den Geschäftsbereich und die Geschäftsführung der staatlichen Gewerbeaufsichtsämter vom 3. November 1922 (Sä. GBl. S. 595 ff.) erhoben. Ziff. 7 der Verordnung überträgt diesen Behörden das Recht zum Erlaß polizeilicher Verfügungen auf Grund § 120 e der GewO.

[46]) Nach herrschender Meinung sind diese Anforderungen bereits von den Grundsätzen des § 120 a GewO. einbegriffen. Doch ist das nicht unzweifelhaft. Vgl. Landmann-Rohmer, Kom. z. GewO. Bd. II, Anm. 4 z. § 120 d, S. 372.

[47]) Vgl. auch die Begründung zu § 120 d GewO. (Reichstagsverhandlung 1890/91) Anl. Bd. I S. 18: „Was auf Grund der §§ 120 a bis 120 c von den einzelnen Gewerbetreibenden zu leisten ist, sollen nach § 120 d, solange nicht für bestimmte Arten von Anlagen auf dem in § 120 e bezeichneten Wege besondere Vorschriften erlassen worden sind, die zuständigen Polizeibehörden im Wege der Verfügung feststellen."

[48]) Hinfällig ist daher der Königl. Sächs. Ministerialerlaß vom 7. Dezember 1904 (Sä. Wochenblatt 1905, S. 6), eine Dienstanweisung an die Gewerbeämter, die das tägliche feuchte Abreiben oder Abwaschen der Fußböden auch dann für notwendig erachtet, wenn dieselben auch mit Fußbodenöl gestrichen sind; s. die Bekanntmachung unter I Ziff. 7 Abs. 3.

dem nach der Beschaffenheit der betr. Anlage ausführbar erscheinen. Eine besondere Begünstigung erfahren die alten, vor dem 1. April 1891 bereits bestehenden Betriebsanlagen, soweit sie noch nicht geändert oder umgebaut worden sind (§ 120 d Abs. 3). Schließlich muß zur Ausführung der angeordneten Maßnahmen eine angemessene Frist gelassen werden, es sei denn, daß es sich um die Abwehr dringender Leben und Gesundheit bedrohenden Gefahren handelt.

Durch Verfügung kann angeordnet werden, daß der Arbeitgeber das Abfegen des Fußbodens in den Setzerei- und Stereotypieräumen nur außerhalb der täglichen Arbeitszeit vornehmen lassen darf. Zulässig ist auch eine Verfügung, die dem Unternehmer zur Pflicht macht, wenn er die Staubentfernung aus den Letternkästen nicht durch Ausblasen, das nach der Verordnung vom 31. Juli 1897 nur mittels eines Blasebalgs im Freien stattfinden darf, vornehmen lassen will oder das Ausblasen im Freien auf Widerstand der Arbeitnehmer stößt, Absaugvorrichtungen zu beschaffen und für deren öftere Benutzung zu sorgen [49]). Diese beiden Verfügungen haben Materien zum Gegenstand, die nicht erschöpfend von der Verordnung geregelt sind. Es können des weiteren Maßnahmen zur Minderung der Gefahren von Fabrikbränden, z. B. genügende Anzahl von freizuhaltenden Ausgangstüren, Feuerlöschgeräte, Fürsorgepflichten zum Schutze schwangerer Arbeiterinnen, z. B. die Beschaffung von Sitzgelegenheiten an ihren Arbeitsplätzen, in besonderen Räumen aufzustellende Liegestühle, die bei Schwächezuständen benutzt werden können [50]), Ventilatoren für Stereotypie und Setzmaschinenräume, räumliche Abgliederung der Setzmaschinen durch Leichtwände vom übrigen Setzereiraum u. a. m. vorgeschrieben werden.

Gegen eine Verfügung auf Grund der GewO. § 120 d hat der Unternehmer und die Deutsche Buchdrucker-Berufsgenossenschaft (§ 120 d Abs. 4 S. 3) das Rechtsmittel der förmlichen Beschwerde, dessen Einlegung an die übliche Frist von zwei Wochen gebunden ist. Es begründet das Recht auf Prüfung und Bescheid durch die Beschwerdeinstanz (in Sachsen: die Kreishauptmannschaft). Beschwerdegrund ist alles, was gegen die Verfügung angeführt werden kann, sowohl Rechtsfragen, Verletzung subjektiven und objektiven Rechts wie Tatfragen, unzweckmäßige Wahl der Mittel. Die einzelne Beschwerde hemmt den Eintritt der Rechtskraft der Verfügung. Der Suspensiveffekt ist indessen landesrechtlich beschränkt [51]). Gegen den Bescheid der Be-

---

[49]) Vgl. Sächs. Ministerialerlaß vom 12. Mai 1910 (Nr. 414 a III 7).

[50]) Vgl. preuß. Ministerialerlaß betr. Durchführung des Schwangeren- und Wöchnerinnenschutzes v. 22. Juni 1925 (Nr. III 5324) b. Leymann, Arbeiterschutzvorschriften im Deutschen Reich, 1924, S. 121 f.

[51]) z. B. durch die preuß. Ausführungsanweisung z. GewO. v. 1. Mai 1904 (Beilage z. Nr. 9 HMBl. S. 123) Ziff. 200 Abs. 1: „Ist die auf Grund 120 d erlassene Verfügung durch Beschwerde angefochten, so darf sie nur dann vor endgültiger Entscheidung der Beschwerde zur Ausführung gebracht werden, wenn die Ausführung nach dem Ermessen der Behörde ohne Nachteil für das Gemeinwohl nicht ausgesetzt bleiben kann. Als ein solcher Nachteil ist eine erhebliche Gefährdung des Lebens, der Gesundheit oder der Sittlichkeit der Arbeiter anzusehen.“

schwerdeinstanz ist die weitere Beschwerde an die Zentralbehörde (in Sachsen das Arbeits- und Wohlfahrtsministerium[52]) zulässig. Weitere Rechtsschutzverfahren, insbesondere der Verwaltungsgerichtsweg[53]), sind verschlossen.

Die Verfügungen sind streng zu scheiden von den Erinnerungen, Anordnungen oder Aufforderungen durch revidierende Gewerbeaufsichtsbeamte oder Gewerbeaufsichtsämter. Es handelt sich hierbei lediglich um mündliche oder schriftliche Vorstellungen oder Mahnungen und Drohungen mit Strafanzeige. Es sind nicht obrigkeitliche Aussprüche, die für den Einzelfall feststellen, welche kongretisierte Pflichten ein Unternehmer gegenüber dem Staat zu erfüllen hat, sondern entweder nur ein Aufmerksammachen auf durch Gesetz oder Verwaltungsakt bereits begründete Verpflichtungen und auf die Folgen ihrer Nichterfüllung oder gütliche Hinweise, bestimmte Anordnungen zu treffen, um den Grundsätzen der §§ 120 a—c der GewO. zu genügen, zur Vermeidung einer besonderen Verfügung auf Grund des § 120 d. Eine solche mündliche und schriftliche Vorstellung soll nach Ziff. 7 der Sächs. Verordnung über den Geschäftsbereich und die Geschäftsführung der staatlichen Gewerbeaufsichtsämter vom 3. November 1922 (Sä. GBl. S. 595 ff.) tunlichst dem Erlaß von Verfügungen vorangehen.

§ 10. Beschäftigungsverbote.

Die Betrachtung des öffentlichen Arbeitnehmerschutzrechts zur Abwehr der Betriebsgefahren der Buchdruckerei ist noch durch Erwähnung einer Reihe Vorschriften, die dem Schutz der besonders gefährdeten Jugendlichen und Frauen dienen, zu vervollständigen. Es sind Verbote der Beschäftigung mit einzelnen Verrichtungen oder mit jedweder Arbeit. Durch öffentlich-rechtliche Pflicht ist die Geltendmachung des privatrechtlichen Anspruchs auf die Arbeitsleistung und die Annahme der vertraglichen Leistungen des Arbeitnehmers untersagt.

Eine Besonderheit für Buchdruckereibetriebe war das bereits angeführte Verbot, jugendliche Arbeiter mit dem Ausblasen von Schrift- und Ausschlußkästen zu beschäftigen[54]). Ein Verbot jedweder Beschäftigung bezieht sich auf Kinder unter 13 Jahren schlechthin und auf ältere Kinder[55]), die noch zum Besuche der Volksschule verpflichtet sind. Diese Vorschrift (GewO. § 135 Abs. 1) findet auf alle Buchdruckerei-

---

52) Verordnung des Ministeriums des Innern vom 28. März 1892, die Ausführung der GewO. betr. (Sä. GVBl. S. 28 ff.).

53) betr. Unzulässigkeit der Anfechtungsklage s. Urt. d. Sä. Oberverwaltungsgerichts v. 13. September 1902 (GewArch. 3 S. 119).

54) s. S. 38 unter b).

55) Kinder sind in der Terminologie der GewO. alle Jugendlichen, die das 14. Lebensjahr noch nicht vollendet haben. Vgl. § 135 Abs. 1 und 2 mit Abs. 3. Im Sinne des Kinderschutzgesetzes sind es alle Knaben und Mädchen, die das 13. Lebensjahr noch nicht vollendet haben oder noch volksschulpflichtig sind. Kinder im Sinne des Entwurfs des Arbeitsschutzgebietes sind alle noch nicht 14jährigen und ältere, soweit sie noch volksschulpflichtig sind.

betriebe Anwendung, die in der Regel mindestens 10 Arbeiter beschäftigen gemäß § 134; und die kleineren Buchdruckereien mit weniger Arbeitern, wenn in ihnen mit elementarer Kraft bewegte Triebwerke nicht bloß vorübergehend benutzt werden, gemäß § 154 Abs. 3. Außer den Zwergbetrieben, in denen die Tiegeldruckpressen noch mit Fuß oder Hand in Bewegung gebracht werden, gilt das Verbot demnach für alle Druckereien. Für diese Zwergbetriebe verbietet § 5 des Gesetzes betr. die Kinderarbeit in gewerblichen Betrieben die Beschäftigung von Kindern, die das 12. Lebensjahr noch nicht vollendet haben. Schließlich ist die Verbotsvorschrift des § 4 des Kinderschutzgesetzes in Verbindung mit dem anliegenden Verzeichnis, wonach die Beschäftigung von Kindern in allen Werkstätten untersagt ist, in denen Blei oder seine Legierungen geschmolzen, bearbeitet und verarbeitet werden, für Buchdruckereien maßgebend. Eine Bearbeitung und Verarbeitung dieser Metalle geschieht nur in Setzmaschinen- und Stereotypieabteilungen, die aber in Werkstätten im Sinne des § 105 b Abs. 1, d. h. in den Betriebsstätten des Buchdruckhandwerkers, regelmäßig nicht vorhanden sind. Es dürfte in allen Fällen, wo § 4 des Kinderschutzgesetzes Anwendung findet, auch § 135 Abs. 1 GewO. entweder auf Grund des § 134 i oder des § 154 Abs. 3 Geltung haben.

Der Umfang der Verbote ist m. E. in den verschiedenen Fällen nicht der gleiche. Für die Betriebe über 10 Arbeitnehmer (§ 134 i) beziehen sie sich auf alle Tätigkeiten von Kindern, die in irgendeiner Form der Eingliederung in den Betrieb oder in irgendwelchem Zusammenwirken mit Betriebsmitteln geschehen, gleichgültig, ob sie der Verwirklichung eines Betriebszweckes dienen, z. B. Falzen und Verpacken von Drucksachen [56]), das Legen unter Kreuzband, Einschießen von Beilagen [57]), Fertigmachen von Zeitungen zum Versand [58]), das Zutragen von Manuskripten und dergl. innerhalb des Betriebes und Botengänge oder lediglich zu Ausbildungszwecken erfolgen [59]). Für die übrigen Fälle sind die bezeichneten Tätigkeiten nur untersagt, soweit sie innerhalb einer Werkstätte, worunter die räumlich begrenzte handwerkliche Betriebsanlage zu verstehen ist, geleistet werden [60]).

Die Beschäftigung von Kindern außerhalb der Betriebsstätte der Druckereien, z. B. das Austragen von Zeitungen und anderen Drucksachen ist gleichfalls untersagt. Für Betriebe über 10 Arbeiter gilt hinsichtlich der Botengänge durch Kinder das Verbot des § 135 Abs. 1, soweit diese Tätigkeit den Betriebszwecken dient und das Kind in organisatorischer Verbundenheit zum Betriebe steht. Buchdruckhand-

56) JW. 1900, S. 710; DJZ. VII, S. 511; GewArch. II, S. 166.

57) E. RG. i. Strafs. v. 13. November 1911.

58) E. RG. i. Strafs. v. 6. Juli 1900, Bd. 33, S. 348.

59) a. A. v. Landmann-Rohmer, Kom. z. GewO., Bd. II, Anm. 3 z. § 135, S. 619.

60) Gleichgültig ist deren Lage, ob im Freien oder im umschlossenen Raum oder ob der Raum noch anderen Zwecken dient (als Schlaf- oder Wohnraum, als Küche). Völlig stimmt der Begriff der „Werkstatt" des Kinderschutzgesetzes mit dem der GewO. überein; ebenso Spangenberg, Kinderarbeit in gewerblichen Betrieben, Anm. 4 z. § 18, S. 95; Findeisen, Reichsgesetz betr. die Kinderarbeit in gewerblichen Betrieben, S. 42.

werkern ist untersagt, Kinder unter 12 Jahren mit Botengängen zu beschäftigen (§ 8 mit § 5 Abs. 1 KSchG.).

Für die Verbote im Kinderschutzgesetz ist gleichgültig die Rechtsgrundlage der Arbeitsleistung der Kinder, ob sie z. B. auf Grund eines Arbeitsvertrags oder eines personenrechtlichen Unterwerfungsverhältnisses (§ 3) Arbeit leisten. Dagegen setzt GewO. § 135, wie aus der Stellung der Vorschrift in Titel VII hervorgeht, ein Beschäftigungsverhältnis auf Grund eines gewerblichen Arbeits- oder Anstellungsvertrags voraus. Erstreckt sich das Verbot des § 135 GewO. nur auf die Tätigkeit des Kindes als Arbeitnehmer, so bezieht es sich nach dem Kinderschutzgesetz etwa auch auf das Bringen von Speisen an den Arbeitsplatz des Vaters oder das Hilfeleisten für einen Arbeitnehmer.

Die Beschäftigung eigener Kinder ist untersagt innerhalb der handwerklichen Buchdruckereibetriebsstätten mit Setzmaschinen-, Stereotypiebetrieb und solcher, in denen bewegte Triebwerke nicht nur vorübergehend zur Verwendung kommen. In den übrigen Werkstätten dürfen eigene Kinder des Unternehmers nur beschäftigt werden, wenn sie das 10. Lebensjahr vollendet haben (§ 13 Abs. 1). Ein entsprechendes Verbot ist für Buchdruckerei-Fabrikbetriebe wohl wegen des mangelnden Bedürfnisses nicht ergangen. Die Beschäftigung der Kinder des Unternehmers mit dem Austragen von Zeitungen und anderen Drucksachen ist nicht verpönt (§ 17 Abs. 2 S. 1). Doch werden die Eltern bestraft, die ihre Kinder unter 12 Jahren für einen Buchdruckereibetrieb Zeitungen austragen lassen oder in ihrer Wohnung oder ihrer Werkstätte beschäftigen, beispielsweise mit Falzen (§ 17 Abs. 1, 13. Abs. 2 mit § 25 Ziff. 1 und Abs. 2).

Schließlich ist die Strafvorschrift der GewO. § 148 Abs. 1 Ziff. 9 hervorzuheben, die der Gesetzgeber hinter zwingende Rechtsätze des Lehrvertragsrechts gestellt hat. Diese Arbeitnehmerschutzvorschrift sichert die Erfüllung der vertraglichen Pflichten des Lehrherrn auf ein dem Schutze der Sittlichkeit, des Anstandes und der Gesundheit des Lehrlings entsprechendes Verhalten (GewO. §§ 127 Abs. 1 S. 2, 127 a Abs. 2), dadurch, daß aus dem im Strafrechtssatz als Tatbestand hervorgehobenen Verhalten die öffentliche Pflicht des Arbeitgebers erwächst, Verletzungen gesetzlicher Vertragspflichten gegenüber dem Lehrling zu unterlassen[61]). Das Arbeitnehmerschutzrecht droht gegen die Nichterfüllung der öffentlichen Unterlassungspflicht Strafe und die Entziehung der Befugnisse des Haltens und Anleitens von Lehrlingen an (GewO. § 126 a Abs. 1, 3 und 4).

Ein besonderer Betriebsschutz der in Buchdruckereien beschäftigten Frauen ist weder auf Grund des § 120 e noch des § 139 a Abs. 1 Nr. 1 ergangen. Für den einzelnen Betrieb können jedoch dem Arbeitgeber durch Verfügungen der Gewerbeaufsichtsämter (§ 120 d) Pflichten zum

[61]) s. unten S. 97 ff.

Schutze der beschäftigten Frauen auferlegt werden. Im übrigen kommen nur die Arbeitnehmerschutzvorschriften des Gesetzes über die Beschäftigung vor und nach der Niederkunft (RGBl. 1, 1927, S. 184 und 325) in Betracht. Das Gesetz verbietet jede Beschäftigung von Wöchnerinnen innerhalb 6 Wochen nach der Niederkunft. Der Arbeitgeber hat sich durch eine glaubhafte Bestätigung (der Hebamme, der Geburtsschein des Kindes), zu vergewissern, ob die Frist nach der Niederkunft verflossen ist (§ 2 Abs. 2 S. 1 mit §§ 4 und 5).

3. Kapitel

Der Arbeitszeitschutz und der Deutsche Buchdruckertarif.

§ 11. Das Wesen des Arbeitszeitschutzes.

Der aus hygienischen und kulturellen Gründen gebotene Arbeitszeitschutz wird durchgeführt mit öffentlichen Rechtssätzen, die sich an diejenigen richten, die fremde Arbeitskräfte für ihre Zwecke verwenden. Sie legen den Arbeitgebern öffentliche Pflichten gegenüber dem Staat auf, die eine zeitlich begrenzte Unterlassung der Geltendmachung des privatrechtlichen Anspruchs auf Bereitstellung und Betätigung der Arbeitskraft und der Annahme der Arbeitsleistung zum Inhalt haben. Im Vordergrund des Arbeitszeitrechtes stehen für die Buchdrucker die öffentlichen Verbote des Arbeitenlassens der Verordnung über die Arbeitszeit vom 21. Dezember 1923 in der Fassung der Bekanntmachung vom 14. April 1927 und der Anordnung über die Regelung der Arbeitszeit gewerblicher Arbeiter vom 23. November 1918/17. Dezember 1918. Das der Unterlassungspflicht zugrundeliegende unzulässige Maß an Beschäftigung wird durch Beschränkungen der Arbeitsdauer, durch sog. Höchstarbeitszeiten, genau bestimmt.

Die ArbZV. hat in eigenartiger Weise als die wichtigste der öffentlich-rechtlichen Höchstarbeitsgrenzen für die Beschäftigung von Arbeitnehmern die im Tarifvertrag vereinbarte Dauer der Arbeitsverpflichtung bestimmt. Da im Mittelpunkt des öffentlich-rechtlichen Arbeitszeitschutzrechtes der Buchdrucker die vom Deutschen Buchdruckertarif getroffene Regelung der Verpflichtung zur Arbeitsleistung von bestimmter Dauer steht, müssen die Rechtsgrundlagen der Höchstarbeitszeitbegriffe des öffentlichen Schutzrechts und der bürgerlich-rechtlichen zeitlichen Beschränkung der Arbeitspflicht, die als allgemeine Arbeitsbedingungen im Tarifvertrag festgelegt sind, streng getrennt werden, um die verworrene Struktur des Arbeitszeitrechts zu durchschauen. In der ArbZV. handelt es sich, abgesehen von § 6 a, um Arbeitnehmerschutzrecht, d. h. um Rechtssätze, die für ein Rechtsverhältnis des Arbeitgebers zum Staat das Arbeitenlassen zu bestimmter Zeit als ein verbotswidriges Verhalten kennzeichnen. Die tarifvertragliche Arbeitszeitregelung enthält die inhaltliche Bestimmung der Verpflichtung zur Leistung von Arbeit von einer bestimmten Dauer für das Rechtsverhältnis zwischen Arbeitgeber und Arbeitnehmer. Diese privatrechtliche Natur der tariflichen Arbeitszeitregelung geht nicht dadurch verloren, daß sie durch § 5 der ArbZV. als Tatbestandsstück eines öffentlichrechtlichen Verbotssatzes erscheint.

§ 12. Der Begriff der Arbeitszeit im Arbeitszeitrecht und Tarifvertrag.

Die öffentlich-rechtliche und die tarifvertragliche Arbeitszeitregelung gehen gemeinsam von der Dauer der Arbeitsleistung eines Arbeitnehmers im Arbeitsverhältnis aus. Daher kann beispielsweise die auf Grund öffentlich-rechtlicher Verpflichtung wahrgenommene Unterrichtszeit in Fortbildungs- oder Berufsschulen nicht als Arbeitszeit in diesem Sinne angesehen werden. Die Zurechnung der Schulstunden auf die arbeitsvertragliche Arbeitszeit der Lehrlinge in den Betrieben ist belanglos, da nur in der Dauer der letzteren eine Ueberschreitung der gesetzlichen Höchstarbeitszeit liegen kann [1]). Die in die regelmäßige werktägliche Arbeitszeit fallende Fortbildungs- oder Fachschulzeit führt lediglich zum Ausfall von Arbeitszeit [2]). Im übrigen aber ist zu beachten, daß infolge der Verschiedenartigkeit der Zwecke und der Rechtsnaturen der Arbeitszeitregelungen die Begriffe der Arbeitszeit, der regelmäßigen Arbeitszeit, der Mehrarbeit und der Ueberstunde genau zu scheiden sind [3]).

Arbeitszeit im Sinne der ArbZV. ist die sog. reine Arbeitszeit. Es ist die Zeit, während welcher der Arbeitnehmer sich dem Arbeitgeber zur Aufnahme der Arbeit im Betriebe bereit hält [4]). Sie umfaßt nicht die Unterbrechungen der Arbeitsleistungen durch Pausen oder durch Betriebsstörungen, wenn von ihnen der Gesamtbetrieb oder wenigstens eine ganze Betriebsabteilung betroffen wird und der Arbeitgeber während der Unterbrechung von der ihm zur Verfügung stehenden Arbeitskraft nicht Gebrauch macht. Solche Unterbrechungen durch Be-

---

[1]) Das ist heute herrschende Meinung. Vgl. Urt. d. OLG. Dresden v. 21. Dezember 1921, JW. S. 601; Urt. d. OLG. Dresden v. 8. März 1922, NZfArbR. II, Sp. 698; Urt. d. Strafkammer Rostock, ZfDB. v. 9. August 1929, Nr. 64, S. 519; Hueck-Nipperdey, Lehrbuch des Arbeitsrechts, Bd. I, S. 426; Kaskel, Arbeitsrecht, S. 213; Lehnhardt, Die Beschäftigung der Lehrlinge im Rahmen der geltenden Arbeitszeitbestimmungen, GKG. 1925, Sp. 412 f.; Neitzel, Arbeitsrecht der Lehrlinge, Kartenauskunftei des Arbeitsrechts, v. 27. Juli 1927; Schminke, Fortbildungsschule, Kartenauskunftei des Arbeitsrechts, v. 11. Juli 1929; Rundschau f. d. ges. Dt. Schneidergewerbe v. 24. März 1928, S. 425; v. Landmann-Rohmer, Kom. z. GewO., Anm. 2 f zu § 120; Hiller-Luppe, Kom. z. GewO., Anm. zu § 120, S. 326; Erdmann, Kom. z. ArbZV., S. 43, Anm. 3 zu § 1; Rohmer, Kom. z. ArbZV., S. 14, Anm. 3 zu § 1. Auch der Reichsarbeitsminister hat mit dem Bescheid v. 4. August 1924 (RArbBl. Amtl. T. S. 318) seine entgegengesetzte Ansicht in den Bescheiden v. 10. Juli 1919 und 3. Mai 1920 (MitBl. des Schlichtungsausschusses Groß-Berlin I S. 137, S. 269) widerrufen. Die gegenteilige Ansicht, daß die Schulzeit des Lehrlings seiner Arbeitszeit hinzugerechnet werden müsse und ihre Summe die gesetzliche Höchstarbeitszeit nicht überschreiten dürfe, wird vertreten vom GG. Hamburg. Urt. v. 8. Oktober 1919, GKG. 1920, Sp. 129 ff; Wilke, Arbeitszeit und Fortbildungsschulbesuch, SchlWes.1926, S. 158; Kallee-Gros, Taschenbuch d. Arbeitsrechts, S. 433.

[2]) Mit dieser Feststellung, mit der sich die meisten der unter Anm. 1 zit. Gerichte und Verfasser begnügen, ist die Einwirkung der Schulzeit auf die öffentlich-rechtlich zulässige Arbeitszeit noch nicht geklärt. Es ist die Frage zu erörtern, inwieweit die ArbZV den Ausfall von Arbeitsstunden infolge des in die regelmäßige Arbeitszeit fallenden Fach- oder Fortbildungsschulbesuches ausgleichen läßt. Hierüber s. u. S. 53 f.

[3]) Vgl. v. Ende, Kom. z. ArbZV. S. 30, Anm. 5 zu § 1. Die Arbeitszeit im Sinne der ArbZV. ist nicht immer begrifflich mit der arbeitsvertraglichen Arbeitsdauer identisch. A. A. Wölbling-Riese, Kom. z. ArbZV. S. 18, Anm. 3.

[4]) Vgl. Klehmet, Arbeitszeitrecht, S. 20, Anm. 3 zu § 1 ArbZV.; Nikisch, Kom. z. ArbZV. S. 15, Anm. 4 zu § 1.

triebsstörungen sind nach der ArbZV. durch Ergänzungsmehrarbeit ausgleichsfähige „Ausfälle" der Arbeitszeit.

Die arbeitsvertragliche oder tarifliche Arbeitsdauer ist vielfach nicht reine Arbeitszeit. Als Arbeitszeit wird häufig nicht nur die Dauer der Arbeitshandlungen angesehen, sondern auch Perioden, in denen nur gewisse unmittelbar mit der Arbeitshandlung in Beziehung stehende Verrichtungen des Arbeitnehmers, z. B. das Zurücklegen des Weges zur Arbeitsstätte, das Waschen nach der Arbeit, vorgenommen werden und die der Erholung des Arbeitnehmers dienen [5]). Die regelmäßige werktägliche Arbeitszeit ist nach dem Deutschen Buchdruckertarif grundsätzlich reine Arbeitszeit. Bei Sonn- und Feiertagsarbeit von über vierstündiger Dauer entfällt jedoch auf jede begonnene Vierstundenperiode eine viertelstündige Pause (§ 6 Ziff. 5 des DBT.). Die Ueberstunden von mehr als zwei Stunden enthalten eine viertelstündige, von mehr als drei Stunden eine halbstündige Pause, wobei die Lage der Ueberstunden und ihre Verteilung am betreffenden Arbeitstage unwesentlich ist (DBT. § 8 Ziff. 8). Die Arbeitszeit im tariflichen Sinne bildet sowohl Gegenstand der Arbeitsleistungspflicht als auch die Entlohnungsbasis. (Vgl. § 8 Ziff 7 des DBT.) Die Arbeitszeit im Sinne der ArbZV. ist Grundlage für die öffentlichen Verbote übermäßiger Beschäftigung. Das erklärt die möglicherweise unterschiedliche Bedeutung. Arbeitszeit im Sinne des Arbeits- oder Tarifvertrags und Arbeitszeit im Sinne der ArbZV. decken sich also nicht immer.

Eine weit verbreitete Lehre bringt unter die Arbeitszeit im Sinne der ArbZV. überhaupt alle Arbeitsperioden, die der Arbeitnehmer bei verschiedenen Arbeitgebern zurücklegt. Demzufolge kann gegen die ArbZV. auch dadurch verstoßen werden, daß ein Arbeitgeber einen Arbeitnehmer, der an einem Arbeitstage bereits für andere Arbeitgeber gearbeitet hat, beschäftigt, wenn die Summe der Arbeitsperioden die gesetzliche Höchstarbeitszeit übersteigt [6]). Da das Zuwiderhandeln schuldhaftes Verhalten voraussetzt, wird der Arbeitgeber auch dann sich strafbar machen, wenn er das Vorliegen der Doppelbeschäftigung annehmen durfte und sich um die Dauer der vorangehenden Beschäftigungsperiode nicht kümmerte. Die Möglichkeit der Anrechnung der für andere Arbeitgeber aufgewendeten Zeit von Nebenarbeit ist fraglich. Da gegen sie nicht nur das Fehlen einer entsprechenden Vorschrift, sondern sogar das Fallenlassen eines entworfenen Verbotes der regelmäßigen unselbständigen Nebenarbeit spricht, wird man

[5]) Seltener dürften die Fälle sein, wo die Dauer der geschuldeten Arbeitsleistung begrifflich enger ist, als die der ArbZV. zugrunde liegende Arbeitszeit. Die amtliche Begründung z. Entwurf d. ArbSchG. (37. Sonderheft des RArbBl. S. 37) führt das instruktive Beispiel aus dem Eisenbahndienst an, wo dem Zugpersonal nur die planmäßig für eine Fahrt vorgesehene Zeit als Arbeitszeit angerechnet wird, nicht aber die Zeit, die das Personal infolge von Zugverspätungen außerdem im Dienst verbringen muß.

[6]) So, Klehmet, Arbeitszeitrecht, S. 19 f., Anm. 4 zu § 1 ArbZV.; Rohmer, Kom. z. ArbZV., S. 16 f., Anm. 4a zu § 1; Erdmann, Kom. z. ArbZV., S. 40, Anm. 2; Potthoff, Arbeitszeitgesetz und Doppelarbeit, NZfArbR. 1923, Sp. 693; später hat Potthoff den Umfang der Strafbarkeit der Doppelarbeit erheblich eingeschränkt; s. Kom. z. ArbZV. S. 39, Anm. 5c und d.

grundsätzlich den entgegengesetzten Standpunkt einnehmen müssen [7]. Ebenso wird man die Zeit, welche die Arbeitnehmer für die übertragenen häuslichen Arbeiten aufbringen, nicht der Arbeitszeit im Sinne der ArbZV. anrechnen können, weil unter ihr nur die Dauer der Beschäftigung in einem Betriebe gemeint ist [8]. Ein Verbot der Beschäftigung von Arbeitnehmern mit häuslicher Arbeit, nachdem sie im Betrieb bereits die gesetzlich zulässige Arbeitszeit hindurch beschäftigt waren, besteht nach § 137 a GewO. nur zugunsten der weiblichen und jugendlichen Arbeiter. Ein entsprechendes Verbot für alle Arbeitnehmer ist in der ArbZV. nicht enthalten. Der Grundsatz nulla poena sine lege verlangt für die mit Kriminalstrafe gesicherten Verbote des Staates eine strenge Interpretation. Nur soweit der Arbeitgeber mit der Absicht zur Umgehung der ArbZV. dem Arbeitnehmer auf Grund besonderer werkvertraglicher Verpflichtung außer seiner Tätigkeit im Arbeitsverhältnis noch bestimmte Arbeitserfolge herbeiführen oder bei einem zweiten Arbeitgeber abhängige Arbeit leisten läßt, wird man eine Verletzung des Schutzgesetzes bejahen können [9].

Vielfach enthalten die Tarifverträge das Verbot der beruflichen und außerberuflichen Nebenarbeit ohne Rücksicht darauf, ob sie auf eigene Rechnung oder gegen Entlohnung ausgeführt wird [10]. Der DBT. enthält unter § 8 Ziff. 7 die allgemeine Arbeitsbedingung „Heimarbeit irgendwelcher Art ist nicht gestattet". Sie bedeutet lediglich eine Beschränkung der bürgerlich-rechtlich bemessenen Arbeitszeit. Das zeitliche Maß der Arbeitspflicht soll nicht durch Vergebung von Arbeit in das Heim des Arbeitsnehmers durchbrochen werden. Der Arbeitgeber hat nur den Anspruch auf diejenige regelmäßige Arbeitszeit und diejenigen Ueberstunden, zu welchen durch allgemeine Arbeitsbedingungen des Tarifvertrages die Arbeitnehmer sich im Betriebe zur Aufnahme der Arbeit bereitzuhalten haben [11].

§ 13. Die regelmäßige Höchstarbeitszeit.

Nachdem über die grundsätzlich verschiedenen Gesichtspunkte Klarheit herrscht, unter denen sich die Arbeitszeit im tariflichen Sinne im

---

7) So Kaskel, Arbeitsrecht, S. 216, unter 3 a; Neitzel, Die Verteilung der Arbeitsstunden nach der ArbZV., RArbBl. nichtamtl. T. 1925, S. 713; Nikisch, Kom. z. ArbZV., S. 17, Anm. 5; Rohde, ArbZV., S. 17, Anm. 5.

8) Vgl. Nikisch, Kom. z. ArbZV., S. 16, Anm. 4 a zu § 1; Syrup, Kom. z. ArbZV., 1924, S. 58, Anm. 4; Rohde, Kom. z. ArbZV., S. 17, Anm. 5.

9) Vgl. Wölbling-Riese, Kom. z. ArbZV., S. 21, Anm. 6 zu § 1; Nikisch, Kom. z. ArbZV., S. 18, Anm. 6 zu § 1.

10) Bestimmungen der Tarifverträge über Nebenarbeit, RArbBl., 1922, nichtamtl. T., S. 723 f.

11) Wie diese Bestimmung des DBT. in weitergehender Deutung außerdem als Verbot von Neben- und Pfuscharbeit angesprochen werden kann, wie es der Kom. z. DBT., herausgegeben vom DBV., S. 47, Anm. 9 zu § 8 tut, ist nicht recht ersichtlich. Nach dem Willen der Tarifparteien hat das Verbot der Heimarbeit den Sinn einer Unterlassungspflicht des Arbeitgebers, dem Arbeiter Arbeit mit nach Hause zu geben. Regelmäßig bedeutet das tarifliche Verbot der Heimarbeit „das Verbot, bestimmte Art von Verträgen, die regelmäßig nicht Arbeitsverträge im technischen Sinne sind, abzuschließen". Vgl. Jacobi, Grundlehren des Arbeitsrechts, S. 196, Anm. 50.

Gebrauch der Arbeitszeitverordnungen abweichend gestaltet, kann zu der Erörterung der Frage übergegangen werden, welche Bedeutung die tarifvertragliche Arbeitszeitregelung für das öffentliche Arbeitsrecht hat.

An die Spitze des öffentlichen Arbeitszeitrechts stellt der Gesetzgeber die von ihm als Regelmaß angenommene Höchstdauer von werktäglicher Arbeitszeit in § 1 ArbZV.[12]). Als Zeitspannen, auf die jenes zulässige Regelmaß von Arbeitsdauer entfällt, erscheint der Tag, die Woche und die Doppelwoche [13]). Die Höchstdauer des Regelmaßes von Arbeitszeit beträgt für den Werktag 8 Stunden, für die Woche 48 Stunden und für die Doppelwoche 96 Stunden. Auf Grund dieser Festsetzung sind die Termini 8-Stundentag, 48-Stundenwoche und 96 Stundendoppelwoche in den Sprachgebrauch übergegangen. Das zulässige Regelmaß wird in § 3 als Höchstarbeitszeit bezeichnet. Die Doktrin übernahm diesen Begriff und bezeichnete ihre drei Variationen entsprechend als Höchstarbeitstag, Höchstarbeitswoche und Höchstarbeitsdoppelwoche. Die Begriffe sind insofern nicht einwandfrei, als durch sie nicht zum Ausdruck kommt, daß es sich nicht um das Höchstmaß der zulässigen Arbeitszeit überhaupt, sondern nur um das grundsätzliche Regelmaß zulässiger Beschäftigungsdauer handelt, über die hinaus der Gesetzgeber unter Durchbrechung der 8-Stunden-, 48-Stunden- und 96-Stundengrenze und bestimmten Voraussetzungen und Maßen „Mehrarbeit" zuläßt. Es handelt sich demnach nur um eine regelmäßige oder grundsätzliche Höchstarbeitszeit [14]).

Die regelmäßige Höchstarbeitszeit ist in erster Linie für den einzelnen Werktag bestimmt und beträgt hierfür 8 Stunden. Nur sekundär [15]), wenn bestimmte Voraussetzungen erfüllt sind, tritt an Stelle des starren Systems des 8-Stundentages die regelmäßige Höchstarbeitszeit für den Zeitraum einer Woche und einer Doppelwoche. Die Bestimmung von Höchstarbeitszeiten für eine Woche und Doppelwoche ermöglichen eine unterschiedliche Verteilung der Arbeitsstunden auf die einzelnen Werktage. Der Ausfall von Arbeitsstunden im Rahmen der regelmäßigen Höchstarbeitszeit [16]) an einem Werktag kann durch „Ergänzungsmehrarbeit" an anderen Werktagen der gleichen oder der folgenden Woche [17]) unter Ueberschreitung des 8-Stundentages nachge-

---

12) Vgl. § 9 E. ArbSchG.

13) De lege ferenda ferner drei Wochen, der Monat, das Vierteljahr, das Halbjahr und das Jahr; vgl. § 10 E. ArbSchG.

14) Kaskel, Arbeitsrecht, S. 169 ff., gebraucht daher die Ausdrücke normaler Maximalarbeitstag und normale Maximalarbeitswoche. Im E. ArbSchG. ist die Bezeichnung Höchstarbeitszeit für diese Arbeitszeitgrenzen vermieden.

15) A. A. Jäckel, Die gesetzliche Regelung der Arbeitszeit, S. 37; v. Landmann-Rohmer, Kom. z. GewO., Bd. II, S. 581 ff.

16) Das gilt selbstverständlich nicht für nicht ausgenutzte Mehrarbeitsmöglichkeit. Vgl. Jäckel, Die gesetzliche Regelung der Arbeitszeit, S. 39.

17) Keinesfalls noch später. Unrichtig: v. Ende, Die Arbeitszeitverordnung, S. 31 f., Anm. 7 zu § 1.

holt werden [18]. Die Gründe der Ausfälle stellt das Gesetz dahin, es erhebt nicht bestimmte Ursachen zur Voraussetzung von der Ergänzungsmehrarbeit [19]. Es kann von vornherein durch Betriebsvereinbarung zwischen Arbeitgeber und Betriebsvertretung Beginn und Ende der Arbeitszeit der einzelnen Werktage ungleich festgelegt sein, sodaß kürzere Arbeitszeiten längeren an anderen Werktagen folgen. Ausfälle können eintreten durch Betriebsstörungen, als auch durch Arbeitskämpfe [20].

Das Nachholen der Arbeitsstunden unterliegt öffentlich-rechtlichen Beschränkungen. Eine Nachholung im Rahmen der 48-Stundenwoche bzw. der 96-Stunden-Doppelwoche durch Ergänzungsmehrarbeit im Sinne des § 1 S. 3 ArbZV. ist nur unter bestimmten gesetzlichen Voraussetzungen zulässig. Die Durchbrechung des grundsätzlichen Systems des Achtstundentages zugunsten der beweglicheren der 48-Stundenwoche bzw. 96-Stunden-Doppelwoche ist daher nicht für alle Ausfälle von Arbeitsstunden möglich [21]. Die Ausgleichsfähigkeit besteht nur 1. für den an Werktagen eintretenden Ausfall von Arbeitsstunden [22], 2. für einen Ausfall von Arbeitsstunden, dem ein ganzer Betrieb oder eine Betriebsabteilung unterliegt und 3. nach Anhörung der gesetzlichen Betriebsvertretung.

Da die Ausgleichsmehrarbeit nur für die sämtlichen Arbeitnehmer eines Betriebes oder einer Betriebsabteilung zugelassen ist, erscheint damit unvereinbar das Nachholen von Arbeitsstunden, welche bei einer bestimmten Kategorie von Arbeitnehmern, die aber keine einheitliche Betriebsabteilung bilden, ausgefallen sind, z. B. der Arbeitsstunden-

---

[18] Eine gesetzliche Grenze der durch Ergänzungsmehrarbeit verlängerten Arbeitsdauer besteht in der Verordnung nicht. Ohne Begründung nimmt der Gesamtverband der Christlichen Gewerkschaften Deutschlands eine solche von 10 Stunden an. Vgl. ArbZV., S. 7, Anm. 24. So auch Potthoff, Das Reichsarbeitsministerium zur Verteilung der Arbeitsstunden bei Kurzarbeit, ArbR. 1924, XI. Sp. 836.

[19] So die herrschende Lehre. Erdmann, Kom. z. ArbZV., S. 41 f., Anm. 3 zu § 1; Gesamtverband der Christlichen Gewerkschaften Deutschlands, Kom. z. ArbZV., S. 6, Anm. 15 und 16 zu § 1; Jäckel, Die gesetzliche Regelung der Arbeitszeit, S. 39 f.; Klehmet, Arbeitszeitrecht, S. 24, Anm. 7 zu § 1; Nikisch, Kom. z. ArbZV., S. 19 f., Anm. 7 zu § 1, S. 22 f., Anm. 12 zu § 1; Rohmer, Komm. z. ArbZV., S. 15, Anm. 4; Auerswald, Der Geltungsbereich d. § 1 ArbZV., ArbR. XI, Sp. 831 f.; Potthoff, Kom. z. ArbZV., S. 33, Anm. 2 aa; Neitzel, Die Verteilung der Arbeitsstunden nach der ArbZV., RArbBl. 1925, N. A. T. S. 714; Rohde, ArbZV., S. 18, Anm. 6 zu § 1.

[20] Die Ausgleichsfähigkeit für die durch Kampfmaßnahmen eingetretenen Ausfälle damit zu verneinen, daß es sich nicht um Ausfälle im Betriebe handele, geht deshalb fehl, weil zum Betrieb im objektiven Sinne, abgesehen von der Summe sächlicher und immaterieller Betriebsmittel, die Belegschaft als persönliches Mittel nicht weggedacht werden kann. Sie wird verneint von Syrup, ArbZV., S. 50, Anm. 7 zu § 1; Leipart, ArbZV., S. 12, Anm. 3 zu § 1.

[21] Dies verkennt offenbar die Strafkammer Rostock, ZfDB. v. 9. August 1929, Nr. 64, S. 519.

[22] Vgl. Urt. d. RArbG. v. 14. März 1928, Bensh. Samml. S. 236; Gesamtverband der Christlichen Gewerkschaften Deutschlands, ArbZV., S. 7, Anm. 22; Erdmann, ArbZV., S. 42, Anm. 3.

ausfall bei Lehrlingen infolge des Fachschulbesuches [23]). Unter Betriebsabteilung im Sinne der ArbZV. versteht man die Summe räumlich verbundener Betriebsmittel, welche im Rahmen des Gesamtbetriebes der Erfüllung einzelner zusammengehöriger unmittelbarer technischer Betriebszwecke dienen [24]). Die Lehrlingsabteilungen der Großbetriebe sind nicht Betriebsabteilungen in diesem Sinne, da der einzelne technische Betriebszweck, der die Betriebsabteilung charakterisiert, bei ihnen zurücktritt. Sie gehören vielmehr den Betriebsabteilungen als Bestandteile an, in denen die Arbeitsleistungen verrichtet werden, welche in den Lehrlingsabteilungen angelernt werden [25]). Der Fachschulbesuch von Lehrlingen ruft Ausfall von Arbeitsstunden einzelner Arbeitnehmer hervor, der nicht ausgleichfähig ist. Es können daher die durch Besuch der Fortbildungsschulen versäumten Arbeitsstunden nur am gleichen Tage nachgearbeitet werden [26]). Dabei handelt es sich nicht um einen Ausgleich im Sinne des § 1 S. 3 der ArbZV., sondern um die planmäßige Verschiebung der regelmäßigen täglichen Arbeitszeit für Lehrlinge. Da Beginn und Ende, die zeitliche Lage der Arbeitszeit, Gegenstand einer Betriebsvereinbarung ist, wie für die arbeitsordnungspflichtigen Betriebe in GewO. § 134 b Abs. 1 Nr. 1, § 139 k und allgemein in Ziffer VIII ArbAO. vorgeschrieben ist, verletzt der Arbeitgeber eine Arbeitnehmerschutzpflicht, indem er Lehrlinge arbeiten läßt, ohne für die durch Wahrnehmung der Schulpflicht besonders gelagerte Arbeitszeit gemeinsam mit der Betriebsvertretung eine entsprechende Dienstvorschrift aufgestellt zu haben, und macht sich strafbar. (Ziff. VIII, ArbAO. mit § 11 ArbZV.)

Als weitere Voraussetzung für die öffentlich-rechtliche Zulässigkeit des Ausgleichs erscheint die Anhörung der gesetzlichen Betriebsvertretung vor der einseitigen Anordnung der Ergänzungsmehrarbeit durch den Arbeitgeber. Sie beschränkt sich auf die Kundgabe und Erörterung der Maßnahme mit der Betriebsvertretung. Da es der Zustimmung derselben nicht bedarf, ist auch für ein Schlichtungsverfahren nicht Raum [27]). Die Voraussetzung entfällt für diejenigen Betriebe, für die gesetzlich keine Betriebsvertretung vorgesehen ist, und auch für diejenigen, in denen keine Vertretung zustande gekommen

---

[23]) Dagegen Strafkammer Rostock s. o. Anm. 21. Ihr Einwand, daß bei Anerkennung der Zulässigkeit des Ausgleichs nur unter den oben geschilderten Voraussetzungen der § 1, S. 3 ArbZV. überhaupt auf Kleinbetriebe keine Anwendung finden könne, ist weder stichhaltig noch richtig. Im Gegenteil, für Handwerksbetriebe ist die Ausgleichsfähigkeit eine viel größere, da nicht selten in einer Betriebsabteilung (Setzerei, Druckerei) nur ein Arbeitnehmer beschäftigt wird.

[24]) Vgl. Jacobi, Betrieb und Unternehmen, S. 14; derselbe, Betriebsstillegung, JW. 1925, S. 187; Flatow, Kom. z. BRG., S. 368, Anm. 9 zu § 85; Nikisch, Begriff der Betriebsstillegung, NZfArbR. 1924, Sp. 584; derselbe, Kom. z. ArbZV., S. 20, Anm. 8 zu § 1.

[25]) Das übersieht Lehnhardt, die Beschäftigung der Lehrlinge im Rahmen der geltenden Arbeitszeitbestimmungen, SchlWes. VI, 1925, S. 64 f.

[26]) Bescheid des Reichsarbeitsministers vom 4. August 1924 (RGBl. Amtl. T. S. 318); Nikisch, Kom. z. ArbZV., S. 20, Anm. 8 zu § 1; Erdmann, Kom. z. ArbZV., S. 43, Anm. 3 zu § 1; Rohmer, ArbZV., S. 14. Anm. 3 zu § 1.

[27]) A. A. Gesamtverband der Christlichen Gewerkschaften Deutschlands, ArbZV., S. 6, Anm. 8.

ist [28]). Da die planmäßige, auf längere Sicht berechnete Verschiebung der Arbeitsdauer an den einzelnen Werktagen entweder zu einer Verfrühung des Arbeitsbeginns oder zu einem späteren Ende der Arbeit oder zu beiden führt, muß außerdem [29]) durch Betriebsvereinbarung die regelmäßige Lage der Arbeitszeit nach Maßgabe der allgemein geltenden Vorschrift der Ziff. VIII ArbAO. und der für die arbeitsordnungspflichtigen Betriebe geltenden §§ 134 b Abs. 1 Nr. 1, 139 k neu geregelt werden.

Lebhafter Meinungsstreit herrscht über die Frage der Zulässigkeit von Ergänzungsmehrarbeit, wenn infolge Mangel an Beschäftigungsmöglichkeit die 48-Stundenwoche bzw. 96-Stunden-Doppelwoche nicht voll ausgenutzt ist. Die überwiegende Ansicht [30]) erhebt, indem sie die Zulässigkeit der Ergänzungsmehrarbeit bei Kurzarbeit verneint, die genügende Arbeitsmöglichkeit zur vollen Ausnutzung der regelmäßigen Höchstarbeitszeit von 48 Stunden in der Woche zur öffentlich-rechtlichen Voraussetzung für eine unterschiedliche Verteilung der Arbeitszeit an den einzelnen Werktagen. Der Wortlaut der Vorschrift, wonach der „an einzelnen Werktagen für den Betrieb . . . eintretende Ausfall von Arbeitsstunden durch Mehrarbeit an den übrigen Werktagen der gleichen oder der folgenden Woche ausgeglichen werden kann", gibt zweifellos keinen Anhalt für eine derartige Voraussetzung. Aus den Gesetzesmotiven, der Regierungsbegründung und dem rechtspolitischen Zweck läßt sich, wie Oertmann [31]) nachweist, die Konstruktion nicht stützen. Die Unzulässigkeit der Ergänzungsmehrarbeit damit zu begründen, daß im Falle ihrer Möglichkeit die Gefahr der Doppelbeschäftigung und Nebenarbeit erleichtert würde, ist gar nicht stichhaltig, denn dieser Umstand besteht auch bei gleichmäßiger Kurzarbeit an allen Werktagen. Ebensowenig haltbar ist die Begründung, daß eine ungleiche Regelung der Arbeitsdauer an den einzelnen Werktagen nur zur Produktionssteigerung zugelassen sei. Es handelt sich dabei nur um eines der gesetzgeberischen Motive. Würde man es als das alleinige ansehen, so würde man die von vornherein getroffene unterschiedliche Verteilung der Arbeitsstunden an den Werktagen, die entweder dem Arbeitgeber durch Ersparung von Unkosten oder den

---

28) Ebenso Nikisch, Kom. z. ArbZV., S. 21, Anm. 9; Erdmann, ArbZV., S. 44, Anm. 4 zu § 1; Bescheid des Reichsarbeitsministers vom 6. Juni 1924, SchlWes. 1924, S. 171.

29) § 1 S. 3 ArbZV. ist nicht lex spezialis im Verhältnis zu Ziff. VIII der ArbZV. Abw. Erdmann, Kom. z. ArbZV., S. 45 f., Anm. 4 zu § 1.

30) Vgl. Kaskel, Ueberstunden und Feierschichten, ArbR. XI, 1924, Sp. 823 ff.; derselbe, Arbeitsrecht, S. 174; Auerswald, Der Geltungsbereich des § 1 ArbZV., ArbR. XI, 1924, Sp. 829 ff.; Potthoff, Das RArbM. zur Verteilung der Arbeitsstunden bei Kurzarbeit, ArbR. XI, 1924, Sp. 833 ff.; derselbe, Kurzarbeit und Ueberarbeit, Deutsche Werkmeister-Zeitung, 1925, S. 417; GewG. Leipzig, Bl. f. ArbR., Beilage z. Deutschen Arbg.-Ztg., 4. Jahrgang, Nr. 4 im Aufsatz Fuchs, Die Verteilung der Wochenarbeitszeit bei Kurzarbeit; GewG. Göppingen, Soz. Praxis, 1923, Sp. 587; Jäckel, Die gesetzliche Regelung der Arbeitszeit, S. 42 f.

31) Oertmann, Ist eine Ueberschreitung des Achtstundentages bei Arbeitsstreckung zulässig, Sä. Industrie 1924, S. 737; vgl. auch das Rundschreiben des Arbeitgeberverbandes der Deutschen Textilindustrie, BlfArbR. 1925, Nr. 4, im Aufs. Fuchs, Verteilung der Wochenarbeitszeit bei Kurzarbeit; Nikisch, Kom. z. ArbZV., S. 24, Anm. 14 a.

Arbeitnehmern durch Ermöglichung größerer Freizeit an bestimmten Arbeitstagen oder günstigerer Heimfahrt durch die Bahn dient, gleichfalls verhindern. Das liegt nicht im Sinne der Verordnung. Die ArbZV. gibt in § 1 die regelmäßige Höchstarbeitszeit, deren Ueberschreitung strafbar ist, an und zwar für die Zeitspanne eines Tages, einer Woche und einer Doppelwoche bemessen. Es ist nicht einzusehen, daß in allen den Fällen, wo die vereinbarte Arbeitszeit unter den Grenzen der regelmäßigen Höchstarbeitszeit bleibt, nur die für die Zeitspanne eines Tages bemessene Höchstarbeitszeit maßgebend, im übrigen die für das Zeitmaß einer Woche oder Doppelwoche unter den oben gekennzeichneten Voraussetzungen gegebene aber ausschalten solle [32]).

Für die öffentlich-rechtliche Zulässigkeit des Ausgleichs durch Ergänzungsmehrarbeit ist es gleichgültig, ob und inwieweit die arbeitsvertragliche Verpflichtung zur Nachleistung ausgefallener Arbeitsstunden besteht. Es ist für die öffentlich-rechtliche Beschäftigungsbeschränkung der ArbZV. ebenso unerheblich, ob eine oder beide oder keine der Parteien die durch unvorhergesehene Störung eintretende Unmöglichkeit der Arbeitsleistung zu vertreten hat und ob die Arbeitnehmer — wegen Gläubigerverzug, insbesondere in den Fällen, wo die Gefahrtragung einer zufälligen Betriebsverhinderung in dem Geschäfts- und Betätigungskreis des Arbeitgebers fällt — von ihrer Arbeitsleistung frei werden oder arbeitsvertraglich schulden, diese Ausfälle an Arbeitsleistungen in Ueberstunden nachzuholen. Es ist zwar öffentlich-rechtlich unverboten, ausgefallene Arbeitszeit in bestimmten Grenzen unter Ueberschreitung des Achtstundentages nachzuholen, aber es fehlt häufig an der privatrechtlichen Grundlage, den unverbotenen Zustand auszunutzen [33]). Wird dem Arbeitnehmer eine über die vertragliche Leistungspflicht hinausgehende Arbeit zugemutet, so ist dies für die Zulässigkeit von Ergänzungsmehrarbeit völlig bedeutungslos, wenn sich die Beschäftigung in den Grenzen des § 1 S. 3 hält [34]).

§ 14. Die tarifliche Mehrarbeit.

Die grundsätzliche gesetzliche Regelung des Höchstmaßes an zulässiger Arbeitszeit von 8 Stunden bezw. unter freier Verteilung der

---

32) Ebenso Oertmann, s. Anm. 31; Debus, Arbeitsstreckung und Achtstundentag, Dtsch. Arbg.-Kartothek IV, Karte v. 1. Januar 1925; Erdmann, Die Verteilung der Wochenarbeitszeit bei der Durchführung von Arbeitsstreckungen, Der Arbeitgeber XIV, 1924. S. 341; Rundschreiben des Arbeitgeberverbandes der Deutschen Textilindustrie, s. Anm. 31; Schl. A. Gera v. 5. August 1924, Sä. Industrie 1924, S. 634; GewG. Greiz v. 5. August 1924, Sä. Industrie 1924, S. 736; Besch. d. RArbM. v. 4. September 1924, RArbBl. Amtl. T., S. 363.

33) Dies ist die heute herrschende Auffassung. Vgl. insbesondere Flatow, Zulässige Mehrarbeit und Verpflichtung zur Mehrarbeit, GKG. XXIX, 1924, Sp. 275 ff.; Potthoff, Arbeitszeitgesetz und Arbeitsleistungspflicht, ArbR. XI, 1928, Sp. 287; Wölbling-Riese, ArbZV., S. 14; Urt. d. RArbG. v. 10. Oktober 1928 (119/126/1928), Bensh. Samml. IV, S. 131 ff. Sie wird bestritten von den Vertretern der zivilrechtlichen Auffassung der ArbZV. Ueber die Kontroverse s. u. S. 73 f.

34) Das übersieht offenbar Jäckel. die gesetzliche Regelung der Arbeitszeit, S. 41, hinsichtlich tarifvertraglicher „Klauseln über die positive und negative Handhabung des § 1 S. 3“.

täglichen Höchstarbeitszeit auf eine Woche von 48 Arbeitsstunden und einer Doppelwoche von 96 Arbeitstunden ist nur dann maßgebend, wenn und solange nicht über diese regelmäßige Höchstarbeitszeit hinaus durch tarifvertragliche oder durch behördliche Regelung eine längere Arbeitszeit vorgesehen ist. Da die tarifliche Regelung der Arbeitszeit die behördliche Erteilung der vorbehaltenen Erlaubnis zur Durchbrechung des Verbots der Beschäftigung von Arbeitnehmern über die Grenzen des § 1 S. 2 und 3 der ArbZV. ausschaltet, erscheint sie infolge der allgemeinen großen Bedeutung des Tarifvertrags für die inhaltliche Gestaltung der Einzelarbeitsvertragsverhältnisse als die wesentlichste Durchbrechung der grundsätzlichen Höchstarbeitszeit. Sie ergibt sich aus § 5 Abs. 1 der ArbZV.: „Wird durch Tarifvertrag die Arbeitszeit über die im § 1 Satz 2 und 3 festgesetzten Grenzen ausgedehnt, so gelten für die Beschäftigung der Arbeitnehmer, für die der Tarifvertrag verbindlich ist, dessen Bestimmungen an Stelle der Vorschriften des § 1."

a) Die rechtliche Bedeutung der tariflichen Arbeitszeitregelung für das Arbeitszeitrecht (§ 5 ArbZV.)

Nach der herrschenden Auffassung soll sich aus dieser Vorschrift ergeben, daß die allgemeinen, die Ueberarbeitspflicht begründenden Bedingungen des Tarifvertrages zugleich eine Strafnorm darstellen und daß die ArbZV. auf diese Rechtswidrigkeitserklärung Bezug nimmt und sie durch die Strafdrohung des § 11 ergänzt. Durch den § 5 ArbZV. werde der Willensübereinstimmung der Tarifverbände, die den Inhalt einer dem privaten Recht angehörenden tarifvertraglichen Arbeitszeitregelung bestimmt, öffentlich-rechtliche Wirkung verliehen [35]). Die tariflichen Bestimmungen über die Ueberstunden hätten nicht nur die unmittelbare Wirkung allgemeiner Arbeitsbedingungen nach § 1 TVO., sondern begründen und gestalten zugleich die Rechtsbeziehungen zwischen dem Staat und dem Arbeitgeber. Als öffentliche Rechtssätze verpflichten die tariflichen Arbeitszeitregelungen die Arbeitgeber dem Staate gegenüber zur Unterlassung einer Beschäftigung über die von den Tarifverbänden zugelassene Arbeitsdauer hinaus [36]). Die Verbände seien ermächtigt [37]), die dispositive [38]) Begren-

[35]) Vertreter dieser Meinung: Dechant, der Kollektivvertrag, S. 33 ff.; Flatow, Zulässige Mehrarbeit und Verpflichtung zur Mehrarbeit, GKG. 1924, Sp. 275; Hueck-Nipperdey, Lehrbuch des Arbeitsrechts, Bd. II, S. 115 ff.; Kandeler, Die Stellung der Berufsverbände im öffentlichen Recht, 1927, S. 24 ff.; Potthoff, Kom. z. ArbZV., Anm. 4a zu § 5; derselbe, Die Nachwirkung des Tarifvertrages bezüglich der Ueberstunden, ArbR. 1928, Sp. 318, und Zur tariflichen Regelung der Arbeitszeit, ArbR. XVI, 1929, Sp. 81 ff.; Rohmer, Kom. z. ArbZV., Anm. 1 zu § 5; Sinzheimer, Grundzüge des Arbeitsrechts S. 364 f.; Tophoven, Die tarifliche Mehrarbeit und ihre privatrechtliche Bedeutung, S. 9 ff.; Das RArbG., Bd. II, S. 50.

[36]) Z. B. Kandeler, Die Stellung der Berufsverbände im öffentlichen Recht, S. 25; Leipart, Kom. z. ArbZV., S. 19 f., Anm. 1 zu § 5; Potthoff, Wer darf auf Grund eines Tarifvertrages wöchentlich über 48 Stunden hinaus beschäftigt werden, NZfArbR. 1927, Sp. 87 f.; derselbe, Die Nachwirkung des Tarifvertrages bezüglich der Ueberstunden, ArbR. 1928, Sp. 318; u. a. a. O.

[37]) So Kandeler, Die Stellung der Berufsverbände im öffentlichen Recht, S. 23 ff.

[38]) Vgl. Tophoven, Die tarifliche Mehrarbeit und ihre privatrechtliche Bedeutung, S. 10

zung der zulässigen Beschäftigungsdauer des § 1 ArbZV. mit verbindlicher Wirkung auszudehnen [39]). Die kollektive Regelung trete an die Stelle des § 1 ArbZV. und erhalte den gleichen Wirkungsgehalt wie diese gesetzliche Vorschrift [40]).

Die herrschende Meinung vermag die tariflichen Ueberstundenbestimmungen nur als für die Rechtsordnung neuartige Vorschriften zu erklären, die gleichzeitig den Inhalt zweier ganz verschiedener Rechtsverhältnisse regeln. Sie erscheinen danach als das Ergebnis zweier grundverschiedener juristischer Akte, nämlich der Rechtsetzung und des Vertragschlusses, wenn man die allgemeinen Arbeitsbedingungen nicht als Rechtsquelle ansieht [41]), und gestalten zugleich das private Arbeitsvertragsverhältnis und ein öffentliches Rechtsverhältnis zwischen Arbeitgeber und Staat zur Verwirklichung von Arbeitnehmerschutz [42]).

Diese allgemein herrschende Theorie stützt sich auf den Wortlaut des § 5 ArbZV., der die Wirksamkeit von Tarifbestimmungen, die lediglich eine längere Arbeitszeit als 8 Stunden für zulässig erklären, ausdrücklich bejahe. Wo sich derartige Tarifbestimmungen, die lediglich die öffentliche Zulässigkeit der Arbeitsdauer ausdehnen, nicht finden, wird angenommen, daß die allgemeinen, die Ueberarbeitspflicht begründenden tariflichen Arbeitsbedingungen zugleich den Willen der Verbände zum Ausdruck bringen, daß straflos länger als 8 Stunden gearbeitet werden dürfe [43]).

Bestimmungen, die lediglich eine längere als die nach § 1 ArbZV. angegebene Arbeitsdauer als zulässig und straflos erklären, haben mit dem Wesen und der Rechtsnatur des Tarifvertrages nichts gemein. Sie sind weder allgemeine Arbeitsbedingungen, weil sie nichts über die arbeitsvertraglichen Pflichten des Arbeitgebers oder Arbeitnehmers oder über die Beendigung des Arbeitsvertragverhältnisses enthalten. Sie entbehren der Wirkungen der allgemeinen Arbeitsbedingungen und sind der Allgemeinverbindlicherklärung (§ 2 TVO.) nicht zu-

---

[39]) S. Potthoff, Zulässigkeit und Verpflichtung zur Mehrarbeit, ArbRPrax. I, 1928, S. 55.

[40]) So Hueck-Nipperdey, Lehrbuch des Arbeitsrechts, Bd. II, S. 20.

[41]) Nach herrschender Lehre erzeugt der Tarifvertrag in seinem normativen Teil objektives Recht für die Arbeitsverträge. Vgl. Kandeler, Die Stellung der Berufsverbände im öffentlichen Recht, S. 24; Hueck-Nipperdey, Lehrbuch des Arbeitsrechts, Bd. II, 118 ff. und die dort zitierte Literatur.

[42]) Vgl. statt anderer Kandeler, Die Stellung der Berufsverbände im öffentlichen Recht, S. 26: „Man wird in der einmaligen Festsetzung einer Arbeitszeit, die in Ausübung der den Berufsverbänden in der Arbeitszeitverordnung verliehenen Befugnisse erfolgt, juristisch zwei Akte sehen müssen, die in einer tatsächlichen Handlung vereinigt sind, nämlich einmal die Aufhebung bzw. Erweiterung der öffentlich-rechtlichen Bindungen hinsichtlich der Arbeitszeit und gleichzeitig eine Betätigung der selbstgeschaffenen Handlungsfreiheit bzw. eine Einhaltung der selbstgeschaffenen Handlungsfreiheit und der selbstgeschaffenen Freiheitsbeschränkung durch Festsetzung von Normen für die einzelnen Arbeitsverträge."

[43]) Vgl. Flatow, Zulässige Mehrarbeit und Verpflichtung zur Mehrarbeit, GKG. 1924, Sp. 275; Potthoff, Behördliche Genehmigung von Ueberstunden neben tariflicher Regelung der Arbeitszeit, NZfArbR. 1929, Sp. 359, bejaht selbst die Möglichkeit, daß sich die nebeneinander bestehenden tariflichen Regelungen der Ueberstundenarbeit und der öffentlich-rechtlich zulässigen Arbeitsdauer nicht decken.

gängig[44]). Noch gehören sie dem schuldrechtlichen Teil des Tarifvertrages an, denn sie regeln keine Rechtsbeziehungen der Tarifparteien zueinander. Sie haben auch nichs zu tun mit den Bestimmungen über den Bestand und über die Rechtswirkung des Tarifvertrages. Ihre Rechtswirkung berührt überhaupt nicht die tarifvertraglichen Rechtsbeziehungen zwischen dem Arbeitgeber und Arbeitnehmer und der Tarifparteien gegeneinander. Sie würden dem Arbeitgeber in einem Rechtsverhältnis zum Staat eine öffentlich-rechtliche Unterlassungspflicht auferlegen. Die Ausgestaltung dieses öffentlichen Rechtsverhältnisses durch den Tarifvertrag würde eine Erweiterung der Struktur dieses Rechtsinstituts bilden. Nur die Rechtsordnung kann einer Bestimmung privater Personen eine Rechtswirkung verleihen, die in einer Verpflichtung Dritter gegenüber dem Staat besteht. Da es sich obendrein um Bestimmungen öffentlich-rechtlicher Wirkung, die nicht auf konkrete Einzelfälle abgestellt sind, handelt, liegt nahe, daß es zu ihrer Aufstellung der besonderen Delegation der gesetzgebenden Gewalt bedarf. Die öffentlich-rechtliche Theorie von der rechtssatzmäßigen Festsetzung der zulässigen Höchstarbeitszeit durch die Tarifverbände beruft sich darauf, daß es Tarifbestimmungen gebe und nach § 5 ArbZV. möglich wären, die als Rechtssätze lediglich die rein öffentlich-rechtliche Wirkung der Zulässigkeit längerer Beschäftigungsdauer besäßen[45]). Da diese Bestimmungen nur die Unverbotenheit der Beschäftigung von Arbeitnehmern in der angegebenen Dauer feststellen, sei notwendig, um von der öffentlich-rechtlich zulässigen Arbeitszeit Gebrauch machen zu können, daß neben ihnen durch allgemeine Arbeitsbedingungen die Verpflichtung des Arbeitnehmers zu einer längeren Arbeitsleistung begründet werde, wenn nicht angenommen werden könne, daß in solchen Fällen nach Treu und Glauben mit Rücksicht auf die Verkehrssitte eine stillschweigende arbeitsvertragliche Verpflichtung, bis zur zulässigen Höchstdauer Arbeit zu leisten, bestehe[46]). Tatsächlich regeln die tariflichen Arbeitszeitbestimmungen keine doppelten Rechtsbeziehungen, sondern nur Bedingungen für den Inhalt von Arbeitsverträgen. Sie erschöpfen sich in der Aufstellung des Anspruchs auf Arbeitsleistung in einem bestimmten zeitlichen Umfange und des Anspruchs auf Beschäftigung von bestimmter Dauer oder, falls diese nicht gewährt werden kann, auf ein der Beschäftigungsdauer entsprechendes Entgelt. Keine anderen Rechtswirkungen

[44]) Trotz Anerkennung, daß der Wortlaut des § 2 TVO. der Allgemeinverbindlichkeitserklärung derartiger Bestimmungen entgegensteht, versucht sie Tophoven, Die tarifliche Mehrarbeit und ihre privatrechtliche Bedeutung, S. 14 ff., aus Billigkeitsgründen und aus der Erwägung, daß die Zulassung der Mehrarbeit im Tarifvertrag die Voraussetzung für Anwendung der entsprechenden privatrechtlichen Normen über den Arbeitsvertrag bilde, zu bejahen.

[45]) So Hueck-Nipperdey, Lehrbuch des Arbeitsrechts, Bd. II, S. 74; Kandeler, Die Stellung der Berufsverbände im öffentlichen Recht, S. 26; Potthoff, Zulässigkeit und Verpflichtung zur Mehrarbeit, ArbRPrax. 1928, S. 55; derselbe, Zur tariflichen Regelung der Arbeitszeit, ArbR. 1929, Sp. 85; derselbe, Wer darf auf Grund eines Tarifvertrages wöchentlich über 48 Stunden hinaus beschäftigt werden, NZfArbR. 1927, Sp. 87 ff.

[46]) Vgl. Hueck-Nipperdey, Lehrbuch des Arbeitsrechts, Bd. II, S. 74, Anm. 74.

lassen sich auch aus den Ueberstundenregelungen herleiten, die in negativer Weise, z. B. formuliert sind: „Die Arbeitnehmer sind nicht verpflichtet, Ueberstunden zu machen, wenn diese wirtschaftlich unnötig sind, sich durch Einstellung von Arbeitslosen vermeiden lassen, über eine bestimmte Arbeitsdauer hinausgehen" u. dgl. Aber auch Arbeitszeitbestimmungen, die lediglich erklären, daß Ueberstunden unter bestimmten Voraussetzungen und in begrenztem Maße zulässig sind, oder die dem Arbeitgeber verbieten, Ueberstunden leisten zu lassen, haben nicht die Wirkung eines öffentlichen Rechtssatzes. Die tariflichen Arbeitszeitregelungen bestimmen, wie sie auch immer formuliert sein mögen, den Umfang von Ansprüchen und Pflichten der Arbeitsvertragsparteien [47]). Sie sind allgemeine tarifliche Arbeitsbedingungen. Für die Konstruktion der öffentlich-rechtlichen Theorie, die der tarifvertraglichen Arbeitszeitregelung neben den ihr von Natur zukommenden privatrechtlichen Wirkungen noch öffentlich-rechtliche zuspricht, gibt § 5 ArbZV. keine Grundlage.

Aus dem Vordersatz des § 5 Abs. 1 „Wird durch Tarifvertrag die Arbeitszeit über die im § 1 Satz 2 und 3 festgesetzten Grenzen ausgedehnt", läßt sich die Ausstattung tariflicher Bestimmungen mit öffentlich-rechtlicher Wirkung oder polizeilicher Funktion nicht herleiten. Er enthält nur die tatbestandsmäßige Feststellung, daß in Uebergehung der gesetzlichen Vorschrift des § 1 S. 2 und 3 ArbZV., die eine längere als werktäglich achtstündige bzw. wöchentlich 48stündige oder doppelwöchig 96stündige Beschäftigung verbietet, eine tarifvertragliche Arbeitszeitregelung eine ausgedehntere Arbeitszeit vorsieht. Der Tatbestand besteht nicht in einem Erweitern öffentlich-rechtlicher Höchstarbeitszeitgrenzen, in der Hinausschiebung des Zeitpunktes, welchen die Beschäftigungsdauer nicht überschreiten darf. Sondern § 5 Abs. 1, 1. Halbs., handelt nur von einer tarifvertraglichen Regelung, in welcher die in der ArbZV. bezeichneten Zeitpunkte, die als Grenze für die Zulässigkeit der Beschäftigung vorgeschrieben sind, unberücksichtigt läßt. In dem Vordersatz ist nur die Rede von einer tarifvertraglichen Regelung, die eine „über die in § 1 S. 2 und 3 festgesetzten Grenzen" ausgedehnte Arbeitszeit vorsieht, nicht aber von Tarifbestimmungen, welche die in § 1 S. 2 und 3 festgesetzten Grenzen selbst ausdehnen. Die tarifliche Regelung hat nichts zu tun mit einer Festsetzung öffentlich-rechtlicher Endtermine der Arbeitsdauer, mit den der Gesetzgeber den Arbeitsschutz verwirklicht, sondern es handelt sich um die Nichtachtung der gesetzlichen Zeitpunkte, über welche die Dauer der Beschäftigung nicht hinausgehen darf, in einer privatrechtlichen Regelung. Die herrschende Meinung setzt sich, indem sie aus dem Bedingungssatz durch Rückschlußfolgerung eine Befugnis der Tarifverbände zur Hinausschiebung des Zeitpunktes, über den eine Beschäftigungsdauer verboten ist, konstruiert, über den Wortlaut hinweg und legt

[47]) So Jacobi, Grundlehren des Arbeitsrechts, S. 119, Anm. 27, S. 212.

ohne Rechtfertigung in den Satz mehr hinein, als er ausspricht[48]). Der Vordersatz will nur einen Tatbestand schildern, an den der Hauptsatz den Eintritt einer Rechtsfolge knüpft. Der § 5 nimmt auf das von der TV. ausgebildete Rechtsinstitut des Tarifvertrages Bezug. Vorschriften, deren Inhalt sich in Zulassung und Strafloserklärung einer über achtstündigen Beschäftigung erschöpfen, haben mit dem Tarifvertrag nichts zu tun und werden von § 5 S. 1, 1. Halbs., nicht gedeckt.

An die geschilderten tatsächlichen Voraussetzungen knüpft § 5 Abs. 1, 2. Halbs., die Rechtsfolge: Es „gelten für die Beschäftigung der Arbeitnehmer, für die der Tarifvertrag verbindlich ist, dessen Bestimmungen an die Stelle der Vorschriften des § 1". Aus dieser knappen, aber ungenauen Formulierung der Rechtsfolge, leitet die herrschende Meinung, wiewohl sie sich damit über den Inhalt des Bedingungsvordersatzes hinwegsetzt, her, daß § 1 Satz 2 und 3 durch die tarifliche Arbeitszeitregelung ersetzt werde. Dies ist indessen der unmögliche Sinn des Rechtssatzes, weil die tarifliche Regelung in keiner Hinsicht geeignet ist, die gesetzliche Vorschrift des § 1 zu ersetzen. § 1 ist Verbotsnorm im strafrechtlichen Sinne, die eine Beschäftigung von Arbeitnehmern über eine bestimmte Zeitdauer als rechtswidrig erklärt. Die Tarifbestimmungen, welche eine über die in § 1 S. 2 und 3 bezeichneten Grenzen ausgedehntere Arbeitszeit vorsehen, enthalten nicht die Erklärung einer strafgesetzlichen Rechtswidrigkeit. Selbst wenn durch tarifvertragliche Sätze die Grenzen der zulässigen Beschäftigungsdauer ausgedehnt werden könnten, wie die herrschende Meinung bejaht, werden die Bestimmungen noch nicht zur Verbotsnorm, denn sie verbinden mit der Ausdehnung der Arbeitszeitgrenzen noch nicht ein für rechtswidrig erklärtes Verhalten, wie es in § 1 ArbZV. geschieht. Sie bleiben daher ungeeignet, § 1 zu ersetzen. Nicht die Tarifbestimmungen enthalten die Rechtswidrigkeitserklärung, sondern der § 5 ist die Verbotsnorm. Er erklärt, daß die Rechtswidrigkeit der Beschäftigung nach § 1 ArbZV. nicht bei Ueberschreitung der dort bezeichneten Höchstgrenzen eintrete, sondern erst bei einer Arbeitszeit, die über die im Tarifvertrag für den Umfang der Arbeitspflicht bemessene Zeit hinausgeht. In § 5 wird somit festgestellt, daß die Beschäftigung von einer über die Grenzen des § 1 S. 2 und 3 hinausgehenden Arbeitsdauer, welche in tariflichen, für die Arbeitnehmer verbindlichen Regelungen erfolgt, keine Rechtswidrigkeit in dem öffentlich-rechtlichen Verhältnis zwischen Arbeitgeber und Staat darstellt. Nicht die tarifvertragliche Arbeitszeitregelung, sondern der § 5 ArbZV. begründet die öffentlich-rechtliche Wirkung der Zulässigkeit einer Beschäftigung von ausgedehnterer Dauer und der Verbotswidrigkeit der Beschäftigung über die Dauer der tarifvertraglichen Arbeitspflicht hinaus. § 5 ArbZV. setzt nur an Stelle der in § 1 S. 2 und 3 bezeichneten Grenzen, über die hinaus eine Beschäftigung rechtswidrig ist, die Zeitgrenze, an der die tarifvertraglich begründete

[48]) So Tophoven, Die tarifliche Mehrarbeit und ihre privatrechtliche Bedeutung, S. 9.

Arbeitspflicht ihr Ende findet. Keineswegs aber tritt die tarifliche Arbeitszeitregelung mit ihrem ganzen Inhalt an die Stelle des § 1, sondern nur das Höchstmaß der Arbeitspflicht wird vom Gesetzgeber als das Tatbestandelement[49]) für ein gesetzliches Verbot übernommen. Die Begrenzung der Leistungspflicht durch eine allgemeine tarifliche Arbeitsbedingung ist demzufolge zugleich die gesetzliche Höchstarbeitszeit, die keine Beschäftigungsdauer überschreiten darf. § 5 ist eine Wiederholung des Verbotes der Beschäftigung nach § 1, nur mit dem Unterschied, daß an die Stelle der in § 1 genannten Grenzen im Falle einer tarifvertraglichen Regelung der für die Arbeitnehmer verbindliche zeitliche Umfang der Arbeitspflicht als Höchstmaß der öffentlich-rechtlich zulässigen Arbeitszeit gesetzt wird.

Dadurch, daß § 5 als öffentlich-rechtliches Verbot der Beschäftigung von Arbeitnehmern die Ueberschreitung des im Tarifvertrag geregelten Umfangs der Arbeitspflicht bezüglich ihrer Dauer als rechtswidrige Handlung bezeichnet, wird mit der Beschäftigung eines Arbeitnehmers über die vertragliche Arbeitsdauer hinaus sowohl ein arbeitsvertragswidriges Verlangen als auch dadurch der Tatbestand des Deliktes erfüllt. Der Gesetzgeber hat gewissermaßen sein öffentlich-rechtliches Verbot hinter tariflichen allgemeinen Arbeitsbedingungen, die entweder positiv die Pflicht zur Leistung von Arbeit zu längerer als achtstündiger Dauer oder in negativer Form den Anspruch auf die Arbeitsleistung bezüglich der Dauer begrenzen, gestellt und zur Durchsetzung des Tarifvertrages die vertragswidrige längere Beanspruchung des Arbeitnehmers zugleich als Verletzung einer öffentlich-rechtlichen Unterlassungspflicht gekennzeichnet. Der § 5 entspricht der Gepflogenheit des Gesetzgebers, den Ausbau des Arbeitnehmerschutzes durch Aufstellung von öffentlich-rechtlichen Verbotssätzen hinter gegenständlich entsprechenden privatrechtlichen Unterlassungspflichten zu vollziehen. Die übliche Bezugnahme der öffentlich-rechtlichen Gebote und Verbote auf privatrechtliche Pflichtwidrigkeiten, z. B. auf die Verletzung der gesetzlichen Pflichten gegen die anvertrauten Lehrlinge (GewO. § 148 Ziff. 9) u. dgl., verleiht den betreffenden privatrechtlichen Bestimmungen keinen öffentlich-rechtlichen Charakter; ebensowenig kann die private Rechtswidrigkeitserklärung zugleich als strafrechtliche wirken[50]). Die letztere (§ 5 ArbZV.) steht vielmehr selbständig neben den tariflichen allgemeinen Arbeitsbedingungen über die Arbeitszeit. Die Eigentümlichkeit ist nur, daß der § 5 nicht auf rechtssatzmäßig begründete private Gebote und Verbote Bezug nimmt, sondern auf Vorschriften eines Kollektivvertrages. In der Rechtsordnung findet sich bereits ein gleichgelagerter Fall. Nach GewO. § 134c Abs. 2 S. 2 i. V. m. § 148 Abs. 1 Ziff. 11 ist die Verhängung höherer als in der Arbeitsordnung

---

[49]) So Jacobi, Grundlehren des Arbeitsrechts, S. 213; Nikisch, Kom. z. ArbZV., S. 47, Anm. 1 zu § 5; Lutz Richter, Zur Arbeitszeitfrage, S. 20.

[50]) Abw. Frank, Kom. z. StGB. S. 4.

vorgesehener Vertragsstrafen im Arbeitsverhältnis verboten. Die ausnahmsweise öffentlich-rechtliche Zulässigkeit der Vertragsstrafen hat somit die Regelung der Strafen durch die Arbeitsordnung zur Voraussetzung (s. u. S. 87 f.).

b) Die tarifliche Mehrarbeit im Buchdruckgewerbe.

Der Deutsche Buchdruckertarif nutzt in seinem § 8 die in der ArbZV. § 5 Abs. 1 über die grundsätzliche Höchstarbeitszeit zulässige Mehrarbeitsmöglichkeit aus. In dem für das ganze Reichsgebiet geltenden Deutschen Buchdruckermanteltarif in der Fassung, wie er am 14. Mai 1932 zwischen dem Deutschen Buchdrucker-Verein einerseits und dem Verband der Deutschen Buchdrucker und dem Gutenberg-Bund andererseits vereinbart wurde, ist die Arbeitsdauer in folgender Weise geregelt:

> § 3 Ziff. 1: Die Arbeitszeit beträgt täglich 8 Stunden ausschließlich der Pausen.
>
> Ziff. 3: Durch Vereinbarung zwischen Prinzipal und Gehilfen kann die tägliche Arbeitszeit an den einzelnen Tagen in den einzelnen Betrieben oder Abteilungen zum Zwecke der Arbeitszeitverkürzung oder der Arbeitszeitverlängerung an einem bestimmten Tage anderweitig geregelt werden. Derartige Abänderungen sind der Gehilfenschaft mit einer Frist, die der Kündigungsfrist entspricht, bekanntzugeben. Die auf Grund einer solchen Vereinbarung für die einzelnen Wochentage festgesetzte Arbeitszeit bleibt auch in Feiertagswochen unverändert bestehen.
>
> § 8 Ziff. 1: Ueberstunden sind solche Stunden, die über die tägliche Arbeitszeit hinausgehen. Sie sind, soweit es nur irgend angängig ist, durch Einstellung von Arbeitslosen oder durch Einlegung von Schichten nach Maßgabe der betrieblichen und technischen Möglichkeiten im Benehmen mit der gesetzlichen Betriebsvertretung zu vermeiden. Sind solche Maßnahmen nicht durchzuführen, dann sind notwendig werdende Ueberstunden zu leisten (§ 5 Arbeitszeitverordnung).

Es wird durch § 8 Ziff. 1 die arbeitsvertragliche Verpflichtung zu Ueberstunden über eine tarifliche regelmäßige Arbeitszeit, die sich grundsätzlich mit der gesetzlichen Höchstarbeitszeit des § 1 S. 2 und 3 der ArbZV. zeitlich deckt, begründet. Die Pflicht zur Leistung von Ueberstunden besteht einerseits nur unter bestimmten Voraussetzungen, andererseits ist für sie keine obere Grenze im Manteltarif festgelegt. Es ist demnach die Zulässigkeit von Mehrarbeit unter der Voraussetzung tarifvertraglicher Regelung der Arbeitszeit nur in beschränktem Umfange gegeben.

Ist im Tarifvertrag der Umfang der Arbeitspflicht keinerlei Grenzen unterworfen, dann bestimmt der Gesetzgeber selbst durch die ArbZV. die Grenzen, über die hinaus die Beschäftigung von Arbeitnehmern ein strafbares Verhalten des Arbeitgebers darstellt. Die tarifvertragliche

Arbeitszeitregelung verletzt, soweit sie eine über die von der Arbeitszeitverordnung gezogenen Grenzen hinausgehende Verpflichtung zur Arbeitsleistung begründet, ein gesetzliches Verbot. Aus dem Fehlen einer genau bezeichneten Höchstgrenze der Ueberstundenpflicht kann nicht gefolgert werden, daß die Verpflichtung zur Arbeitsleistung über die Grenze des § 1 S. 2 und 3 der Arbeitszeitverordnung in ihrem gesamten Umfange nach § 134 BGB. nichtig sei [51]). Sie entbehrt nur insoweit der Rechtswirksamkeit nach § 134, als sie die gesetzlichen Mehrarbeitshöchstgrenzen überschreitet. Indem die Arbeitszeitregelung des Deutschen Buchdruckertarifs auf § 5 ArbZV. ausdrücklich verweist, bringt sie zum Ausdruck, daß der Höchstumfang der gesetzlichen Mehrarbeitszulässigkeit nach § 5 ArbZV. die Grenze für die Ueberarbeit bilden soll. Der § 9 ArbZV. verbietet die Beschäftigung von Arbeitnehmern bei tariflicher Regelung ihrer Arbeitsdauer insoweit, als sie die 10-Stundengrenze überschreitet und nicht eine der noch zu besprechenden Ausnahmen vorliegt.

Durch die Arbeitszeitregelung des Deutschen Buchdrucker-Tarifes, die keine bestimmte obere Grenze der Leistungspflicht vorsieht, wird die Möglichkeit strafloser Beschäftigung von Arbeitnehmern über den Achtstundentag bis zu 10 Arbeitsstunden geschaffen [52]).

Eine derartige Ueberstundenregelung, die, wie im Deutschen Buchdrucker-Tarif, keine obere Grenze der Leistungspflicht vorsieht, bildet außerdem eine gesetzliche Voraussetzung für die ausnahmsweise Erweiterung des zulässigen Ausmaßes der straflosen Beschäftigung von Arbeitnehmern über 10 Stunden am Werktag hinaus. Die Erfüllung der tarifvertraglich begründeten Pflicht zur Ueberstundenleistung von unbegrenzter Dauer kann nur in zwei Ausnahmefällen über die Beschäftigungsgrenze des § 9 hinaus beansprucht werden.

Die Ueberschreitung des Zehnstundentages ist bei tariflicher Regelung einer solchen Arbeitsdauer einmal nur mit befristeter Genehmigung der Verwaltungsbehörde (des Gewerbeaufsichtsamtes, der obersten Landesbehörde oder des Reichsarbeitsministers) in Ausnahmefällen und bei dringendem gemeinen Interesse an der Erledigung dieser Arbeiten zulässig. Bei der jetzigen Wirtschaftslage verlangen dringende Gründe des Gemeinwohles auch die Fertigstellung von Arbeiten zur Erfüllung der Lieferfristen zur Deckung des öffentlichen Bedarfs, die auf andere Weise als durch Ueberschreitung des Zehnstundentages nicht zu bewirken sind [53]). Andererseits kann bei entsprechender tariflicher Regelung die Mehrarbeitsmöglichkeit des § 5 über die Zehnstundengrenze hinaus voll ausgenutzt werden, unter den Voraussetzungen, daß Vorbereitungs- und Ergänzungsarbeiten vorgenommen wer-

[51]) Dies folgert Potthoff, Kom. z. ArbZV., S. 69 f., Anm. 1, 4 b zu § 5.

[52]) Ebenso Nikisch, Kom. z. ArbZV., S. 92, Anm. 2 c zu § 9; Lutz-Richter, Zur Arbeitszeitfrage, S. 8.

[53]) Ebenso Nikisch, Kom. z. ArbZV., S. 94, Anm. 5 c zu § 9; Rohmer, Kom. z. ArbZV., S. 49, Anm. 2 a zu § 9.

den, wobei eine Ersetzung der mit diesen Verrichtungen betrauten Arbeitnehmer durch andere Arbeitnehmer des Betriebes unmöglich und durch betriebsfremde Arbeitnehmer dem Arbeitgeber nicht zumutbar ist[54]). Als derartige Arbeiten sind nur Verrichtungen anzusehen[55]), die der Reichsarbeitsminister in den „Ausführungsbestimmungen zu § 9 der Verordnung über die Arbeitszeit" vom 29. 4. 1927 (RGBl. I, S. 114) aufgezählt hat. Das Eigentümliche dieser Vorbereitungs- und Ergänzungsarbeiten ist der Umstand, daß ihre Vornahme bei vernünftiger, zweckmäßiger oder unerläßlicher Betriebsgebarung außerhalb der üblichen Arbeitszeit stattfinden muß. Derartige für die Buchdrukkereibetriebe praktisch werdende Vorbereitungs- und Ergänzungsarbeiten sind die Bedienung von Kraft-, Beleuchtungs-, Heizanlagen und Öfen, deren Erledigung sich außerhalb der üblichen Arbeitszeit erforderlich macht, die Vorbereitung von Hilfsstoffen und Instandsetzung von Hilfsgeräten, die während der regelmäßigen Arbeitszeit Unterbrechungen und Störungen hervorrufen würden, wenn diese Arbeiten dazu dienen, den vollen Betrieb einer darauffolgenden Schicht aufzunehmen. Zu den Tätigkeiten gehören weiterhin die Reinigung und Instandhaltung der Betriebsmittel, der Räume, Maschinen usw., welche während der regelmäßigen Arbeitszeit erheblich störend wirken oder Unterbrechungen hervorrufen, schließlich unerläßliche Vorbereitungs- und Abschlußarbeiten und Verrichtungen zur Ueberleitung in eine neue Schicht durch Faktoren, Werkmeister und sonstiges Aufsichtspersonal. Die Beschränkung der Dauer der Vorbereitungs- und Ergänzungsarbeiten auf 1 bis 2 Stunden durch § 1 Abs. 2 der Ausführungsvorschriften entbehren gesetzlich bindender Kraft, da sie nicht vereinbar sind mit der durch § 9 Abs. 1 S. 2 erteilten Ermächtigung des Reichsarbeitsministers, dem nur die Bestimmung von Arten solcher Arbeiten obliegt[56]).

Der Deutsche Buchdrucker-Tarif, der schlechthin Ueberstunden über die achtstündige regelmäßige Arbeitszeit ohne Angabe ihrer Höchstdauer zuläßt, gibt damit die gesetzliche Voraussetzung für die Mehrarbeitsmöglichkeit nach § 5 ArbZV. und zwar für das höchste Ausmaß der Zulässigkeit. Er gibt die Voraussetzung nicht nur zur öffentlichrechtlichen Unverbotenheit der Beschäftigung von Arbeitnehmern von täglich bis zu 10 Stunden, sondern auch zur Ueberschreitung dieser Dauer[57]), wenn ein Anwendungsfall der beiden Ausnahmen des § 9

---

[54]) Dieser Ausnahmefall gilt nicht für besondere Gruppen von Arbeitnehmern in gesundheitsgefährlichen Betrieben, zu denen aber die Buchdruckereien nicht rechnen.

[55]) Ebenso Nikisch, Kom. z. ArbZV., S. 95, Anm. 6 b zu § 9; Erdmann, ArbZV. S. 165 f., Anm. 9 b zu § 9; abw. Potthoff, S. 118, Anm. 2 a zu § 9.

[56]) Vgl. Nikisch, Kom. z. ArbZV., S. 95, Anm. 6 b zu § 9; Erdmann, ArbZV. S. 172, Anm. 13; Lutz Richter, NZfArbR. 1927, Sp. 335 f.

[57]) Abw. Erdmann, ArbZV., S. 163, Anm. 7 c zu § 9, S. 164, Anm. 8 zu § 9, der eine entsprechende tarifliche Regelung von mehr als 10 Arbeitsstunden nicht für ein gesetzliches Erfordernis für die Durchbrechung der 10-Stunden-Grenze erachtet. Dagegen die amtliche Begründung zu § 9 neuer Fassung, Abs. 4; Nikisch, Kom. z. ArbZV., S. 93, Anm. 3 b zu § 9; Potthoff, Kom. z. ArbZV., S. 112, Anm. zu § 9.

Abs. 1, Halbs. 2 vorliegt. Der Buchdruckereibesitzer kann seine Arbeitnehmer nur dann über 10 Stunden täglich beschäftigen, wenn die gesetzlichen Zulässigkeitsvoraussetzungen vorliegen. Die notwendige behördliche Genehmigung muß er sich für jeden Einzelfall verschaffen, denn durch eine generelle Genehmigung des Reichsarbeitsministers unter Bezeichnung der Voraussetzungen, unter denen von der Genehmigung Gebrauch gemacht werden darf, ist der Ueberarbeitsverpflichtung über die zehnte Arbeitsstunde nach dem Deutschen Buchdruckertarif nicht die Grundlage erlaubter Mehrarbeit gegeben worden. Fehl geht Potthoff [58]), nach dessen Ansicht eine derartige tarifliche Bestimmung, ohne als solche in der Weise genehmigt zu sein, wegen Verletzung einer öffentlichen Verbotsvorschrift nichtig sei. Die allgemeine Arbeitsbedingung des Tarifvertrags ist vielmehr rechtsmäßig. Sie ist allerdings nicht in vollem Umfange, sondern nur mit einschränkender Maßgabe wirksam. Der Buchdruckertarif begründet nur dann eine einzelvertragliche Leistungspflicht von über zehnstündiger Dauer, wenn im Einzelfalle die gesetzlichen Zulässigkeitsvoraussetzungen des § 9 Abs. 1, Halbs. 2, z. B. die Einholung der besonderen behördlichen Genehmigung, hinzutreten. Eine mehr als zehnstündige Beschäftigung von jungen Leuten unter 16 Jahren und von Frauen ist verboten (GewO. §§ 135 Abs. 3, 137 Abs. 2).

Indem die ArbZV. tarifliche Bestimmungen mit einer längeren Dauer der Arbeitsleistungspflicht, als die nach § 1 S. 2 und 3 des öffentlichrechtlichen Schutzgesetzes zulässige Beschäftigungszeit beträgt, rechtswirksam sein läßt, erklärt sie die Beschäftigung von Arbeitnehmern unter diesen tariflichen Bedingungen als einen unverbotenen Zustand, es sei denn, daß die tarifliche Arbeitszeitregelung die Schranke des § 9 ArbZV. verletzt, also, von den beiden Ausnahmen abgesehen, über zehn Stunden täglicher Arbeit hinausgeht. Es knüpft die ArbZV. diese Unverbotenheit lediglich an den Tatbestand einer im Tarifvertrag getroffenen Arbeitszeitregelung. Von diesem Tatbestandselement hängt die Straflosigkeit einer Beschäftigung von Arbeitnehmern über die Grenze des § 1 S. 2 und 3 ArbZV. ab. Durch diese gesetzliche Regelung wird die Grenze der tariflichen Leistungsdauer zugleich zum Höchstmaß der öffentlich-rechtlichen zulässigen Arbeitszeit. Machen die Tarifparteien die Pflicht zur Leistung von mehr als 8 Arbeitsstunden von der Erfüllung bestimmter Voraussetzungen durch den Arbeitgeber abhängig, so ist deren Einhaltung Bedingung für die Zulässigkeit der gesetzlichen Mehrarbeit. Zur Leistung von Ueberstunden sind nach einer Reihe von Tarifverträgen die Arbeitnehmer nur dann verpflichtet, wenn Arbeitgeber und Betriebsvertretung für die Einzelvertragsverhältnisse des Betriebes die Ueberstunden vereinbart haben oder die Betriebsvertretung im Einzelfalle ihr Einverständnis zur Ansetzung einer Ueber-

---

[58]) Potthoff, Kom. z. ArbZV., S. 121, Anm. 7.

stunde erklärt hat[59]) [60]). Der Buchdrucker ist nach S. 3 der Ziff. 1 des § 8 des Tarifs nur dann verpflichtet, Ueberstunden zu leisten, wenn folgende Voraussetzungen erfüllt sind:

1. Voraussetzung ist die Notwendigkeit der Ueberstunden (§ 8 Ziff. 1 S. 3 DBT.), d. h., es muß aus irgendwelchen Gründen, in der Regel sind es wirtschaftliche und technische, ein besonderes Bedürfnis zu längerer Arbeitsleistung entstanden sein, dessen Abwendung, sei es durch geeignete Betriebsdisposition, Verlegung der Arbeitszeit im Rahmen des § 3 Ziff. 3, durch Einlegung einer Doppelschicht, durch Ausdehnung oder Verlegung der Pausen nach Maßgabe des § 8 Ziff. 11 Abs. 2, Ziff. 12 oder durch Einstellung von Arbeitslosen nicht angängig ist. Auf die Möglichkeiten der Vermeidung von Ueberstunden durch Einstellung von Arbeitslosen und Einlegen von Schichten ist durch § 8 Ziff. 1 S. 2 DBT. besonders hingewiesen. Von ihnen muß „soweit es nur irgend angängig ist" zur Vermeidung von Ueberstunden Gebrauch gemacht werden. Zugemutet wird jedoch dem Arbeitgeber nicht, daß er sich in seinen betrieblichen und technischen Möglichkeiten dabei Beschränkungen auferlegt, welche die Maßnahmen zur Vermeidung von Ueberstunden infolge erheblicher Hemmungen der Betriebsgebarung, erhöhte Unkosten u. dgl. als nicht „angängig" erscheinen lassen. Eine ständige größere Anhäufung von Arbeiten darf keinesfalls zu einer Arbeitsverlängerung führen. Eine dauernde Ausdehnung der Arbeitszeit ist mit der Voraussetzung nicht vereinbar, denn die Hervorhebung der besonderen Notwendigkeit deutet an, daß nur in einzelnen Ausnahmefällen, z. B. bei Maschinenstörungen, oder wenn durch vorübergehenden Auftragsandrang für den Betrieb erhöhte Leistungen notwendig werden, und nur für kürzere Zeiträume die Pflicht zur Leistung von Ueberstunden besteht[61]). Die Freiheit des Ermessens der Betriebsleitung über das Vorliegen einer Notwendigkeit zu Ueberstunden wird durch ein Mitentscheidungsrecht der Betriebsvertretung nicht beeinflußt. Trotzdem ist das Verlangen einer Ueberstunde unberechtigt, wenn die Annahme ihrer Notwendigkeit nicht zu rechtfertigen ist. Beim Arbeitsgericht liegt in Streitfällen die Entscheidung über das Vorliegen der Notwendigkeit.

2. Die Vermeidung von Ueberstunden durch Einstellung von Arbeitslosen oder durch Einlegung von Schichten hat im Benehmen mit der

59) In derartigen Bestimmungen sieht Erdmann, ArbZV., § 3, S. 58, einen Verstoß gegen § 3 ArbZV. Er verkennt, daß sie lediglich eine Beschränkung des Umfanges der privatrechtlichen Arbeitspflicht darstellen und daß durch eine derartige Regelung zugunsten der Arbeitnehmer eine Verletzung öffentlich-rechtlicher Schutzgebiete nicht in Betracht kommt.

60) Nach anderen Tarifverträgen ist der Arbeitnehmer nur dann gebunden, die tariflich vereinbarten Ueberstunden zu leisten, wenn die Betriebsvertretung vorher gehört wurde. Die Ueberstundenverpflichtung kann ferner von der Einholung einer behördlichen Genehmigung abhängig gemacht werden. Beispiele siehe bei Schäfer, Tarifvertrag und Arbeitsregelung, S. 8 f. Vgl. Potthoff, Behördliche Genehmigung von Ueberstunden neben tariflicher Regelung der Arbeitszeit, NZfArbR. 1929, Sp. 359 f.

61) Ebenso Eckert, Die wirtschaftliche Notwendigkeit in Tarifverträgen. RArbBl. IX 1929, S. 306.

gesetzlichen Betriebsvertretung zu erfolgen. Es hat die Betriebsleitung, der Arbeitgeber oder ein berufener Vertreter, Prokurist, Faktor etc. die Anwendungsmöglichkeit einer der beiden wichtigsten Maßnahmen der Ueberstundenverhinderung mit der Betriebsvertretung zu erörtern und zu prüfen. Es genügt dabei nicht, daß die Betriebsleitung ihren Standpunkt der Betriebsvertretung kundtut und deren Vorschläge anhört[62]), sondern es ist darüber hinaus die gesetzliche Vertretung der Belegschaft zu Rate zu ziehen; es sind deren Vorschläge zu prüfen, zu befürworten oder zu widerlegen. Eine Einigung, ob eines der beiden Mittel zur Vermeidung von Ueberstunden anzuwenden sei oder nicht, braucht nicht herbeigeführt zu werden. Die endgültige Entscheidung über die Frage bleibt der Betriebsleitung allein vorbehalten. Meinungsverschiedenheiten über die Möglichkeit der Vermeidung von Ueberstunden durch Einstellung von Arbeitslosen oder durch Einlegung von Schichten berechtigen daher die Buchdrucker nicht zur Verweigerung der Ueberstunden[63]), es sei denn, daß die Voraussetzung der Notwendigkeit nicht gegeben ist. Die Geschäftsleitung braucht sich mit der Betriebsvertretung nur über die Möglichkeit der Vermeidung von Ueberstunden durch Einlegung von Schichten und durch Einstellung von Arbeitslosen ins Benehmen zu setzen, nicht braucht sie die Frage der Notwendigkeit der Ueberstunden in anderer Beziehung, weitere Vermeidungsmöglichkeiten u. dgl. zu erörtern. Sie bedarf auch gar nicht des „Einvernehmens", der Uebereinstimmung mit der Betriebsvertretung, um Ueberstunden von den Arbeitnehmern verlangen zu können. Es wird dem Arbeitgeber nicht zugemutet, in jedem Einzelfalle der Ansagung einer Ueberstunde sich mit der Betriebsvertretung ins Benehmen zu setzen. Es genügt, wenn er mit ihr eine Besprechung über die Grundsätze herbeiführt, wann die Maßnahmen angängig sind[64]). Die Aussprache über die beiden wesentlichsten Maßnahmen zur Vermeidung von Ueberstunden zwischen Betriebsleitung und Betriebsvertretung ist ebenso wie die Notwendigkeit der Verlängerung der Arbeitsdauer Voraussetzung für die Arbeitspflicht. Sie entfällt nur dann, wenn eine Betriebsvertretung überhaupt nicht vorhanden ist. Die vom Arbeitgeber unbeeinflußte Wahlenthaltung der Belegschaft kann nicht unbilligerweise zum Schaden des Arbeitgebers die Ueberstunden überhaupt unzulässig machen, weil infolge Fehlens einer Betriebsvertretung eine erforderliche Voraussetzung nicht erbracht werden kann.

Nach den allgemeinen Arbeitsbedingungen des Buchdruckertarifs wird

---

[62]) A. Auff. Mitt. d. Kreises IV d. DBV. 1930, S. 10. Die Tarifverträge definieren den Begriff „Im Benehmen" verschieden, meist als bloßes Aeußerungsrecht. „Im Benehmen" bedeutet: auf Grund einer Verhandlung oder Aussprache Gelegenheit zur Aeußerung zu geben. Herrschend ist die Meinung, daß der Wille der Betriebsvertretung, wenn der Arbeitgeber im Benehmen mit ihr handelt, nicht unbedingt berücksichtigt werden muß. Vgl. Schäfer, Tarifvertrag und Arbeitsregelung, S. 8 ff.; Eckert, Die wirtschaftliche Notwendigkeit in Tarifverträgen, RArbBl. IX 1929, Sp. 306, Kom. z. DBT., Anm. 4 zu § 8, S. 93.

[63]) Ebenso Kom. z. DBT., Anm. 10 zu § 8.

[64]) Vgl. Kom. z. DBT., Anm. 4 zu § 8, S. 93.

die Verpflichtung zur Leistung von Ueberstunden nur begründet, wenn die beiden geschilderten Voraussetzungen vorliegen. Der Arbeitgeber ist nicht berechtigt, die Leistung von Ueberarbeit zu verlangen, wenn Ueberstunden nicht notwendig sind und eine Erörterung mit der Betriebsvertretung über die Maßnahmen zu ihrer Vermeidung nicht stattgefunden hat. Diese allgemeinen Arbeitsbedingungen, welche die Pflicht zur Ueberarbeit unter zwei Voraussetzungen für den Buchdrucker begründen, sind für das Arbeitszeitrecht von besonderer Bedeutung. Die ArbZV. § 5 in Verb. m. § 11 stellt nämlich die Verletzung dieser allgemeinen Arbeitsbedingungen als einen strafbaren Tatbestand auf. Der Arbeitgeber macht sich strafbar, wenn er auf Grund seines Direktionsrechts willkürlich beim Fehlen der beiden Voraussetzungen für die Ueberstundenverpflichtung oder übermäßig über den Umfang der Leistungspflicht hinaus Ueberarbeit verlangt und leisten läßt.

§ 15. Das Verhältnis der tariflichen Mehrarbeit im Buchdruckgewerbe zu den übrigen Ausnahmen vom Achtstundentag.

a) Die Ausnahmen nach §§ 3, 4 und 10 ArbZV.

Von den gesetzlichen Ausnahmen, die Arbeitnehmer in begrenztem Maße über die regelmäßige Höchstarbeitszeit hinaus zu beschäftigen, steht an Bedeutung die Mehrarbeitsmöglichkeit des § 5 Abs. 1 für den Arbeitszeitschutz der Buchdrucker im Vordergrund. Neben der tariflichen Mehrarbeit bestehen noch folgende für das Buchdruckgewerbe in Betracht kommende Ausnahmen von der grundsätzlichen Höchstarbeitszeit.

1. Der Arbeitgeber kann an 30 seiner freien Wahl überlassenen Arbeitstagen des Kalenderjahres über die gesetzliche regelmäßige Höchstarbeitszeit hinaus arbeiten lassen. Die Zulässigkeit der 30 Mehrarbeitsfälle nach § 3 ArbZV. ist nur mit der einschränkenden Modalität gegeben, daß selbst bei Beschäftigung einiger Arbeitnehmer oder eines einzigen von ihr nicht allein für diese Arbeitnehmer, sondern überhaupt für den Umfang des Gesamtbetriebes oder wenigstens einer Betriebsabteilung (Maschinensetzerei, Stereotypie, Rotationsdruckerei usw.) Gebrauch gemacht wird[65]). Bei Beschäftigung einzelner Arbeitnehmer einer Betriebsabteilung nach § 3 ArbZV. ist die Mehrarbeitsmöglichkeit für die ganze Betriebsabteilung, bei Beschäftigung von verschiedenen Arbeitnehmern aus allen Betriebsabteilungen, ist sie für den Gesamtbetrieb erschöpft. Die Mehrarbeit nach § 3 ArbZV. beträgt für den Einzelfall eine Höchstdauer von 2 Stunden. Außerdem ist das Maß dieser Mehrarbeit dadurch beschränkt, daß die werktägliche Arbeitszeit nach § 9 Abs. 1, S. 1, Halbs. 1 nicht länger als 10 Stunden betragen

65) Für eine Umdeutung des Begriffes der Betriebsabteilung, etwa zu dem Sinne des Fabrikationszweiges, wie ihn Potthoff, Kom. z. ArbZV., S. 49, Anm. 3c zu § 3 hier angewandt wissen will, bietet die ArbZV. keine Grundlage.

darf, sofern nicht Voraussetzungen für eine der beiden Ausnahmen nach § 9 Abs. 1, S. 1, Halbs. 2 hinzutreten. Wenn demnach die regelmäßige Arbeitszeit durch Ergänzungsmehrarbeit nach § 1 S. 3 ArbZV. bereits über den Achtstundentag hinausgeht, dann ist die Mehrarbeit nur von einer entsprechend kürzeren als zweistündigen Dauer zugelassen. Voraussetzung für die Zulässigkeit von Mehrarbeit nach § 3 ArbZV. ist, daß der Arbeitgeber vor seiner einseitigen Anordnung der längeren Arbeitsdauer, soweit eine gesetzliche Betriebsvertretung vorhanden ist, dieser Gelegenheit gibt, etwaige Bedenken gegen die Maßnahme zu äußern. Zustimmung und Ablehnung dieser Anordnung durch die Betriebsvertretung sind ohne rechtserhebliche Wirkung für die Zulässigkeit der Mehrarbeit.

2. Noch weniger praktisch ist für Buchdruckereien die zulässige Durchbrechung der regelmäßigen Höchstarbeitszeit nach § 4 ArbZV., da die Ausdehnung der Arbeitszeit nur für bestimmte Vorbereitungs- und Ergänzungsarbeiten, von denen nur vereinzelte ausnahmsweise für die Buchdrucker vorkommen können, gestattet ist. Es kommen die Arbeiten zur Reinigung, wie das Putzen der Maschinen, das Säubern der Letternkästen, das Entkrätzen des Stereotypie- und Setzmaschinenmetalls, und zur Instandhaltung der Betriebsanlage z. B. Reparaturen, Auswechseln von Maschinenteilen u. dgl. in Betracht, soweit diese Verrichtungen sich nicht ohne Störung oder Unterbrechung der allgemeinen Arbeitszeit des Betriebes erledigen lassen. Außerdem ist für Arbeitsleistungen, deren Erledigung technische Voraussetzung dafür ist, daß die Wiederaufnahme oder Aufrechterhaltung der vollen Produktion des ganzen Betriebes erfolgen kann, die Mehrarbeit des § 4 ArbZV. zugelassen. Als Beispiele seien hierfür das Anzünden der Gasbeheizung der Setzmaschinenschmelzkessel, das Anheizen der Stereotypieschmelzkessel, das Einschalten von Walzenwärmern an Druckmaschinen angeführt. Für alle diejenigen Arbeitnehmer, die zur Erledigung und Beaufsichtigung derartiger Arbeiten herangezogen werden, kann über die gesetzlich zulässige Tagesarbeitszeit hinaus, selbst wenn diese mit Ergänzungsmehrarbeit nach § 1 S. 3 ArbZV. oder anderweiter Mehrarbeit den Achtstundentag bereits überschreitet, Mehrarbeit nach § 4 ArbZV. angesetzt werden, so wie und so lange es der Zweck erfordert. Jedoch ist die zulässige Dauer dieser Mehrarbeit begrenzt für die jugendlichen (zwischen 14 und 16 Jahren) und weiblichen Arbeitnehmer auf 1 Stunde und für die männlichen Arbeitnehmer über 16 Jahre auf 2 Stunden täglich. Auch das Maß dieser Mehrarbeit wird neben der Beschränkung auf 1 und 2 Stunden weiterhin dadurch gekürzt, daß § 9 ArbZV., abgesehen von den beiden Ausnahmefällen, die 10-Stundengrenze für die Gesamtarbeitszeit festsetzt. Oeffentlich-rechtliche Voraussetzung ist ebenso für die Zulässigkeit dieser Durchbrechung der regelmäßigen Höchstarbeitszeit die Anhörung einer vorhandenen gesetzlichen Betriebsvertretung durch den Arbeitgeber.

3. Durch erlaubte Mehrarbeit des § 10 ArbZV. werden die nach der ArbZV. geltenden Beschränkungen der Arbeitszeit bei folgenden dringlichen außergewöhnlichen Bedingungen außer Anwendung gesetzt. Die Mehrarbeit ist zugelassen für vorübergehende unverzüglich vorzunehmende Arbeiten, in Notfällen und allen übrigen außergewöhnlichen Fällen, die unabhängig vom Willen des Betroffenen eintreten und deren Folgen nicht auf andere Weise, z. B. durch zweckmäßige Disposition oder durch Einstellung weiterer Arbeitskräfte, zu beseitigen sind. Die Arbeiten, für welche diese Ausnahme zugelassen ist, müssen sich aus unvorhergesehenen und unvorhersehbaren Ereignissen ergeben, die im Betrieb oder beim Auftraggeber eintreten, ohne durch vorsätzliches Verhalten vom Betroffenen hervorgerufen zu sein, und deren Wirkungen sich nicht rechtzeitig beseitigen oder abwenden ließen, so daß sich die Mehrarbeit nicht vermeiden ließ. In Betracht kommt die Mehrarbeit z. B. bei Feuers- und Wassersnot. Sie ist dann gegeben, wenn durch Maschinenstörungen, Unterbrechungen des elektrischen Stromes, plötzlicher Tod oder Erkrankung von Arbeitnehmern oder durch andere unvorhergesehene erhebliche betriebliche Zwischenfälle die Einhaltung von Lieferungsfristen gefährdet wird, insbesondere eine Verzögerung des rechtzeitigen Erscheinens der periodischen Presseerzeugnisse droht. Liegen derartige außergewöhnliche Fälle nicht vor, dann ist zur eiligen Herstellung von Drucksachen keine Mehrarbeit nach § 10 Abs. 1 zugelassen, da das Bedürfnis der Arbeitszeitverlängerung mit der Hereinnahme von Aufträgen mit kurzer Lieferfrist nicht unabhängig vom Willen des Arbeitgebers eintritt.

Nach Abs. 2 des § 10 ArbZV. ist Mehrarbeit noch aus zwei weiteren Tatbeständen für bestimmte Arbeiten gegeben, nämlich dann, wenn die Nichterledigung einer Arbeit das Ergebnis der Arbeit gefährden würde oder so erhebliche wirtschaftliche Schädigungen des Arbeitgebers oder eines Dritten (Bestellers) zur Folge haben würde, daß die ausnahmsweise Verlängerung der Arbeitszeit der Billigkeit entspricht. Voraussetzung für die Mehrarbeit nach § 10 Abs. 2 ist, daß vom Standpunkt des Arbeitgebers aus Vorkehrungen zu ihrer Vermeidung durch betriebstechnische Maßnahmen, Einstellung von Arbeitnehmern u. dgl. billigerweise unzumutbar sind. Der vorausgesetzte Umstand, daß durch Nichterledigung einer Arbeit eine unverhältnismäßige wirtschaftliche Schädigung hervorgerufen wird, liegt beispielsweise vor, wenn der Druck eines verhältnismäßig kleinen Restes einer Auflage unterbleiben müßte, so daß erhebliche Vorbereitungsarbeiten, wie sie beim Rotationsdruck notwendig werden, am folgenden Werktage für den Fortdruck geleistet werden müßten. Da das verspätete Erscheinen der Tagespresse mit erheblichen wirtschaftlichen Schädigungen verbunden ist, müssen zur Fertigstellung der Zeitung die Voraussetzungen zur Mehrarbeit als erfüllt angesehen werden. Die Mehrarbeitsmöglichkeit nach § 10 ist dann gegeben, wenn sich Arbeitszeitverlängerung erforderlich macht, damit ein unerwarteter größerer Inserateneingang im Zeitungsunternehmen noch erledigt werden könnte.

Liegen die Tatbestände des § 10 ArbZV. vor, dann ist Mehrarbeit in einem von der ArbZV. unbegrenzt gelassenen Maße möglich. Sie wird nur von den §§ 135 Abs. 2, 137 Abs. 3 der GewO. für junge Leute und Frauen auf 10 Stunden beschränkt. Für die beiden Tatbestände des § 10 Abs. 2 besteht die Erlaubnis nur zur Beschäftigung von Arbeitnehmern über 16 Jahre an einzelnen Tagen ohne regelmäßige Folge.

b) Das Verhältnis der Mehrarbeitsfälle zueinander und zur vertraglich begrenzten Dauer der Arbeitsleistung.

Die behandelten Ausnahmen von der grundsätzlichen Höchstarbeitszeit (§§ 3, 4 und 10 ArbZV.) gelten nach § 5 Abs. 5 selbständig neben der tariflichen Mehrarbeit. Damit wird für die öffentlich-rechtliche Zulässigkeit der Beschäftigungsdauer festgestellt, daß die Mehrarbeitsfälle einander nicht ausschalten, sondern nebeneinander Geltung haben. Die Tarifparteien können die unter den Voraussetzungen der §§ 3, 4 und 10 ArbZV. bestehenden Ausnahmen vom Verbot des § 1 S. 2 und 3 ArbZV. nicht ausschließen, da durch privatrechtlichen Vertrag öffentliches Recht weder erweitert noch beschränkt oder beseitigt werden kann[66]). Es ist daher dem Arbeitgeber unbenommen, neben tariflicher Mehrarbeit noch weitere Mehrarbeit im Rahmen der genannten Vorschriften der ArbZV. zu beanspruchen. Er kann nach seiner Wahl sich entweder auf die tarifliche Mehrarbeitszulässigkeit nach § 5 ArbZV. oder auf einen der Mehrarbeitsfälle der §§ 3, 4 und 10 ArbZV. berufen. Selbst wenn durch tarifvertragliche Regelung — wie es im Buchdruckgewerbe der Fall ist — die Voraussetzung zur Mehrarbeit nach § 5 ArbZV. bis zu den Höchstgrenzen des § 9 ArbZV. für das ganze Jahr gegeben ist, werden die anderen Mehrarbeitsmöglichkeiten nicht ausgeschlossen. Es steht auch dann dem Arbeitgeber frei, etwa von der Mehrarbeit nach § 3 oder 4 ArbZV. Gebrauch zu machen und dabei die tarifliche Mehrarbeit unberücksichtigt zu lassen[67]). Jedoch wird, da durch die Ueberstundenregelung des Deutschen Buchdruckertarifs die Mehrarbeit nach § 5 für Buchdruckereien bis zu den in § 9 ArbZV. gezogenen Grenzen, die auch für die Mehrarbeit nach § 3 und 4 maßgebend sind, zulässig ist, ein Bedürfnis, außer tariflicher Mehrarbeit noch andere Mehrarbeitsmöglichkeiten auszunutzen, nur dann auftreten, wenn eine Ueberschreitung dieser Grenzen sich notwendig macht. Diese Möglichkeit besteht nur unter den Voraussetzungen des § 10 ArbZV.

---

[66]) So Erdmann, Kom. z. ArbZV., S. 85, Anm. 14 zu § 5; Potthoff, Tarifvertrag und Ueberarbeit, GewZtg. 1926, S. 214; derselbe, Zur tariflichen Regelung der Arbeitszeit, ArbR. 1929, Sp. 89; Lutz Richter, Zur Arbeitszeitfrage, S. 13 f.

[67]) A. A. Tophoven, Die tarifliche Mehrarbeit und ihre privatrechtliche Bedeutung, S. 72; Lutz Richter, Zur Arbeitszeitfrage, S. 15.

Durch die Zitierung des § 5 ArbZV. in § 8 Abs. 1 des Deutschen Buchdruckertarifs wird zum Ausdruck gebracht, daß die Ueberstundenregelung eine dem § 5 der Arbeitszeitverordnung entsprechende tarifliche Regelung der Arbeitszeit sein soll. Der Deutsche Buchdruckertarif sieht damit nur eine Leistungspflicht in den geschilderten Grenzen der gesetzlich zulässigen tariflichen Mehrarbeit vor. Durch die privatrechtliche Begrenzung der Arbeitszeit, als des Maßes für die Dauer der Bereitstellung der Arbeitskraft, kann die volle Ausnutzung der durch die Arbeitszeitverordnung gegebenen Mehrarbeitsmöglichkeiten verhindert werden, ohne daß die Weitergeltung der zugelassenen Ausnahme vom öffentlich-rechtlichen Beschäftigungsverbot berührt wird[68]). Die Beschränkung der privatrechtlichen Pflicht des Arbeitnehmers, seine Arbeitskraft dem Arbeitgeber zur Verfügung zu stellen, auf eine gewisse Dauer, ist Verwirklichung von Arbeitnehmerschutz durch privatrechtlichen Tarifvertrag neben dem öffentlichen Arbeitnehmerschutzrecht. Die Ausnutzung einer zugelassenen Ausnahmevorschrift ist dann mit einer Tarifverletzung verbunden, wenn keine Leistungspflicht besteht. Sie ist keine strafbare Handlung, wenn sie nicht zugleich eine Verletzung der öffentlichen Unterlassungspflicht des Arbeitgebers gegenüber dem Staat darstellt.

Grundsätzlich besteht eine Arbeitspflicht nur in dem Umfange, wie sie der Tarifvertrag vorsieht, denn Arbeitsverträge, die abweichend von der tariflichen Ueberstundenregelung eine Verpflichtung zur Leistung von mehr Ueberstunden begründen, sind infolge der Unabdingbarkeitswirkung der allgemeinen tariflichen Arbeitsbedingungen unwirksam. Da nach dem Deutschen Buchdruckertarif die öffentlich-rechtliche Höchstarbeitszeit des § 9 ArbZV. zugleich den Umfang der Arbeitsleistungspflicht begrenzt, hat es den Anschein, als ob darüber hinaus der Gebrauch von Mehrarbeit nach § 10 ArbZV. infolge Fehlens eines privatrechtlichen Anspruchs auf weitere Ueberstundenarbeit vereitelt wird. Aus dem zwingenden Recht der ArbZV. läßt sich eine Erweiterung der bürgerlich-rechtlichen Verpflichtung zur Bereitstellung der Arbeitskraft nicht herleiten. Eine Pflicht zur Arbeitsleistung von der Dauer der in der ArbZV. zulässigen Mehrarbeit wird durch die ArbZV. nicht begründet. Das Gesetz regelt, abgesehen vom § 6 a, nur die auf einem öffentlichen Rechtsverhältnis zwischen Staat und Arbeitgeber be-

---

68) Ebenso Erdmann, Kom. z. ArbZV., S. 83, Anm. 14 zu § 5; Nikisch, Kom. z. ArbZV., S. 55 f., Anm. 12 zu § 5; Potthoff, Kom. z. ArbZV., S. 78, Anm. VI 3 zu § 5; Lutz Richter, Zur Arbeitszeitfrage, S. 19; Tophoven, Die tarifliche Mehrarbeit und ihre privatrechtliche Bedeutung, S. 69 f.; Potthoff, Zur tariflichen Regelung der Arbeitszeit, ArbR. 1929, Sp. 89 ff.

ruhende Pflicht zur Unterlassung der Beschäftigung von Arbeitnehmern über gewisse Zeitgrenzen hinaus [69]).

Da nach den Grundsätzen von Treu und Glauben (BGB. §§ 133, 157, 242) der Arbeitnehmer auch über die beschriebenen Grenzen des § 9 ArbZV. seine Arbeitskraft zur Verfügung stellen muß, wenn ein besonderer Notstand oder dringende wirtschaftliche Bedürfnisse die Ueberschreitung erfordern [70]), muß unter Anwendung der gleichen Prinzipien angenommen werden, daß die Ueberstundenregelung des Deutschen Buchdruckertarifs insoweit einer auf den Voraussetzungen des § 10 ArbZV. beruhenden längeren Arbeitszeit nicht entgegensteht. Die zwingende Wirkung des Tarifvertrags wird dabei durch eine stillschweigende Zulassung von Abweichungen des Arbeitsvertrags von den allgemeinen tariflichen Arbeitsbedingungen beseitigt (§ 1 Abs. 1 S. 2 TVO.) [71]). Unter diesen Umständen besteht nach dem Deutschen Buchdrucker-Tarif, wiewohl durch ausdrückliche Bezugnahme auf § 5 ArbZV. für den Umfang der Arbeitspflicht die Schranken des § 9 ArbZV. maßgebend werden, die Pflicht zur Ueberstundenarbeit über diesen Rahmen hinaus.

c) Die zulässige Arbeitszeit nach Ablauf des Buchdruckertarifs und die Nachwirkung der tariflichen Arbeitszeitregelung.

Mit der Beendigung des Tarifvertrags entfällt die gesetzliche Voraussetzung der tariflichen Regelung für die Mehrarbeitszulässigkeit nach

---

[69]) Diese sog. öffentlich-rechtliche Theorie wird jetzt fast allgemein vertreten; so von: v. Ende, Kartenauskunftei des Arbeitsrechts, Karte Arbeitszeit, Verpflichtung zur Ueberzeitarbeit; Hueck bei Hueck-Nipperdey, Lehrbuch des Arbeitsrechts, Bd. I, S. 137 f.; Jäckel, Die gesetzliche Regelung der Arbeitszeit, S. 68; Kaskel, Arbeitsrecht, S. 217; derselbe, Neuerungen im Arbeitsrecht, S. 22 unter b; Flatow, Zulässige Mehrarbeit und Verpflichtung zur Mehrarbeit, GKG. 1924, Sp. 275 ff.; Nikisch, Kom. z. ArbZV., Einl. S. 6 und S. 38 f., Anm. 6 zu § 3; Nipperdey, Gutachten über die Kurzarbeit, S. 7 ff.; Potthoff, Das Reichsarbeitsgericht zur Ueberstundenpflicht des Arbeitnehmers, ArbR. 1929, Sp. 227, Das Ende der privatrechtlichen Wirkung der Arbeitszeitregelung, ArbR. 1928, Sp. 113 ff.; derselbe, Arbeitszeitgesetz und Arbeitsleistungspflicht, ArbR. XI, S. 287 u. a. O.; Lutz Richter, Zur Arbeitszeitfrage, S. 18 f.; Rohmer, Kom. z. ArbZV., Anm. 1 zu § 3, S. 21; derselbe bei Landmann-Rohmer, Kom. z. GewO., Bd. II, S. 586; Tophoven, Die tarifliche Mehrarbeit und ihre privatrechtliche Bedeutung, S. 88 ff., Urt. d. RArbG. v. 12. Dez. 1928, Bensh. Samml. Bd. 4, S. 381 f.; Urt. d. LArbG. Gleiwitz v. 18. April 1928, ArbG. 1928, Sp. 244; Urt. d. LArbG. Frankfurt a. O. v. 29. September 1927, Bensh. Samml., Bd I, S 364 ff.; vgl. Literaturübersicht bis 1926 bei Jäckel, Die Regelung der Arbeitszeit, S. 68, Anm. 118. Die gegenteilige Ansicht, daß die Bestimmungen der ArbZV. zugleich dem Arbeitnehmer eine Leistungspflicht innerhalb der gesteckten Grenzen der erlaubten Beschäftigungsdauer auferlegen, vertreten: Erdmann, Kom. z. ArbZV., S. 59 f., Anm. 4 zu § 3; Klehmet, Arbeitszeitrecht, S. 43, Anm. 2 zu § 3; derselbe, Fragen und Wünsche zur ArbZV., NZfArbR. 1925, Sp. 262; Landmann, Das Mitbestimmungsrecht der beteiligten Kreise, NZfArbR. 1924, Sp. 141 ff.; Lange, Zur Auslegung der ArbZV., NZfArbR. 1925, Sp. 583; Landmann, Zulässige Mehrarbeit und Verpflichtung zur Mehrarbeit nach der ArbZV., GKG. 1924, Sp. 24 ff.; Neitzel, Kartenauskunftei des Arbeitsrechts, Karte Arbeitszeit, Mitwirkung der Betriebsvertretung I b 3; Tormann, Arbeitsordnung und Verordnung über die Arbeitszeit, NZfArbR. 1924, Sp. 723; Urt. d. LG. Hagen v. 4. Juni 1926, RArbBl. 1926, S. 319. Vgl. ferner die Literaturangaben bei Jäckel, Die Regelung der Arbeitszeit, S. 86, Anm. 117.

[70]) Ebenso Potthoff, Tarifvertrag und Ueberarbeit, GewZtg. 1926, S. 214; derselbe. Zur tariflichen Regelung der Arbeitszeit, ArbR. 1929, Sp. 89. Vgl. Urt. d. RArbG. v. 12. Dezember 1928, Bensh. Samml., Bd. IV, S. 385.

[71]) Vgl. Tophoven, Die tarifliche Regelung der Mehrarbeit und ihre privatrechtliche Bedeutung, S. 92 f.; Flatow, Zulässige Mehrarbeit und Verpflichtung zur Mehrarbeit, GKG. 1924, Sp. 276.

§ 5 ArbZV.[72]), selbst dann, wenn die Wirkung der Allgemeinverbindlichkeitserklärung mangels behördlicher Aufhebung den zugrundeliegenden Tarifvertrag überdauert[73]). Die Zulässigkeit von Mehrarbeit nach § 5 ArbZV. setzt eine bestehende tarifliche Regelung des Umfanges der Arbeitszeit, der über die regelmäßige gesetzliche Höchstarbeitszeit hinausgeht, voraus. Mögen auch durch die ehemalige tarifliche Regelung die allgemeinen Arbeitsbedingungen zum Inhalte der Arbeitsverträge geworden sein und nach Beendigung des Tarifes die Arbeitsverträge mit diesem Inhalt weiterlaufen, bis sie abgeändert werden oder erlöschen, so ist doch die gesetzliche Voraussetzung des § 5 ArbZV. für die Durchbrechung der grundsätzlichen Höchstarbeitszeit weggefallen. Die tarifliche Mehrarbeitsmöglichkeit steht nicht mehr zur Verfügung.

Die zum Inhalt der Einzelarbeitsverträge gewordene allgemeine tarifliche Arbeitsbedingung über die Pflicht zur Leistung von Ueberstunden (§ 8 DBT.) wirkt als Bestandteil der Einzelarbeitsverträge fort. Die Ausnutzung der privatrechtlichen Leistungspflicht des Arbeitnehmers wird durch Wegfall der Ausnahme nach § 5 ArbZV. beschränkt. Insoweit sie über den Rahmen der übrigen Ausnahmebestimmungen der ArbZV. hinausgeht, steht sie in Widerspruch zum öffentlichen Arbeitnehmerschutzrecht. Sie ist insoweit nach § 134 BGB. unwirksam und der Arbeitgeber macht sich, wenn er unbefugt Ueberstunden machen läßt, nach § 11 ArbZV. strafbar. Es besteht kein rechtlicher Grund, die nach Ablauf eines Tarifvertrags in den Arbeitsverträgen fortgeltende Arbeitspflicht, soweit sie über den Umfang des § 1 S. 2 und 3 ArbZV. hinausgeht, nach § 134 BGB. als unwirksam zu bezeichnen. Man würde ohne stichhaltigen Grund den Umfang der bestehenden Arbeitspflicht beschränken und die Ausnutzung der übrigen Mehrarbeitsmöglichkeit vereiteln. Die Ansicht[74]) verkennt, daß die tariflichen Arbeitszeitregelungen grundsätzlich die Pflicht zur Ueberstundenleistung nicht an die Auswertung der Ausnahme von der grundsätzlichen Höchstarbeitszeit nach § 5 binden, sondern vielmehr die neben § 5 zulässigen anderen Mehrarbeitsmöglichkeiten mit auswerten. Das gilt auch für die Arbeitszeitregelung des Deutschen Buchdrucker-Tarifes[75]). Die Ueberstundenregelung des Deutschen Buchdrucker-Tarifs verliert daher ihre Bedeutung bei Beendigung des Tarifvertrages nicht, solange die Nachwirkung der tariflichen allgemeinen Arbeitsbedingungen besteht. Der Arbeitnehmer ist verpflichtet, Ueberstunden im Rahmen der verbleibenden zulässigen Mehrarbeitsmöglichkeiten zu leisten.

---

72) Ebenso Urt. d. LG. Potsdam v. 9. Oktober 1924, NZfArbR. 1924, Sp. 169 f.; Urt. d. LG. Hagen v. 4. Juni 1926, RArbBl. 1926, S. 319; Urt. d. OLG. Dresden v. 28. September 1927, NZfArbR. 1928, Sp. 251; Erdmann, Kom. z. ArbZV., S. 79, Anm. 3 zu § 5; Joerges, Bespr. d. Urt. d. LG. Berlin v. 26. November 1925, SchlWes. 1927, Sp. 27; Nikisch, Kom. z. ArbZV., S. 51, Anm. 4 zu § 5; Potthoff, Die Nachwirkung des Tarifvertrages bezüglich der Ueberstunden, ArbR. 1928, Sp 317 ff.; derselbe, Kom. z. ArbZV., S. 77, Anm. V 1 zu § 5. A. Auff.: Kaskel, NZfArbR. 1924, Sp. 133 unter V.

73) Ebenso Urt. d. OLG. Königsberg v. 2. Dezember 1929, JW. 1930, S. 425.

74) Vertreter dieser Meinung ist Tophoven, Die tarifliche Mehrarbeit und ihre privatrechtliche Bedeutung, S. 61 f.

75) Ebenso der Kommentar zum Deutschen Buchdruckertarif, Anm. 5 zu § 8, S. 93 f.

Nach Beendigung des Tarifvertrages kann der Arbeitgeber von der Erlaubnis zur Mehrarbeit nach den §§ 3, 4 und 10 ArbZV. unter Beobachtung ihrer Voraussetzungen Gebrauch machen [76]). Da diese Bestimmungen selbständige Ausnahmen von der grundsätzlichen Höchstarbeitszeit enthalten, wie sich aus § 5 Abs. 5 ArbZV. ergibt, ist es nicht angängig, die auf der Rechtsgrundlage des § 5 ArbZV. vorgenommene Beschäftigung von Arbeitnehmern auf die 30 Mehrarbeitsfälle des § 3 anzurechnen [77]). Vielmehr stehen dem Arbeitgeber nach Ablauf des Tarifes die 30 Mehrarbeitstage des § 3 zur Verfügung, sofern er sie noch nicht an Stelle der Ausnutzung tariflicher Mehrarbeit aufgebraucht hat.

Fehlt es an einer tariflichen Regelung der Arbeitszeit, oder ist eine solche vorhanden, die nicht abschließend die Dauer der Arbeitspflicht bestimmt [78]), dann ist außerdem die behördliche Erlaubnis zu weiterer Mehrarbeit nach § 6 ArbZV. vorbehalten. Die Erlaubnis wird nur auf Antrag erteilt. Antragsberechtigt ist der Arbeitgeber, wenn Mehrarbeit für einen Betrieb oder eine Betriebsabteilung, oder der Arbeitgeberverband, wenn sie für eine Anzahl Betriebe oder für das gesamte Buchdruckgewerbe begehrt wird. Die Verfügung erlassen das Gewerbeaufsichtsamt für einzelne Betriebe und Betriebsabteilungen, die obersten Landesbehörden für Betriebe, die zum Bezirk mehrerer Aufsichtsämter gehören, und für ganz bestimmte gewerbliche Betriebe innerhalb eines Landes, der Reichsarbeitsminister für gesamte Gewerbe. Die Behörden sollen die Erlaubnis nur gewähren, wenn sie die Betriebsvertretungen in Fällen, wo es sich um einzelne Betriebe handelt, bzw. die Arbeitgeber- und Arbeitnehmerverbände in Fällen, wo sich die Erlaubnis auf eine Mehrzahl von Betrieben, auf einen Beruf oder ein Gewerbe bezieht, gehört haben. Die Erlaubnis soll schließlich nur erteilt werden, wenn hierfür entweder betriebstechnische oder allgemeinwirtschaftliche Gründe sprechen. Die Zulassung von Mehrarbeit ist gleichfalls an das Maß des § 9 ArbZV. gebunden. Zur Ueberschreitung der Zehnstundengrenze zwecks Erledigung von Arbeiten aus dringenden Gründen des Gemeinwohles muß zur Erlaubnis noch die Zusatzerlaubnis nach § 9 ArbZV. hinzutreten. Die Verwaltungsbehörden können ihre Verfügung mit Bedingungen und Befristungen verbinden und die Erlaubnis unter einer Auflage erteilen. Da das Fehlen einer tariflichen Arbeitszeitregelung Voraussetzung für die Wirksamkeit der Verfügungen ist, tritt

---

[76]) A. Auff.: Tophoven, Die tarifliche Mehrarbeit und ihre privatrechtliche Bedeutung, S. 61 f.; Urt. d. LG. Potsdam v. 9. Oktober 1924, NZfArbR. 1924, V, Sp. 169; Urt. d. ArbG. Berlin v. 5. Mai 1925, Bl. f. ArbR. IV, 1925, Nr. 16; Urt. d. OLG. Dresden v. 28. September 1927, NZfArbR. 1928, Sp. 251.

[77]) Ebenso Erdmann, Kom. z. ArbZV., Anm. 1 zu § 3, S. 56. Abw. Joerges, SchlWes. 1927, Sp. 27 f.; Urt. d. LG. Berlin, NZfArbR. 1926, Sp. 763.

[78]) Vgl. Erdmann, Kom. z. ArbZV., S. 87 f., Anm. 1 zu § 6; Nikisch, Kom. z. ArbZV., Anm. 2 zu § 6, S. 57 f.; Rohde, Die Ausnahmebefugnisse der Gewerbeaufsichtsbeamten nach der Arbeitszeitverordnung, NZfArbR. 1928, Sp. 441; dagegen nimmt Potthoff, Kom. z. ArbZV., S. 82, Anm. I 1 zu § 6 diesen letzten Fall aus, indem er dem Wort „soweit" in § 6 Abs. 1 S. 1 seine Bedeutung nimmt. Nur die ausschließliche tarifliche Arbeitszeitregelung schalte den Erlaubnisvorbehalt des § 6 ArbZV. aus. Vgl. auch Potthoff, Behördliche Genehmigung von Ueberstunden neben tariflicher Regelung der Arbeitszeit, NZfArbR. 1928, Sp. 359 ff.

bei nachträglicher tariflicher Regelung die behördliche Zulassung längerer Arbeitszeit von selbst außer Kraft (vgl. § 6 Abs. 4).

Die Bestimmung eines nachträglichen Tarifvertrages, die seinen allgemeinen Arbeitsbedingungen bereits von einem vor dem Abschlußtag liegenden Termin für die schon damals Tarifunterworfenen Wirksamkeit verleiht, bezieht die herrschende Lehre auch auf die tarifliche Arbeitszeitregelung und schließt daraus, daß bereits von diesem früheren Zeitpunkt an die tarifliche Mehrarbeit zulässig war [79]). Diese Konstruktion hat zur Folge, daß vorherige rechtswidrige Ueberschreitungen der zulässigen Arbeitszeit durch den Arbeitgeber infolge der tariflich vereinbarten Rückwirkung nachträglich zu berechtigten Handlungen werden. Die ursprünglich wegen Verletzung der ArbZV. verwirkte Kriminalstrafe entfällt, weil der Ueberschreitung der Arbeitszeit durch die rückwirkende Erweiterung der Mehrarbeitszulässigkeit der Charakter des Vergehens (§ 11 ArbZV.) genommen wird. Abgesehen davon, daß es bestritten ist, ob eine Rechtsgrundlage dafür vorhanden ist, die allgemeinen tariflichen Arbeitsbedingungen mit einer Geltungskraft auszustatten, die sie hätten, wenn der Tarifabschluß bereits zu einem früheren Zeitpunkte erfolgt wäre, ist gegen diese Auffassung einzuwenden, daß eine Rückwirkung nur in Frage kommen kann, wenn die dadurch entstehenden Pflichten noch nachträglich erfüllt werden können, z. B. als Lohn- oder Urlaubsnachbewilligung. Die Rückwirkung einer Bestimmung, aus der hervorgeht, daß der Arbeitnehmer an vergangenen Werktagen seine Arbeitskraft in erhöhtem Umfange zur Verfügung zu stellen hatte, ist aber unmöglich, denn weder Leistungspflicht noch Anspruch auf Nachholung von Ueberstunden wird begründet. Einer derartigen Vereinbarung könnte möglicherweise nur die Bedeutung zukommen, daß die privatrechtlichen Folgen (Mehrarbeitsvergütung) aus unbefugter Beschäftigungsdauer nicht eintreten sollen, indem es so gehalten wird, als ob die Ueberschreitung der regelmäßigen gesetzlichen Höchstarbeitszeit auf erlaubter Mehrarbeit nach § 5 beruhe. Solche Bestimmungen erfüllen aber nicht die Voraussetzung für die Erlaubnis zur Mehrarbeit nach § 5 ArbZV. Die tarifliche Arbeitszeitregelung im Sinne des § 5 ArbZV. muß dem Arbeitgeber ermöglichen, Gebrauch von der Mehrarbeitszulässigkeit des § 5 zu machen.

Vorschriften, welche eine vorher vom Arbeitgeber rechtswidrig durchgeführte Beschäftigung von Arbeitnehmern über die zulässige Dauer hinaus nachträglich für unverboten und straffrei erklären, bedürfen kraft des Vorranges und Vorbehalts des Gesetzes einer gesetzlichen Grundlage. Die überwiegende Doktrin behauptet ihr Vorhandensein und spricht den Tarifverbänden die Rechtsetzungsbefugnis zu, welche sie befähigt, nach ihrem Ermessen Vergehen gegen die Arbeitszeit-

[79]) So Joerges, Besprechung des Urt. OLG. Freiberg (Sa.) vom 20. Januar 1925, SchlWes. 1927, Sp. 28; Nikisch, Kom. z. ArbZV., S. 50 f., Anm. 4 d zu § 5; Rohde, Kom. z. ArbZV., Anm. 3 zu § 5, S. 26; Tophoven, Die tarifliche Mehrarbeit und ihre privatrechtliche Bedeutung, S. 56 f.; Urt. d. LG. Freiberg (Sa.) v. 28. Januar 1925, NZfArbR. 1926, Sp. 764 f.

verordnung durch rückwirkende Erweiterung der zulässigen Mehrarbeit nachträglich als erlaubte Handlung zu erklären:

„Enthält die tarifliche Regelung über die Arbeitszeit eine Rückwirkung, so wird diese ihrem ganzen Inhalte nach vom Zeitpunkt des Tarifabschlusses an kraft der Rechtswirkung des § 5 ArbZV. Gesetzesinhalt an Stelle des § 1 ArbZV. Es ist also dieselbe Rechtslage gegeben, als wenn sich die Arbeitszeitverordnung selbst in § 1 rückwirkende Kraft beigelegt hätte“ [80]).

Es ist oben (S. 57 ff.) ausgeführt, daß die ArbZV. nicht einmal die gesetzliche Grundlage dafür bietet, daß eine tarifliche Regelung mit Rechtssatzwirkung die Beschäftigung von Arbeitnehmern in einer Dauer von mehr als 8 Stunden für zulässig und straflos erklärt.

§ 16. Die Beschränkung der regelmäßigen Höchstarbeitszeit und der tariflichen Mehrarbeit nach der 2. Notverordnung vom 5. Juni 1931.

Für die Festsetzung der oben dargelegten Grenzen der zulässigen Arbeitsdauer waren die Gründe des Arbeitnehmerschutzes maßgebend. Die höchste Notlage, in der die staatliche Finanzwirtschaft, insbesondere durch die seit 1931 außerordentlich zugenommene Arbeitslosigkeit, geraten ist, hat zu der Erwägung geführt, durch Herabsetzung der Arbeitszeit, weit unter das Maß, das Hygiene und kulturelle Gründe erfordern, die vorhandene Arbeitsgelegenheit zu strecken und möglichst viele Arbeitslose in den Arbeitsprozeß wieder einzureihen. Diese Art Zwangsbewirtschaftung der vorhandenen Arbeitsgelegenheit ist als Maßnahme zur Entlastung des Arbeitsmarktes gedacht.

Zur Bekämpfung der Arbeitslosigkeit ist die Reichsregierung durch die auf Grund des Art. 48 der Reichsverfassung ergangene Zweite Verordnung des Reichspräsidenten zur Sicherung von Wirtschaft und Finanzen vom 5. Juni 1931 (RGBl. I, S. 279) mit einer Verordnungsgewalt zu weitgehender Einschränkung der nach der ArbZV. zugelassenen Arbeitsdauer ausgestattet. Die Verordnungen der Reichsregierung bedürfen der Zustimmung des Reichsrats. Von dem Umfang der Ermächtigung, welche die Reichsregierung befähigt, „für einzelne Gewerbe, Gewerbezweige, Verwaltungen oder Gruppen von Arbeitnehmern“ die Höchstarbeitszeiten herabzusetzen, wird das Buchdruckgewerbe mit seinen Privatbetrieben und den Betrieben „der öffentlichen Hand“ [81]) betroffen.

Die Arbeitszeitverkürzung darf nur für die Arbeitnehmer solcher Betriebe angeordnet werden, in denen in der Regel eine Belegschaft von mindestens 10 Arbeitern oder mindestens 10 Angestellte beschäftigt werden. Die Arbeitszeitverkürzung erfaßt in einem solchen Be-

[80]) Tophoven, Die tarifliche Mehrarbeit und ihre privatrechtliche Bedeutung, S. 56 f.

[81]) In Betracht kommen: die Reichsdruckerei, Druckereien der Reichswehr, der Reichsanstalt für Arbeitsvermittlung und Arbeitslosenversicherung, der Finanzämter, der Deutschen Reichsbahngesellschaft, der städt. Druckereien u. a.

triebe nur die Belegschaft, wenn diese aus mindestens 10 Arbeitern besteht, nicht auch die Angestellten, wenn deren Anzahl nicht 10 ist. Betriebe, deren Arbeitnehmerschaft an Angestellten und Arbeitern zusammen erst diese Mindestzahl erreicht und übersteigt, schalten überhaupt aus.

Die Ermächtigung stellt es in das Ermessen der Reichsregierung, die Einschränkung der Arbeitszeit für das ganze Buchdruckgewerbe oder auch nur für bestimmte räumliche Gebiete (etwa in Städten mit mehr als 100 000 Einwohnern) oder für gewisse Betriebsarten (Werk-, Zeitungs- oder Akzidenz-Druckereien) oder nur für gewisse Sparten von Arbeitern (Werksetzer, Handsetzer, Stereotypeure, Flachdrucker) anzuordnen.

Der Inhalt der Delegation geht in doppelter Richtung:

1. Die Reichsregierung kann die regelmäßige Höchstarbeitszeit des § 1 Satz 2 und 3 der Arbeitszeitverordnung von 48 Stunden wöchentlich (s. o. § 13 S. 51 ff.) bis auf 40 Stunden herabsetzen (vgl. Teil 3 Kap. 2, Art. 1 der Verordnung). Diese herabgesetzte werktägliche Arbeitszeit ist regelmäßige Höchstarbeitszeit anstelle der in § 1 S. 2 und 3 ArbZV. geregelten. Es wird jedoch dem Arbeitgeber nachgelassen, über die beschränkte regelmäßige wöchentliche Höchstarbeitszeit hinaus die Arbeitnehmer zu beschäftigen, wenn er in den folgenden Wochen einen Ausgleich durch entsprechende verringerte wöchentliche Arbeitszeit schafft. Nur darf die Arbeitszeit von sechs Wochen in ihrem wöchentlichen Durchschnitt nicht über die gesetzlich festgesetzte Grenze der beschränkten regelmäßigen Höchstarbeitszeit hinausgehen. Danach kann der Arbeitgeber die Arbeitszeit von wöchentlich 48 Stunden beibehalten, wenn er im Laufe von sechs Wochen die Arbeitnehmer vorübergehend eine Woche beurlaubt. (Wirtschaftliches Krümper-System.) Es ist einerseits eine noch größere unterschiedliche Verteilung der Arbeitszeit, als sie in § 1 Satz 3 ArbZV. im Rahmen der regelmäßigen Höchstarbeitszeit möglich ist, gegeben, 1. weil dafür die gesetzlichen Beschränkungen der Ergänzungsmehrarbeit des § 1 Satz 3 ArbZV. (s. o. S. 53) außer Betracht bleiben, 2. weil der Ausgleich entweder durch Ausfall von Arbeitsstunden oder Ergänzungsmehrarbeit innerhalb eines Zeitraumes von sechs Wochen zugelassen ist. Aber andererseits ist die Ausgleichsmöglichkeit beschränkter, denn sie läßt nur die Ergänzungsmehrarbeit insoweit zu, als die herabgesetzte regelmäßige Höchstarbeitszeit für eine Woche unter 48 Stunden liegt, demnach bei einer festgesetzten regelmäßigen Höchstarbeitszeit von 40 Stunden nur in einem Umfange von acht Stunden. Dagegen bestehen weder für die tägliche noch wöchentliche Ergänzungsmehrarbeit nach § 1 Satz 3 der ArbZV. Höchstgrenzen. Eine Beschäftigung von Arbeitnehmern über die 8- und 48-Stunden-Grenze ist demnach bei gekürzter regelmäßiger Höchstarbeitszeit nur unter den Voraussetzungen des § 1 Satz 3 ArbZV. zulässig, wenn Voraussetzungen für Mehrarbeit nicht gegeben sind.

Besondere Gründe für die ungleiche Verteilung der Arbeitszeit in den einzelnen Wochen brauchen nicht vorzuliegen.

Da die von der Reichsregierung im Wege der Rechtsverordnung festgesetzte Arbeitszeit der regelmäßigen Höchstarbeitszeit gleichgestellt ist (vgl. Abs. 2, S. 1 des Art. I, Kap. 2 der Notverordnung), hat die darüber hinausgehende zugelassene Arbeitszeit, auch soweit sie noch innerhalb der 48-Stunden-Grenze liegt, die Natur von Mehrarbeit. Sie ist also nur im Rahmen der gesetzlichen Voraussetzungen für Mehrarbeit nach den §§ 2, 7, 9 und 10 der ArbZV. zulässig.

2. Weiterhin ist die Reichsregierung ermächtigt, neben der unter 1. behandelten Maßnahme oder für sich allein die tarifliche Mehrarbeit (s. o. S. 56 ff.) nach §§ 2 und 5 ArbZV. von einer weiteren Voraussetzung abhängig zu machen. Sie kann verordnen, daß nur dann von ihr Gebrauch gemacht werden darf, wenn eine vorbehaltene behördliche Genehmigung zu den übrigen Voraussetzungen der tariflichen Mehrarbeit hinzutritt.

Die Genehmigung setzt den Antrag irgendeiner am Deutschen Buchdruckertarif beteiligten Organisation voraus (vgl. Durchführungsbestimmungen zur Einschränkung der Arbeitszeit vom 30. September 1931, § 2 Abs. 1 — RGBl. S. 521 f.). Die Genehmigung für den Geltungsbereich dieses Reichstarifs erklärt der Reichsarbeitsminister. Wenn dem Antrag der Tarifpartei nicht in vollem Umfang stattgegeben worden ist, kann auch der einzelne Arbeitgeber bei dem zuständigen Gewerbeaufsichtsamt den Antrag stellen. Diese Behörden dürfen die Genehmigung nur in dringenden Fällen erteilen. Stets ist Voraussetzung für die Genehmigung die Notwendigkeit der Verlängerung der Arbeitszeit, deren Abwendung durch andere Maßnahmen nicht zumutbar erscheint. Gegen die Entscheidung der Gewerbeaufsichtsämter ist eine unbefristete Beschwerde bei ihren vorgesetzten Behörden (in Sachsen: den Kreishauptmannschaften) zulässig.

Eine Ueberschreitung der herabgesetzten Grenzen zulässiger Arbeitszeit unterliegt gleichfalls der Strafvorschrift des § 11 der ArbZV.

Die Einwirkung einer Verkürzung der regelmäßigen Höchstarbeitszeit auf die Arbeitszeitregelung des Deutschen Buchdruckertarifs wäre folgende: Die im Deutschen Buchdruckertarif vorgesehene regelmäßige Arbeitszeit wäre nur in Höhe der festgesetzten wöchentlichen Höchstarbeitszeit, z. B. von 40 Stunden, zulässig. Durch die Regelung des § 3 Ziff. 3 des Deutschen Buchdruckertarifs wird der Arbeitgeber in die Lage versetzt, die gesetzlich zulässige Verteilung der regelmäßigen Höchstarbeitszeit nicht nur im Rahmen einer Woche und einer Doppelwoche gemäß § 1, S. 3 ArbZV., sondern auch im nunmehr zulässigen Rahmen von sechs Wochen auszunutzen. Die durch eine solche Verteilung sich ergebende Arbeitszeit gilt als tägliche Arbeitszeit im Sinne des § 8 Ziff. 1 des Deutschen Buchdruckertarifs. Der Arbeitgeber wäre berechtigt, im Verhältnis der Arbeitszeitverkürzung die Vergütung für die regelmäßige Arbeitszeit herabzusetzen.

Die Ueberstundenarbeit nach § 8 Ziff. 1 des Deutschen Buchdruckertarifs (s. o. S. 63) bliebe neben der herabgesetzten regelmäßigen Höchstarbeitszeit als zulässig bestehen. Die Beschäftigung über die herabgesetzte regelmäßige Höchstarbeitszeit von etwa 40 Stunden hinaus wäre nur als Ueberstundenarbeit und nur dann zulässig, wenn die Voraussetzungen des § 8 Ziff. 1 des Deutschen Buchdruckertarifs (s. o. S. 67 f.) erfüllt wären. Hat die Reichsregierung außerdem die Zulässigkeit tariflicher Mehrarbeit nach § 5 ArbZV. von der behördlichen Genehmigung abhängig gemacht, dann kann der Arbeitgeber nur Ueberstundenarbeit leisten lassen, wenn die Genehmigung erteilt ist oder ein anderer Fall von Mehrarbeit, z. B. der des § 3 ArbZV., es zuläßt. Der Umstand, daß der Deutsche Buchdruckertarif für die Ueberstundenarbeit selbst keine Grenzen vorsieht, bewirkt nicht, daß sich ihr Umfang um die Arbeitsstunden erweitert, um welche die herabgesetzte regelmäßige Höchstarbeitszeit gegenüber der ursprünglichen regelmäßigen Höchstarbeitszeit zurückbleibt. Bei einer herabgesetzten regelmäßigen Höchstarbeitszeit von wöchentlich z. B. 40 Stunden sind demnach nicht acht Ueberstunden mehr zulässig. Als Umfang der tariflichen Mehrarbeit gilt nach dem Deutschen Buchdruckertarif nach wie vor die Zeit, welche die 48-Stunden-Grenze bzw. den Umfang des § 1 Satz 2 und 3 der ArbZV. überschreitet und selbst ihre Grenzen in § 9 der ArbZV. findet.

Die Reichsregierung hat von der Ermächtigung bisher noch keinen Gebrauch gemacht. Das Reichsarbeitsministerium hat jedoch versucht, die großen Arbeitgeber- und Arbeitnehmervereinigungen selbst zu einer Neuregelung der Arbeitszeit zu veranlassen. Die unter dem Vorsitz eines Vertreters des Reichsarbeitsministeriums geführten Verhandlungen der Organisationen des Buchdruckgewerbes sind infolge der bestehenden Bedenken über die tiefgreifenden wirtschaftlichen Auswirkungen weiterer Einschränkung der Arbeitsdauer völlig erfolglos geblieben. Sie scheiterten vor allem an den Forderungen der Arbeitnehmer auf Einstellungszwang und Ausgleich für die Einbußen am Arbeitslohn.

§ 17. Die Arbeitseinteilung.

Zum Arbeitszeitschutzrecht sind eine Reihe öffentlicher Rechtssätze zu rechnen, die eine angemessene Verteilung der Arbeitszeit durch Unterbrechungen der Arbeitsdauer sichern. Für das Buchdruckgewerbe bestehen keinerlei Besonderheiten. Zugunsten der Buchdrucker finden die allgemeinen für gewerbliche Arbeitnehmer geltenden Vorschriften Anwendung.

Die Unterbrechungen der Arbeitszeiten sind solche, die zwischen Beginn und Ende der täglichen Arbeitszeit eingeschoben sind (Pausen), und solche, die zwischen den verschiedenen täglichen Arbeitszeiten liegen (Nacht- und Feiertagsruhe).

a) Pausen.

Oeffentlich-rechtliche Vorschriften über Arbeitspausen bestehen nur für die in Buchdruckereien beschäftigten weiblichen und jugendlichen Arbeiter. Arbeiterinnen und jugendlichen Arbeitern (bis zu 16 Jahren) sind bei vier- bis sechsstündiger Arbeitszeit eine Pause von einer Viertelstunde, bei sechs- bis achtstündiger Arbeitszeit eine halbstündige Pause oder zweimal je eine viertelstündige Pause zu gewähren (Ziff. V Abs. 3 ArbAO.). Erstreckt sich die Arbeitszeit über acht Stunden, dann muß für die weiblichen Arbeitnehmer die Arbeitszeit in den Mittagsstunden um eine Stunde und für diejenigen Arbeiterinnen, die ein Hauswesen zu besorgen haben, auf ihren Antrag um ein und eine halbe Stunde unterbrochen werden (GewO. §§ 137 Abs. 3 und 5, 154 Abs. 3 in V. m. ArbAO. Ziff. V Abs. 3). Bei mehr als achtstündiger Arbeitsdauer ist den jugendlichen Arbeitern eine mindestens einstündige Mittagspause und außerdem je eine halbstündige Vor- und Nachmittagspause zu gewähren (GewO. §§ 136 Abs. 1 S. 4, 154 Abs. 3 und ArbAO. Ziff. 5 Abs. 3). Während der Pausen muß jegliche, selbst freiwillige, Beschäftigung den Jugendlichen untersagt werden. Es darf ihr Aufenthalt im Betrieb während der Pausen nur dann erlaubt werden, wenn in dem Betriebsteil, in welchem die jugendlichen Arbeiter tätig sind, die Arbeit für die Zeit der Pausen ruht oder trotz Fortgangs der Arbeit, wenn der Aufenthalt im Freien untunlich ist und geeignete Aufenthaltsräume ohne unverhältnismäßige Schwierigkeit nicht geschafft werden können. (§ 136 Abs. 2 GewO.) Dem Arbeitgeber obliegt es, auf die Durchführung dieser Vorschrift zu achten.

Ausnahmen von diesen Pausenregelungen der §§ 136 Abs. 1 S. 4 und 137 Abs. 3 und 5 GewO. können für weibliche und jugendliche Arbeitnehmer durch behördliche Erlaubnis und im Verordnungswege begründet werden (GewO. §§ 139, 139 a, 154 Abs. 3). Für Buchdruckereien mit weniger als 10 Arbeitnehmern schaltet die auf Grund des § 154 Abs. 3 GewO. erlassene Bekanntmachung des Bundesrates über die Beschäftigung von jugendlichen Arbeitern und Arbeiterinnen in Werkstätten mit Motorbetrieb vom 13. Juli 1900 die Anwendung des § 136 Abs. 1 S. 3 GewO. aus. Auch die Vorschrift, jugendlichen Arbeitern jedwede Beschäftigung im Betriebe während der Pausen zu untersagen, hat für diese Betriebe keine Geltung. (Motoren-VO. P. 7 i. V. m. P. 3 Abs. 1 und 2).

Nach Ziff. V Abs. 1 und 2 ArbAO. können in zwei- oder mehrschichtigen Betrieben an Stelle der einstündigen Mittagspause der Arbeiterinnen entweder eine halbstündige oder zwei viertelstündige Pausen treten, die auf die Arbeitszeit angerechnet werden.

Nach § 3 des Gesetzes, betreffend die Beschäftigung von Frauen vor und nach der Niederkunft vom 16. Juli 1927 und 29. Oktober 1927 ist stillenden Frauen auf ihr Verlangen während sechs Monaten nach ihrer Niederkunft die zum Stillen erforderliche Zeit bis zu zweimal einer halben oder einmal einer Stunde täglich von der Arbeit freizugeben.

b) Die Lage der Arbeitszeit und die Mindestruhezeit.

Für die in Buchdruckereien beschäftigten erwachsenen männlichen Arbeitnehmer bestehen gleichfalls keine gesetzlichen Vorschriften über Anfang und Ende der Arbeitszeit und über werktägige Mindestruhezeit.

Es ist verboten, Arbeiterinnen vor 6 Uhr morgens und nach 8 Uhr abends, an Sonnabenden und an Vorabenden der Festtage nach 5 Uhr abends zu beschäftigen (GewO. § 137 Abs. 1, 154 Abs. 3). Nach Beendigung der täglichen Arbeitszeit ist ihnen eine Mindestruhezeit von 11 Stunden zu gewähren (GewO. §§ 137 Abs. 4, 154 Abs. 3).

Die beiden Verbote werden unter bestimmten Voraussetzungen durch Erlaubnisvorbehalte und gesetzliche Ermächtigungen, im Verordnungswege generelle Ausnahmen zuzulassen, durchbrochen (GewO. §§ 138 a, 139, 139 a, 154 Abs. 3). In Buchdruckereien mit weniger als 10 Arbeitnehmern kann der Beginn der Arbeitszeit eine halbe Stunde früher und ihr Ende eine halbe Stunde später liegen (Motoren-VO. P. 4 Abs. 1). Die Verbote des § 137 Abs. 1 und 4 GewO. erfahren durch Ziff. V Abs. 1 ArbAO. eine Einschränkung insofern, als in zwei- oder mehrschichtigen Betrieben Arbeiterinnen über 16 Jahre bis 10 Uhr abends beschäftigt werden dürfen, wenn ihnen nach Arbeitsschluß eine Ruhezeit von mindestens 16 Stunden gewährt wird.

Die Beschäftigung jugendlicher Arbeiter in der Zeit vor 6 Uhr vormittags und nach 8 Uhr abends sowie in den Stunden, welche der ordentliche Seelsorger für den Katechumenen- oder Konfirmanden-, Beicht- oder Kommunionunterricht bestimmt hat, ist untersagt. (GewO. § 136 Abs. 1 S. 1, Abs. 4, § 154 Abs. 1.) Die Ruhepause nach Beendigung der Arbeitszeit muß mindestens 11 Stunden betragen (GewO. §§ 136 Abs. 6, 154 Abs. 4). Ausnahmebestimmungen können auf Grund der §§ 139, 139 a, 154 Abs. 3 GewO. geschaffen werden. Von der Ermächtigung des § 154 Abs. 4 GewO. hat der Bundesrat Gebrauch gemacht: Nach P. 7 mit P. 3 Abs. 1 der Motoren-VO. bestehen für Buchdruckereien mit weniger als 10 Arbeitnehmern keinerlei Beschränkungen über Beginn und Ende der Arbeitszeit.

c) Die soziale Sonn- und Feiertagsruhe.

Der Inhalt der Feiertagsruhe besteht in der Pflicht des Arbeitgebers gegenüber dem Staat, die Beschäftigung von gewerblichen Arbeitnehmern an den Sonn- und gesetzlichen Feiertagen (GewO. § 105 a Abs. 2) zu unterlassen (GewO. §§ 105 bis 105 e, 146 a). Die Ruhezeit beginnt 12 Uhr nachts mit dem Feiertag und währt 24 Stunden, bei zwei aufeinanderfolgenden Feiertagen mit Ausnahme des Weihnachts-, Oster- und Pfingstfestes mindestens 42 Stunden. Die Landeszentralbehörden sind zum Erlaß von Ausnahmebestimmungen über Beginn und Dauer der Ruhezeit ermächtigt (GewO. § 105 a Abs. 2). Für Betriebe, in denen Tag und Nacht durchgearbeitet wird, kann der Beginn der Ruhezeit bis auf 6 Stunden früher oder später verschoben werden, wenn der Betrieb für die auf den Beginn der Ruhezeit folgenden 24 Stunden stilliegt.

Eine gesetzliche Ausnahme vom Verbot enthält § 107 c GewO. Sie greift nur Platz, wenn sie erforderlich wird zur Erledigung von Arbeiten in Notfällen oder im öffentlichen Interesse, von Inventurarbeiten, von Arbeiten zur Bewachung der Betriebsanlagen, zur Reinigung und Instandhaltung, zur Wiederaufnahme des vollen Betriebes. Die Feiertagsarbeit ist nach Maßgabe des § 105 c Abs. 3 GewO. beschränkt. Ein Verzeichnis über die Zahl der beschäftigten Arbeitnehmer, über Dauer und Art der Arbeit ist vom Arbeitgeber zu führen und auf Verlangen der Ortspolizeibehörde und den Gewerbeaufsichtsbeamten vorzulegen.

An das Beschäftigungsverbot des § 105 b ist der Erlaubnisvorbehalt des § 105 f geknüpft. Die Gewerbeaufsichtsämter sind nach § 105 f ermächtigt, durch polizeiliche Verfügung für Einzelfälle Ausnahmen vom Verbot für Rechtens zu erklären. Die Verfügungen dürfen nur erteilt werden, wenn unvorhersehbares Bedürfnis der Beschäftigung von Arbeitnehmern an Feiertagen besteht und seine Befriedigung einen unverhältnismäßigen Schaden verhütet. Eine Abschrift der Verfügung ist im Betrieb auszuhängen. Die Erlaubnis nach § 105 f ist für das Buchdruckgewerbe die üblichste Durchbrechung des Verbots der Sonntagsarbeit; für die periodische Tagespresse, die Bedürfnisgewerbe im Sinne des § 105 e GewO. ist, besteht noch eine weitere Ausnahmeermächtigung. Für sie kann durch Verordnung höherer Verwaltungsbehörden generell und bezirksweise die Feiertagsruhe beschränkt werden (§ 105 c GewO.).

Für jugendliche Arbeitnehmer besteht ein besonderes undurchbrochenes Verbot der Beschäftigung an Feiertagen (GewO. §§ 136 Abs. 4, 154 Abs. 3).

4. Kapitel.

Der Vertragsschutz.

In dem Teil des Arbeitnehmerschutzrechts, der die wirtschaftliche und soziale Stellung des arbeitenden Menschen sichert mittels öffentlichrechtlicher Pflichten, besonders durch Strafandrohungen gegen die Unterlassung der Erfüllung gewisser privatrechtlicher Pflichten aus dem Arbeitsvertragsverhältnisse und durch Gebote, welche die Erkennbarkeit der Arbeitsbedingungen fördern, bestehen verschiedene Besonderheiten für das Buchdruckgewerbe, namentlich zugunsten der Lehrlinge. Im übrigen finden die Vorschriften des allgemeinen Vertragsschutzes zugunsten der gewerblichen Arbeiter auf das Buchdruckgewerbe Anwendung.

§ 18. Die Arbeitsordnung als Tatbestandselement im Arbeitnehmerschutzrecht.

Um den Abschluß von Arbeitsverträgen zu erleichtern und um Klarheit über wichtige Arbeitsbedingungen zu schaffen [1], ist für die größeren Betriebe mit in der Regel mindestens 20 gewerblichen Arbeitern und Lehrlingen eine Arbeitsordnung obligatorisch (GewO. §§ 134a Abs. 1, 147 Ziff. 5) [2]. Die Unternehmer solcher Betriebe sind dem Staate gegenüber verpflichtet, eine Arbeitsordnung zu erlassen. Da die Arbeitsordnung seit dem Betriebsrätegesetz Gegenstand einer Betriebsvereinbarung zwischen dem Arbeitgeber und dem Gruppenrat (wo solcher nicht besteht: dem Betriebsrat) ist (BRG. § 78 Ziff. 3, §§ 75, 80, 104 Ziff. IV), gehören zur Erfüllung der öffentlichen Pflicht des Arbeitgebers nach dieser Verstärkung des Mitwirkungsrechts der Arbeitnehmer alle Handlungen, die seinerseits zum Erlaß der Arbeitsordnung zu führen geeignet sind. Ihm obliegt es in Erfüllung dieser Pflicht, den Entwurf einer Arbeitsordnung aufzustellen, denselben der Betriebsvertretung vorzulegen, durch Verhandlungen zu versuchen, eine Einigung mit dieser herbeizuführen und beim Scheitern den Schlichtungsausschuß anzurufen, schließlich die vereinbarte oder obrigkeitlich festgestellte Arbeitsordnung durch Aushang im Betriebe zu veröffentlichen. Das öffentlich-

[1] Vgl. Begr. zum Gesetz vom 1. Juni 1891, Drucksachen des Reichstags, 8. Legislaturperiode, 1. Session, 1. Anlagenband Nr. 4, S. 21.

[2] Aehnlichen Zweck haben die Lohnbücher und die Arbeitszettel. Sie sollen dem Arbeitnehmer die Arbeitsbedingungen verlautbaren und ihm die Nachprüfbarkeit der Lohnzahlung erleichtern. Für das Buchdruckgewerbe sind sie aber nicht vorgeschrieben, da von den Ermächtigungen der §§ 114 a u. 114 c der GewO. kein Gebrauch gemacht wurde.

rechtliche Gebot ist nicht durch BRG. § 104 Ziff. IV auch auf die Betriebsvertretung erstreckt worden [3]), denn letztere Vorschrift betrifft nur die rechtsgeschäftliche Privatautonomie, wonach an Stelle des bisher einseitigen Erlasses der Arbeitsordnung durch den Arbeitgeber ein zweiseitiges Rechtsgeschäft zwischen Arbeitgeber und Betriebsvertretung [4]) tritt, und nimmt auf § 134 a Abs. 1 GewO. keinen Bezug.

Als eine Verletzung der öffentlich-rechtlichen Pflicht ist es anzusehen, wenn eine formell und materiell ungültige Arbeitsordnung geschaffen wird, denn der Arbeitgeber ist verpflichtet, gemeinsam mit der Betriebsvertretung ein wirksames Rechtsgeschäft zustande zu bringen. Ungültig ist die Arbeitsordnung als solche, welche die privatrechtlichen Formvorschriften des § 134 a Abs. 2 der GewO. in Verbindung mit § 104 Ziff. 4 des BRG. verletzt [5]) oder nicht durch Aushang veröffentlicht worden ist [6]). Ist sie inhaltlich unvollständig, weil obligatorische (GewO. § 134 b Abs. 1 Ziff. 1 und 2 und Verordnung des Bundesrats vom 31. Juli 1897 I Ziff. 13) und bedingt obligatorische Bestimmungen (GewO. § 134 b Abs. 1 Ziff. 3—5, Abs. 2) fehlen, dann kann die untere Verwaltungsbehörde dem Arbeitgeber durch Verfügung die Ergänzung der Arbeitsordnung aufgeben (GewO. § 134 f). Eine strafbare Unterlassung liegt nur da vor, wo eine öffentlich-rechtliche, durch Strafdrohung gesicherte Pflicht die Aufnahme gewisser Bestimmungen in die Arbeitsordnung gebietet. Für die Buchdruckereien besteht eine solche Vorschrift. Die Dienstvorschriften über das Verhalten des Arbeitnehmers in Räumen, in denen das Setzen und Gießen von Lettern und Stereotypplatten geschieht, gehören zum unbedingt obligatorischen Inhalt der Arbeitsordnungen der Buchdruckereien [7]) und sind kraft öffentlich-rechtlichen Gebotes in die Arbeitsordnung aufzunehmen (Verordnung des Bundesrates vom 31. Juli 1897 I Ziff. 13 Abs. 2 mit GewO. § 147 Abs. 1 Ziff. 4). Dem Arbeitgeber kann durch Verfügung die Pflicht auferlegt werden, Nachträge zur bestehenden oder an Stelle der alten Arbeitsordnung eine neue zu erlassen, wenn sie wider zwingende Vorschriften des Privatrechts und öffentlichen Rechts verstößt (GewO.

---

[3]) A. Auff.: v. Landmann-Rohmer, Kom. z. GewO., Bd. II, Anm. 6 a zu § 147.

[4]) Ebenso unzutreffend ist die Ansicht, daß § 104 des BRG. das öffentliche Gebot überhaupt beseitigt. Sie wird vertreten von Hoffmann, Kom. z. GewO., Anm. 10 zu § 147, OVG. Hamm v. 7. November 1923 (RArbBl. amtl. T. 1924, S. 262). Dagegen Urteil d. KG. v. 3. Oktober 1922 (NZfArbR. 1922, S. 734 f.); Kaskel, Arbeitsrecht, S. 232 f.; Hueck-Nipperdey, Lehrbuch des Arbeitsrechts, Bd. I, S. 390.

[5]) Vgl. Jacobi, Grundlehren des Arbeitsrechts, S. 322 f.; v. Landmann-Rohmer, Kom. z. GewO., Bd. II, S. 547 f., Anm. 6 und 7 zu § 134 a; Stier-Somlo, Kom. z. GewO. S. 724, Anm. 6 zu § 134 a. A. Auff. sind Neukamp, Kom. z. GewO., S. 352, Anm. 5 zu § 134 a; Nelken, Die deutschen Handwerker- und Arbeiterschutzgesetze, S. 791, der sie bis zur Behebung des Mangels als schwebend unwirksam bezeichnet.

[6]) Vgl. Jacobi, Grundlehren des Arbeitsrechts, S. 321 f.; v. Landmann-Rohmer, Kom. z. GewO., Bd. II, S. 546 f., Anm. 5 zu § 134 a; Nelken, Die deutschen Handwerker- und Arbeiterschutzgesetze, S. 788, Anm. 8 zu § 134 a.

[7]) Verordnung des Bundesrats vom 31. Juli 1897 I Ziff. 13. In diesem Sinne ist der Inhalt der Arbeitsordnung obligatorisch, als gewisse Regelungen unbedingt und andere bei besonderen Voraussetzungen auf Anordnung der Verwaltungsbehörde zu ihrem Bestandteil gemacht werden müssen.

§ 134 f) [8]). Zu diesem Zwecke hat sich der Arbeitgeber wieder mit der Betriebsvertretung in Verbindung zu setzen, um seine Zustimmung zu erreichen und evtl. den Schlichtungsausschuß anzurufen. Die Erfüllung dieser Verpflichtung ist durch Strafdrohung (§ 147 Abs. 1 Ziff. 5) gesichert. In der behördlichen Nachprüfung der Gesamtvereinbarung und Ermächtigung, durch Verfügung den Erlaß von Nachträgen oder einer neuen Arbeitsordnung aufzugeben, kommt die Eigenart der Arbeitsordnung als Institution des Arbeitnehmerschutzrechts besonders zur Geltung. Um diese Kontrolle des Staats über die Dienstvorschriften, welche den Gegenstand der durch den Arbeitsvertrag begründeten Dienstpflicht näher bestimmen, und über die Arbeitsvertragsbedingungen hinsichtlich deren Rechtmäßigkeit zu ermöglichen, hat der Arbeitgeber die Arbeitsordnung und deren Nachträge binnen 3 Tagen nach erfolgtem Erlaß in zwei von Arbeitgeber und Betriebsvertretung unterschriebenen Ausfertigungen bei der unteren Verwaltungsbehörde (in Sachsen: der Amtshauptmannschaft bzw. dem Stadtrat — Gewerbeamt) einzureichen [9]).

Um den Arbeitnehmer mit dem Inhalt der Arbeitsbedingungen und Dienstvorschriften der Arbeitsordnung vertraut zu machen, hat der Arbeitgeber für ihren dauernden Aushang an einer geeigneten, allen Arbeitnehmern zugänglichen Stelle und für dessen lesbare Beschaffenheit zu sorgen (GewO. § 134 e Abs. 2 S. 1 und 2), sowie jedem Arbeitnehmer bei seinem Eintritt in die Beschäftigung die geltende Arbeitsordnung zuzustellen (GewO. § 134 e Abs. 2 S. 3). Auch diese öffentlichen Pflichten sind durch Strafdrohung (§ 149 Abs. 1 Ziff. 7) gesichert. Ihre Nichterfüllung beeinträchtigt nicht die Rechtswirkung der ordnungsmäßig erlassenen Arbeitsordnung.

Das Verhältnis der Arbeitsordnung zum Arbeitnehmerschutzrecht ist das gleiche wie das des Tarifvertrags zu jenem Rechtsgebiet. Auch hier nimmt das staatliche objektive Recht auf eine, durch zweiseitiges privatrechtliches Rechtsgeschäft getroffene Regelung als auf ein Tatbestandselement Bezug. Oeffentliche Rechtssätze verbieten die Verhängung höherer als in der Arbeitsordnung vorgesehener Strafen über die Arbeiter und die Verwendung von Strafgeldern und verwirkten Lohnbeträgen in einer anderen als in der Arbeitsordnung bezeichneten Weise (GewO. § 134 c Abs. 2 S. 2 und § 148 Abs. 1 Ziff. 11). An die Verletzung der privatrechtlichen Regelungsvereinbarung durch den Arbeitgeber oder Mitglieder der Betriebsvertretung, die unter Umständen als Mittäter in Betracht kommen, knüpft der Gesetzgeber eine Strafdrohung. Er läßt nur dann Lohnstrafen für die Arbeitsverhältnisse gewerblicher Arbeiter in Betrieben, welche unter GewO. § 134 a fallen, rechtswirksam werden, wenn sie in der Arbeitsordnung vereinbart sind.

---

8) Die Anordnung richtet sich nur an den Arbeitgeber, dem infolgedessen allein nur das Beschwerderecht zusteht. Dagegen Jacobi, Grundlehren des Arbeitsrechts, S. 323; v. Landmann-Rohmer, Kom. z. GewO., Bd. II, S. 572, Anm. 3 zu § 134 f, S. 734, Anm. 6 a zu §147, die das Beschwerderecht auch der Betriebsvertretung einräumen.

9) GewO. § 134 e Abs. 1 mit § 148 Ziff. 12. Vgl. auch § 134 g.

Die Vereinbarung einer Lohnstrafe in einem Arbeitsvertrag ist, wenn die Strafe nicht in der Arbeitsordnung aufgenommen wurde, rechtsunwirksam [10]).

Indem § 134 c Abs. 2 S. 2 die Verhängung von Lohnstrafen, die in der Arbeitsordnung nicht vereinbart sind, verbietet, wird nicht nur eine Abweichung von einem allgemeinen gesetzlichen Verbot der Verhängung von Lohnstrafen in den unter § 134 a fallenden Betrieben geschaffen, sondern auch bestimmt, daß die Regelung der Strafen in der Arbeitsordnung zugleich als das gesetzliche Maß oder die Grenze der öffentlich-rechtlich zulässigen Lohnstrafen anzusehen ist. Es liegt ein Verstoß gegen das Verbot vor, wenn solche Verfehlungen der Arbeitnehmer mit Strafe belegt werden, gegen welche nicht in der Arbeitsordnung Strafen angedroht sind, und höhere Strafen verhängt werden. als daselbst bezeichnet sind. Die in der Arbeitsordnung vereinbarten Konventionalstrafen sind, sofern sie nicht die Grenzen des § 134 b Abs. 2 überschreiten, die durch staatlichen Rechtsatz bestimmte Grenze der Zulässigkeit, im Arbeitsvertrag Konventionalstrafen zu vereinbaren. Der Arbeitgeber kann durch besondere Vereinbarung mit dem Arbeitnehmer Konventionalstrafen in verringertem Maße und Umfang festsetzen, wie sie die Arbeitsordnung enthält, aber niemals in höherem, denn nur der Arbeitsordnung ist die Fähigkeit beigelegt, in bestimmten Grenzen Lohnstrafen anzudrohen mit der Wirkung, daß ihre Regelung zugleich die Grenze des öffentlich-rechtlich Zulässigen bildet.

Entsprechendes gilt für die Regelung der Verwendung von Strafgeldern und verwirkten Lohnbeträgen in der Arbeitsordnung. Der Arbeitgeber macht sich bei fehlender Bestimmung über den Verwendungszweck, indem er Strafen erhebt oder verwirkte Lohnbeträge einzieht, strafbar nach § 148 Ziff. 11, da eine gehörige Verwendung nicht erfolgt. Die Regelung der Verwendung in der Arbeitsordnung ist auch in diesem Falle ein Tatbestandselement für einen Strafausschließungsgrund. Erfolgt die Verwendung gemäß den Vorschriften der Arbeitsordnung, dann ist eine strafbare Handlung nicht geschehen. Für die Begründung einer rechtsatzmäßigen Feststellung der Zulässigkeit von Strafen und der Verwendung von Strafgeldern und verwirkten Lohnbeträgen durch den Arbeitgeber und die Betriebsvertretung bietet die vorstehend geschilderte Rechtslage keinen Anlaß [11]).

Der Arbeitgeber hat schließlich für die Eintragung der verhängten Geldstrafen in ein Verzeichnis zu sorgen. Der Eintrag muß den Namen des Bestraften, den Tag der Bestrafung, den Grund und die Höhe der Strafe enthalten. Den Gewerbeaufsichtsbeamten ist auf Verlangen Einsichtnahme in das Verzeichnis zu gewähren (GewO. § 134 c Abs. 3 mit § 150 Abs. 1 Ziff. 5).

---

[10]) Vgl. Jacobi, Grundlehren des Arbeitsrechts, S. 331, Anm. 34; Nelken, Die deutschen Handwerker- und Arbeiterschutzgesetze, S. 795.

[11]) Dagegen besonders Schuldt, Betriebsvereinbarung im Verhältnis zum Einzelarbeitsvertrag und zum Tarifvertrag, S. 30.

§ 19. Vertragsschutzpflichten zur Unterlassung von Verstößen gegen den Inhalt des Arbeitsvertrags.

Das Arbeitnehmerschutzrecht dient der Sicherung der Erfüllung unverzichtbarer Ansprüche des Arbeitnehmers und beugt den Verletzungen von Beschränkungen vertraglicher Ansprüche des Arbeitgebers vor.

Die Erfüllung der Lohnschuld wird durch zwingende Privatrechtsätze über die Art und Weise der Bewirkung der geschuldeten Leistung näher bestimmt. Der Lohnanspruch des gewerblichen Arbeitnehmers, einschließlich des gewerblichen Angestellten (Faktors, Obermaschinenmeisters usw.), ist in erster Linie geschützt durch das Verbot des Trucksystems [12]). Zur Verhinderung dieses Systems obliegen dem Arbeitgeber, wenn er mit dem Arbeitnehmer Geldlohn vereinbart hat [13]), die Pflichten, die Lohnberechnung in Reichswährung und die Lohnzahlung mit den durch die Rechtsordnung anerkannten und zulässigen Zahlungsmitteln vorzunehmen (GewO. § 115 Abs. 1). Es ist daher unzulässig, statt des vereinbarten Geldlohnes Waren, Naturalien, gezogene Wechsel, auf Geld oder Waren lautende Bonds, Marken und Anweisungen [14]) dem Arbeitnehmer auszuhändigen. Um der Umgehung des Truckverbotes vorzubeugen, ist diesem das Verbot des Warenborgens angefügt (§ 115 Abs. 2 S. 1). Es ist den Arbeitgebern verboten, den Arbeitnehmern Waren unter Stundung des Entgelts zu überlassen, sofern nicht die in § 115 Abs. 2 S. 2 vorgesehenen Ausnahmen Platz greifen.

Hinter den § 115 der GewO., der privatrechtliche Leistungs- und Unterlassungspflichten begründet [15]), steht der Rechtsatz des Arbeitnehmerschutzrechts § 146 Abs. 1 Ziff. 1. Er ist vollendeter Strafrechtsatz, der außer der Strafbestimmung die Bezeichnung des strafbaren Tatbestandes enthält. Als polizeiwidriges Verhalten ist hier die Zuwiderhandlung gegen den § 115 gekennzeichnet. Die Nichterfüllung privater Pflichten ist zum Tatbestand eines Deliktes erhoben. Damit gibt die Strafvorschrift die rechtliche Bestimmung einer öffentlichen Unterlassungspflicht des Arbeitgebers gegenüber dem Staat. Er ist verpflichtet, Verletzungen der durch § 115 GewO. begründeten privaten Pflichten zu unterlassen. Auch die Familienangehörigen des Arbeitgebers, Gehilfen, beauftragte Personen, Geschäftsführer, Faktoren, sofern sie an Stelle des Arbeit-

---

12) Das Entlohnungssystem besteht in der Entschädigung für geleistete Arbeit durch Uebereignung von Waren. Es führte leicht dazu, dem Arbeitnehmer Waren aufzudrängen, deren Preis übersetzt war.

13) Es wird die Auffassung vertreten, daß das Truckverbot des § 115 GewO. sogar einer Vereinbarung von Naturallohn entgegensteht. So Landmann-Rohmer, Kom. z. GewO., Bd. II, S. 310 f., Anm. 1 e zu § 115; Kaskel, Arbeitsrecht, S. 133. Gegen diese Auffassung wenden sich Oertmann, Deutsches Arbeitsvertragsrecht, S. 180; Hueck-Nipperdey, Lehrbuch des Arbeitsrechts, Bd. I, S. 203.

14) Nach dem Wortlaut des Gesetzes ist eine Zahlung im Wege des bargeldlosen Zahlungsverkehr mittels Scheck und Anweisung nicht ermöglicht. Gegen diese herrschende Auffassung wenden sich Oertmann, Deutsches Arbeitsvertragsrecht, S. 178; Hueck-Nipperdey, Lehrbuch des Arbeitsrechts, Bd. I, S. 202.

15) Dagegen Lutz Richter, Grundverhältnisse des Arbeitsrechts, S. 85; Hueck-Nipperdey, Lehrbuch des Arbeitsrechts, S. 201 ff., Nipperdey, Die privatrechtliche Bedeutung des Arbeiterschutzes, Reichsgerichts-Festgabe, Bd. 4, S. 205: „Das Truckverbot in § 115 GewO. ist gleichzeitig eine Norm des zwingenden Arbeitsvertragsrechts und des Arbeiterschutzrechtes."

gebers den Lohn auszahlen, sowie solche Gewerbetreibende, bei deren Geschäft eine der genannten Personen unmittelbar oder mittelbar beteiligt ist, haben diese öffentliche Unterlassungspflicht zu erfüllen [16].

Um die Nachprüfung der Richtigkeit der Lohnzahlung zu erleichtern, zum Schutze gegen Uebervorteilung bei der Lohnzahlung, hat der einzelne Arbeitnehmer einen unverzichtbaren Anspruch auf Aushändigung schriftlicher Belege (Lohnbeutel, -zettel, -buch), aus denen der verdiente Lohn nebst den Abzügen ersichtlich ist. (§ 134 Abs. 2) [17]). Die Verletzung auch dieser privaten Forderung bildet den Gegenstand einer Unterlassungspflicht des Arbeitnehmerschutzrechts, wie aus der Strafdrohung des § 150 Ziff. 2 hervorgeht.

Auch die zwingenden privatrechtlichen Vorschriften über die Zeugniserteilung werden ergänzt durch den öffentlichen Rechtsatz des Arbeitnehmerschutzrechts. Dem Arbeitgeber ist es untersagt, Zeugnisse mit positiven und negativen Merkmalen zu versehen, welche den Arbeitnehmer in einer aus dem Wortlaute selbst nicht ersichtlichen Weise kennzeichnen sollen oder durch welche der Eingeweihte über Tatsachen Auskunft erhält, welche der Text des Zeugnisses nicht gibt (GewO. § 113 Abs. 3). In § 146 Abs. 1 Ziff. 3 ist die Verletzung dieser privaten Unterlassungspflicht zum Tatbestand eines Deliktes gemacht.

Dem Arbeitnehmerschutzrecht gehört der § 114 der GewO. an, der dem Arbeitnehmer das subjektive öffentliche Recht auf Beglaubigung der Zeugnisse durch die Ortspolizeibehörde einräumt. Der Schutz wird hierbei durch ein Rechtsverhältnis verwirklicht, durch welches der Staat zu einem bestimmten Handeln verpflichtet wird. Es ist dies als Eigenart hervorzuheben, weil im Regelfalle im Arbeitnehmerschutzrecht der Staat als berechtigtes, der Arbeitgeber und vereinzelt der Arbeitnehmer als verpflichtetes Rechtssubjekt erscheinen.

Die Ansprüche des Arbeitgebers sind durch zwingende Vorschriften des Arbeitsvertragsrechts insofern beschränkt, als weder durch die Arbeitsordnung noch durch gegenseitiges Rechtsgeschäft zu Ungunsten der Arbeitnehmer die Anwendbarkeit der Vorschriften der Sozialversicherung ausgeschlossen oder beschränkt und die Uebernahme und Ausübung unentgeltlich verwalteter Aemter in Organen der Versicherungsträger und Versicherungsbehörden beeinträchtigt werden kann (RVO. § 139): das gleiche gilt für die Ausübung des Wahlrechts zu den Betriebsvertretungen, für die Uebernahme der Vertretung und für die Funktionen des Betriebsvertreters (BRG. § 95). Außerdem dürfen wegen Ausübung des Wahlrechts, der Betriebsvertretung oder eines Amtes für die Sozialversicherung dem Arbeitnehmer vertragliche Nachteile nicht erwachsen. Diese Einschränkungen der Vertragsfreiheit sind Tatbestandselement von Arbeitnehmerschutzvorschriften des § 140 RVO. und des § 99 des BRG. Der Arbeitgeber, der derartige Beschränkungen

---

[16]) Vgl. GewO. § 146 Abs. 3 mit § 116.

[17]) Dieser Anspruch steht nur den gewerblichen Arbeitern und Lehrlingen in den Betrieben zu, wo ihre Anzahl mindestens 20 beträgt.

und Benachteiligungen durch Vereinbarung, durch Androhung der Entlassung, durch Verweigerung der freien Zeit zur Wahl, durch Entziehung von Aufsichtsbefugnissen und dergl. dem Arbeitnehmer auferlegt, begeht ein Vergehen im Sinne des StGB. § 1, weil er eine Arbeitnehmerschutzpflicht verletzt.

§ 20. Die öffentlichen Pflichten zur Durchsetzung von Formvorschriften über den Lehrvertrag, insbes. der Lehrlingsordnungen für das Buchdruckgewerbe.

Stark vom öffentlichen Arbeitnehmerschutzrecht beeinflußt ist der Lehrvertrag infolge des erhöhten staatlichen Interesses an der Klarstellung der Bedingungen gerade dieses Vertragsverhältnisses.

Der § 150 Ziff. 4a der GewO. enthält als vollendeter Strafrechtsatz außer der Strafbestimmung selbst die Bezeichnung des strafbaren Tatbestandes. Indem als strafbares Verhalten der nicht ordnungsmäßige Abschluß des Lehrvertrags gekennzeichnet wird, ist eine öffentlichrechtliche Pflicht, gerichtet auf das Unterlassen solches Verhaltens, begründet. Ordnungsmäßig ist der Abschluß des Lehrvertrags, der unter Beobachtung der Formvorschriften, welche in rechtsatzmäßig verbindlicher Weise für alle Einzelfälle die Formen regeln, abgeschlossen ist. Welche Formvorschriften zu erfüllen sind, auf daß die öffentliche Unterlassungspflicht nicht verletzt werde, bezeichnet § 150 Ziff. 4a genau.

1. Er verweist auf den Privatrechtsatz § 126, wonach der Lehrherr binnen 4 Wochen nach Beginn des Lehrverhältnisses über den Lehrvertrag eine schriftliche Urkunde auszufertigen hat [18]). Als eine besondere Formvorschrift ist es anzusehen, daß das Gesetz, abgesehen von der Unterschrift des Lehrherrn und des gesetzlichen Vertreters des Lehrlings, auch die Unterzeichnung des minderjährigen Lehrlings selbst fordert. Zur Wahrung der Schriftform ist erforderlich, daß die sämtlichen wesentlichsten Teile des Lehrvertrags in die Urkunde aufgenommen werden. In § 126b Abs. 1 unter Ziff. 1—4 sind die Teile des Vertrags aufgezählt, die der Gesetzgeber für wesentlich hält. Es ist die gewerbliche Tätigkeit, worin die Ausbildung erfolgt, genau zu bezeichnen. Die Bemerkung etwa, daß die Ausbildung im Buchdruckgewerbe erfolge, ist unzureichend. Sie muß vielmehr dahin lauten, daß der Lehrling als Setzer oder Stereotypeur oder als Drucker ausgebildet werde. Wesentlich sind ferner die Angaben über die Dauer der Lehrzeit, über die Voraussetzungen der einseitigen Auflösung des Vertrags und über die beiderseitigen Leistungen [19]).

---

18) Die privatrechtliche Auswirkung eines Vorstoßes gegen die Formvorschriften besteht zwar nicht in Nichtigkeit des Vertrags, aber in dem Nachteil, die Ansprüche der §§ 127d und 127f nicht geltend machen zu können.

19) Keine Anwendung finden die Formvorschriften auf die Verträge der Lehrlinge in staatlich anerkannten Lehrwerkstätten und auf den zwischen Elternteil und Kind begründeten Lehrvertrag, wenn durch schriftliche Anzeige an die Handwerkskammer das Lehrverhältnis, der Tag seines Beginns und das Gewerbe oder die gewerbliche Tätigkeit, worin die Ausbildung erfolgen soll, kundgegeben wird (§ 126b Abs. 3).

2. Außerdem verweist der § 150 Abs. 1 Ziff. 4a wegen des Tatbestandes der Strafbestimmung auf die Verletzung von Vorschriften der Handwerkskammern, die auf Grund des § 103e Abs. 1 Ziff. 1 ergangen sind. Die zitierte Vorschrift bezeichnet als eine der wesentlichen Aufgabenkomplexe der Handwerkskammer „die Regelung des Lehrlingswesens". Dadurch wird lediglich erklärt, daß die Regelung des Lehrlingswesens zu dem Betätigungsgebiet ihrer eigenen Verbandspersönlichkeit gehört und diese öffentlichen Körperschaften befähigt, im eigenen Namen das Lehrlingswesen als eigene Angelegenheit zu regeln. Die Regelungen sind hauptsächlich statutarische Vorschriften für die Mitglieder der öffentlichen Genossenschaft, von denen der Träger der öffentlichen Gewalt Abweichungen im Einzelfall ermöglichen kann. Die Strafvorschrift § 150 Ziff. 4a, die sich gegen ein Verhalten richtet, das den Abschluß eines Lehrvertrags ordnungswidrig vollzieht, muß für die Ordnungsregeln die Unverbrüchlichkeit oder die Verbindlichkeit für alle Einzelfälle voraussetzen. Es bedarf, um den auf Grund des § 103e erlassenen Regelungen diese Eigenschaft zu geben, der Erweiterung der Satzungsgewalt der Kammern durch ausdrückliche Verleihung der Rechtsatzwirkung. § 103e überträgt nicht auf die Handwerkskammern die Kraft, Rechtsätze zu schaffen; vielmehr gibt § 150a Abs. 1 Ziff. 4a, indem er auf § 103e Abs. 1 Ziff. 1 verweist, zugleich die gesetzliche Grundlage der Autonomie, die derartige Vorschriften dieser Körperschaften mit Rechtsatzwirkung ausstattet. Das Selbstgesetzgebungsrecht ist den Handwerks- und Gewerbekammern nur in sehr beschränktem Umfang gegeben. Seine Grundlagen bilden, abgesehen von § 150 Abs. 1 Ziff. 4a, nur noch die §§ 130 und 130a Abs. 2.

Nicht alle auf Grund § 103e Abs. 1 Ziff. 1 von den Handwerks- und Gewerbekammern erlassenen Vorschriften zur Regelung des Lehrlingswesens sind als zwingende Rechtsätze anzusehen, gegen deren Verletzung die öffentliche Strafe angedroht ist, sondern nur solche, welche „den ordnungsgemäßen Abschluß des Lehrvertrags" betreffen. Was darunter zu verstehen ist, geht auch aus dem im § 150 Abs. 1 Ziff. 4a zitierten § 126b hervor. Abschluß des Lehrvertrags bedeutet dort lediglich die Beurkundung der Vereinbarung des Lehrverhältnisses, das bereits bindende Kraft erlangt hat. Die Delegation ermächtigt die Handwerks- und Gewerbekammern nur zur Schaffung solcher Rechtsätze, die zum Zwecke der Verlautbarung der Bedingungen des Lehrvertrags den Lehrmeistern Pflichten auferlegen. Die Körperschaften können im Rahmen dieser Autonomie noch andere, weitergehendere als die im § 126b enthaltenen Formerfordernisse rechtsatzmäßig aufstellen. Ihre Befugnis reicht insbesondere dazu, die wesentlichen Teile des Lehrvertrags, deren Aufnahme in die Urkunde zur Wahrung der Schriftform erforderlich ist und die in § 126b unter Ziff. 1—4 aufgezählt sind, näher oder ergänzend zu bestimmen. In Betracht kommen z. B. die Angaben über die Dauer der Probezeit. Keineswegs geht aber die eingeräumte Autonomie soweit, daß sie die Körperschaften befähigt, mit Rechtsatzwirkung Vorschriften über die einzelnen Rechte und Pflichten aus dem Lehrvertragsverhältnis aufzustellen oder die Lehrmeister rechtsatzmäßig zu verpflichten, nur Lehrverträge mit vorgeschriebenem Vertragsinhalt abzuschließen [20]). Sie können nur eine den Parteien im Einzelfall zu überlassende Regelung eines Gegenstands im Lehrvertragsverhältnis für wesentlich erklären, so daß deren Aufnahme in die Urkunde zur Genügung der Formvorschrift erforderlich wird [21]) [22]).

Die Handwerks- und Gewerbekammern haben von der Ermächtigung Gebrauch gemacht und entsprechende Vorschriften in Lehrlingsordnungen für das Buchdruckgewerbe aufgenommen. Die einheitlichen Lehrlingsordnungen für das Buchdruckgewerbe der 5 sächsischen Gewerbekammern enthalten unter den §§ 11 und 37 Abs. 2 derartige Bestimmungen:

§ 11: Vor Antritt des Lehrverhältnisses ist zwischen dem Lehrherrn und dem Lehrlinge sowie dessen gesetzlichen Vertreter ein schriftlicher Lehrvertrag abzuschließen, der den Forderungen der Gewerbeordnung für das Deutsche Reich entsprechen muß. Hierzu ist ein einheitlicher Vordruck zu benutzen, der von den Gewerbekammern im Einvernehmen mit den Arbeitgeber- und Arbeitnehmer-Organisationen herausgegeben wird und von beiden Parteien bezogen werden kann.

Der Lehrvertrag muß von dem Lehrherrn oder dessen gesetzlichen Stellvertreter (Geschäftsführer, Direktor, Prokurist), von dem Lehrlinge selbst und seinem gesetzlichen Vertreter (Vater, Mutter oder Vormund) unterschrieben werden.

§ 37: In den Lehrvertrag ist die Bestimmung aufzunehmen, daß der Lehrherr, falls dieser durch Vernachlässigung der Ausbildung am Nichtbestehen der Prüfung schuld ist, dem Lehrling den Lohn für Ausgelernte im ersten Gehilfenjahr zahlen muß und daß der Lehrling, falls die Ursache bei ihm liegt, während der Ergänzungslehrzeit nur Anspruch auf das Kostgeld des vierten Lehrjahres hat.

Darnach haben nur in bescheidenem Umfang die 5 sächsischen Gewerbekammern von der Delegation des § 150 Abs. 1 Ziff. 4a Gebrauch gemacht. Wesentlich ist, daß sie den schriftlichen Abschluß des Lehrvertrags bereits vor der Einstellung des Lehrlings vorschreiben. In doppelter Hinsicht werden gesetzliche Bestimmungen verletzt.

a) Nicht mit Rechtsatzwirkung ist die bedeutungsvolle Vorschrift der Lehrlingsordnung ausgestattet, welche den schriftlichen Abschluß des

---

[20]) In dem Streit über den Umfang der Befugnisse der Handwerks- und Gewerbekammern stellen sich, allerdings ohne überzeugende rechtliche Begründung, die Kreise des organisierten Handwerks auf den Standpunkt, daß die Kammern Normen insbesondere über das Kostgeld und den Urlaub aufstellen können, die für den privatrechtlichen Inhalt des Lehrvertrags von bindender Kraft sind. Vgl. Dethloff, Tarifvertrag und Lehrvertrag, Deutsches Handwerksblatt v. 15. Mai 1928; ders., Tarifliche Regelung des Lehrvertrags, Deutsches Handwerksblatt von 15. Februar 1929; Dörfler, Der Handwerkslehrling im Arbeitsrecht, NZfArbR., IV, Sp. 355. Dagegen wird den Kammern die Befugnis zur privatrechtlichen Gestaltung des Lehrverhältnisses von Rohmer völlig abgesprochen, da ihnen § 103e Abs. 1 nur die Regelung öffentlich-rechtlicher Beziehungen einräume, vgl. v. Landmann-Rohmer, Kom. z. GewO., Bd. II, I. T., 1930, S. 144, Anm. 2 z. § 103e, Bd. II, 1925, S. 432, 349 u. a. O. Ebenso mit gewisser Einschränkung: E. d. RArbG., Bd. I, 1928, S. 316, Kleinschmidt, Tarifliche Regelung des Lehrvertrags etc., NZArbR., 1928, Bd. VIII, Sp. 743.

[21]) Nur in diesem Sinne darf die recht zweideutige Begründung zu § 150 Abs. 1 Ziff. 4a (Novelle v. 26. Juni 1897) verstanden werden: „Nach der Fassung der Ziff. 4a soll nur dann eine Bestrafung zulässig sein, wenn der Lehrherr beim Abschluß des Lehrvertrags gegen die Bestimmungen des § 126b oder die von der Handwerkskammer erlassenen Vorschriften über Form, I n h a l t und Abschluß des Lehrvertrags verstößt."

[22]) Einen ähnlichen Fall bieten die Regelung des Mindestinhaltes der Arbeitsordnung in § 134b GewO. und die Verfügungen der unteren Verwaltungsbehörde, welche dem Arbeitgeber die Ergänzung der inhaltlich unvollständigen oder mangelhaften Arbeitsordnung aufgeben, indem auch hier der Inhalt angedeutet wird, der zum Mindestinhalt der Urkunde gehört, seine nähere Gestaltung aber einer Betriebsvereinbarung überlassen bleibt.

Lehrvertrags unter Verwendung eines einheitlichen Vordrucks zu den formularmäßigen Bedingungen, die die Kammern im Einvernehmen mit den Arbeitgeber- und Arbeitnehmerorganisationen aufgestellt haben, gebietet[23]) Wegen der äußeren Abgrenzung des Selbstgesetzgebungsrechts kommt dieser Vorschrift keine Rechtsatznatur zu. Ihre Nichtbeachtung ist lediglich Verstoß gegen eine in Form einer allgemeinen Regel ergangene Anweisung, der evtl. eine Ordnungsstrafe nach sich zieht.

b) Die Vorschrift der Lehrlingsordnungen, nach der die Entgeltregelung während einer Ergänzungslehrzeit, deren Dauer im Falle des Nichtbestehens der Gehilfenprüfung vom Fachausschuß festgesetzt wird, in den Lehrverträgen aufzunehmen ist, ist nicht vereinbar mit GewO. § 130a Abs. 1. Darnach ist für die Handwerkslehrlinge die Dauer der Lehrzeit, die grundsätzlich 3 Jahre betragen soll und 4 Jahre nicht überschreiten darf, geregelt. Die Vorschrift hat die Wirkung, daß die Vereinbarung nicht nur eines längeren Lehrverhältnisses[24]), sondern auch eines kürzeren, das auf ein oder mehrere Lehrverhältnisse folgt, insoweit es zuzüglich der Dauer der vorangehenden Lehrverhältnisse die 4jährige Gesamtlehrzeit übersteigt, unwirksam ist, weil sie gegen ein gesetzliches Verbot (§ 134 BGB.) verstößt. Den Handwerks- und Gewerbekammern ist in § 130a Abs. 2 die Kraft verliehen, nach Anhörung von Innungen und bestimmten Gewerbevereinen[25]) für einzelne Handwerke mit Genehmigung ihrer vorgesetzten Behörde rechtsatzmäßig die Dauer der Lehrzeit zu bestimmen. Die Festsetzung wirkt in doppelter Richtung. Die Vereinbarungen längerer Lehrzeit sind als rechtswidrige Vertragsbestimmungen nichtig[26]). Der Ablauf der festgesetzten Lehrzeit ist Voraussetzung für die Zulassung der Gehilfenprüfung. Bei fehlender Festsetzung der Lehrzeit ist es dem Lehrling freigestellt, nach Ablauf eines kürzeren Lehrverhältnisses die Gehilfenprüfung abzulegen oder ein neues Lehrverhältnis bis zur 4jährigen Gesamtdauer einzugehen. Um die entstehenden Härten der rechtsatzmäßig festgesetzten Lehrzeit zu vermeiden, sind die Gewerbekammern er-

---

[23]) Vgl. oben § 11 Abs. 1 S. 2 der einheitlichen Lehrlingsordnungen für das Buchdruckgewerbe. Ueber die Rechtsnatur dieser Vorschriften siehe unten S. 113 ff.

[24]) Der Lehrling kann, wenn er von der Lehrstelle wegbleibt, z. B. infolge längeren Krankseins, ohne daß das Lehrverhältnis gelöst wird, nicht verpflichtet werden, das Lehrverhältnis über eine vierjährige vertragliche Lehrdauer um die versäumte Lehrzeit fortzusetzen. E. d. RArbG. v. 22. Januar 1930 (379/1929), abweichend E. d. LArbG. Berlin v. 14. Dezember 1929 (106 S. 2158, Z. f. Deutschl. Buchdrucker Nr. 98, S. 858); Hiller-Luppe, Kom. z. GewO., S. 367 zu § 130; Danielcik, Zum Begriffe der Lehrzeit im Sinne des § 130a der GewO., NZfArbR. 1929, Sp. 753 f.

[25]) Gemeint sind die in § 103a nach der ursprünglichen, von der Handw.-Novelle vom 11. Februar 1929 beseitigten Fassung, bezeichneten Gewerbevereine. Die Verweisung des § 130a Abs. 2 auf § 103a hat der Gesetzgeber bei Ersetzung dieser Vorschrift übersehen und keine entsprechende Ergänzung geschafffen.

[26]) Die Vereinbarung einer kürzeren Lehrzeit ist weder nichtig noch strafbarer Tatbestand im Sinne des § 150 Ziff. 4a, denn es steht dem Lehrling frei, bei verschiedenen Lehrherren das Lehrziel zu erreichen. Der Lehrling wird lediglich vor einer überlangen Lehrzeit geschützt. Anderer Auffassung Nelken, Die deutschen Handwerker- und Arbeiterschutzgesetze, S. 711, Anm. 7 zu § 130a; Neukamp, Kom. z. GewO., S. 327, Anm. 3 zu § 130a; Stier-Somlo, Kom. z. GewO., S. 685, Anm. 2 zu § 130a; Rohrscheidt, Kom. z. GewO., Bd. II, S. 318, Anm. 3 und 6 zu § 130a.

mächtigt, für Einzelfälle Lehrlinge von der Innehaltung der festgesetzten Lehrzeit zu entbinden.

Für das handwerksmäßig betriebene Buchdruckgewerbe haben die Handwerks- und Gewerbekammern auch von dieser delegierten Rechtsetzungsbefugnis Gebrauch gemacht. Die Dauer der Lehrzeit ist auf 4 Jahre festgesetzt [27]), und darüber hinaus im Falle des Nichtbestehens der Gehilfenprüfung eine Ergänzungslehrzeit zugelassen, deren Dauer im Einzelfall der Prüfungsausschuß bestimmt. Der § 130 a Abs. 1 ist eine Schranke der abgeleiteten Rechtschaffung der Handwerks- und Gewerbekammern, welche die Festsetzung der Lehrzeit über die 4jährige Dauer hinaus in keinem Falle zuläßt, selbst wenn dieser Zeitraum zur gründlichen Erlernung des Berufes infolge abnormer Verhältnisse, z. B. mangelhafte Befähigung oder unzureichende Anleitung, nicht ausreichen sollte. Das private Interesse des Lehrlings ist dadurch gewahrt, als ihm, abgesehen von einem Schadensersatzanspruch, das Recht der Auflösung des Lehrverhältnisses nach GewO. § 127 b Abs. 3 Ziff. 2 zusteht, wenn seine Ausbildung vernachlässigt wird. Das Lehrverhältnis kann nach Ablauf von 4 Jahren nicht um eine Ergänzungslehrzeit verlängert werden, weil die zulässige Lehrdauer überschritten würde. Der Lehrling aus dem Buchdruckhandwerksbetrieb erlangt durch Ablauf der Lehrzeit auch ohne Ablegung oder Bestehen der Gehilfenprüfung die Eigenschaft eines Buchdruckergehilfen [28]), allerdings eines Handwerkergehilfen minderen Rechts, weil er zur Meisterprüfung nicht zugelassen zu werden braucht und die Befugnis zur Anleitung von Lehrlingen im Handwerksbetrieb in der Regel nicht erlangen kann (GewO. § 133 Abs. 3, § 129 Abs. 1). Die Regelung der Arbeitsbedingungen von diesen Gehilfen gehört nicht mehr in den Aufgabenbereich der Handwerks- und Gewerbekammern (vgl. § 103 e).

Um einer übermäßig langen Dauer des Lehrverhältnisses vorzubeugen, ermächtigte der Gesetzgeber durch § 130 a Abs. 3 GewO. die Handwerks-(Gewerbe-)Kammer, aus freiem Entschluß im Einzelfalle das Höchstmaß der Lehrzeit herabzusetzen, wie sie es für angemessen hält. Die Entbindung von der Innehaltung der festgesetzten Lehrzeit hat für die betr. Einzelfälle die gleichen Wirkungen wie die generelle Festsetzung der Lehrzeit durch die Handwerks- und Gewerbekammern. Sie stellt sich dar als ein Verwaltungsakt mit unmittelbarer privatrechtlicher Wirkung [29]). In den sächsischen Lehrlingsordnungen finden sich hierüber folgende Bestimmungen:

„Auf Antrag des Lehrherrn kann der Lehrling frühestens bei Ablauf des dritten Lehrjahres von der Innehaltung der festgesetzten Lehrzeit durch die Gewerbekammer entbunden werden.

---

27) Vgl. § 10 der sächsischen Lehrlingsordnungen.

28) And. Auff. E. d. RArbG. v. 22. Januar 1930 (379/1929).

29) Ebenso: Nelken, Die deutschen Handwerker- und Arbeiterschutzgesetze, S. 711, Anm. 9 zu § 130 a. Dagegen die herrschende Meinung, z. B. Stier-Somlo, Kom. z. GewO., S. 685, Anm. 4 zu § 130 a; v. Landmann-Rohmer, Kom. z. GewO., Bd. II, S. 485, Anm. 6 zu § 130 a; Hiller-Luppe, Kom. z. GewO., S. 367, zu § 130 a; Rohrscheidt, Kom. z. GewO., S. 318, Anm. 5 zu § 130 a; Hueck-Nipperdey, Lehrbuch des Arbeitsrechts, Bd. I, S. 354, Anm. 2.

Bei Lehrlingen, die als Setzer und Drucker (Schweizerdegen) ausgebildet werden, darf die Lehrzeit nur in besonders begründeten Fällen verkürzt werden."

Die Freiheit der Entschließung, von der Ermächtigung des § 130 a Abs. 3 Gebrauch zu machen, liegt bei der erlassenden Stelle. Der Wortlaut erweckt den Anschein einer generellen Bindung der Gewerbekammern, nur auf Antrag der Lehrherren von der Ermächtigung Gebrauch zu machen. Sie widerspräche der pflichtgemäßen Erfüllung einer übertragenen Verwaltungsaufgabe, bei hervorragenden Leistungen eines Lehrlings aus eigenem Ermessen, ohne daß es eines besonderen Antrags bedürfte, pflichtgemäß alle Fälle zu beurteilen, bei welchen eine Verkürzung der Lehrzeit angemessen erscheint. Einer Zustimmung des Lehrherrn bedarf es nicht[30]).

Um die Nachprüfung, ob die Lehrverträge den gesetzlichen Vorschriften entsprechen, zu erleichtern, sind die Ortspolizeibehörden befugt, die Einreichung der Vertragsoriginale zu verlangen. (§ 126 b Abs. 2 S. 2.) Die Handwerkermitglieder einer Buchdruckerinnung[31]) haben obendrein eine Abschrift vom Lehrvertrag binnen 14 Tagen nach seinem Abschluß bei ihrer Innung einzusenden (§ 129 b Abs. 1).

§ 21. Vertragschutzpflichten zur Unterlassung von Verstößen gegen den Inhalt des Lehrvertrags.

Die besondere Eigenart des Lehrvertragsverhältnisses, das den Lehrling in ein Gehorsams- und Vertrauensverhältnis zum Arbeitgeber bringt, hat zur Wahrung des öffentlichen Interesses an der Erfüllung des Vertragsinhalts zur Schaffung eines weitergehenden gesetzlichen Schutzes geführt. Er besteht einerseits darin, daß den Lehrlingen, welche die Lehre unbefugt verlassen, durch die Polizeibehörden auf Antrag der Arbeitgeber befohlen werden kann, an die Lehrstelle zurückzukehren. Das Weglaufen aus der Lehre ist dann nicht Polizeiwidrigkeit, wenn es nicht unbefugt geschieht, so, wenn der Lehrling zur einseitigen Lösung des Lehrvertrags gemäß GewO. §§ 127 b und 127 e berechtigt ist, der Vertrag durch gerichtliches Urteil für aufgelöst erklärt ist, oder dem Lehrling durch einstweilige Verfügung gestattet ist, der Lehre fern zu bleiben, oder die Rückkehr unzumutbar erscheint. Die Polizeibehörden sind zu diesen Einzelbefehlen, gerichtet auf Rückkehr in die Lehre, nur ermächtigt, wenn die formellen Voraussetzungen, schriftlicher Lehrvertrag und Antrag des Lehrherrn unter Wahrung einer einwöchigen Präklusivfrist vorliegen. Als Mittel polizeilicher Zwangsvollstreckung ist Ungehorsamstrafe und Gewaltanwendung im Sinne eines zwangsweisen Zurückführens an die Arbeitsstelle gegeben. Es handelt sich

---

30) And. Auff.: Hueck-Nipperdey, Lehrbuch des Arbeitsrechts, Bd. I, S. 354, Anm. 2.

31) Innungen der Buchdrucker bestehen nur noch vereinzelt, nämlich drei freie Innungen (Innung Dresdner Buchdruckereibesitzer und die Buchdruckerinnungen zu Leipzig und zu Hamburg) und drei Zwangsinnungen (Innung der Buchdruckereibesitzer in Lübeck, Innung des Buchdruckgewerbes in Magdeburg, Ortsverein Dortmund des Deutschen Buchdrucker-Vereins, Zwangsinnung).

hierbei nicht um eine Zwangsvollstreckung zur Erwirkung der vertraglichen Arbeitspflicht des Lehrlings (vgl. § 888 ZPO.) [32], sondern um die polizeiliche Zwangsvollstreckung zur Durchsetzung eines nicht befolgten Polizeibefehls. Nur das Weglaufen oder Wegbleiben von der Lehrstelle, nicht die Unterlassung der Arbeitsleistung ist Polizeiwidrigkeit. Nur zur Beseitigung jenes Zustandes dienen die Beugestrafe und das Zwangsmittel der Gewaltanwendung. Die letztere ist ohnedies völlig ungeeignet, die Arbeitsleistung als einen etwa gewollten Zustand zu verwirklichen. Die auf Grund der Ermächtigung (§ 127 S. 2—5) erlassenen öffentlich-rechtlichen Verfügungen der Polizeibehörden mit dem rechtsatzmäßig gebundenen Inhalt auf Rückkehr in die Lehre reihen sich einem gegenständlich gleichen privatrechtlichen Anspruch des Lehrherrn gegenüber dem Lehrling (§ 127 S. 1) an.

Weiterhin hat der Gesetzgeber, um die Erfüllung der wesentlichen Pflichten des Lehrherrn aus öffentlichem Interesse zu gewährleisten, im Anschluß an Rechtsätze des Lehrvertragsrechts den Strafrechtsatz des § 148 Abs. 1 Ziff. 9 GewO. aufgestellt. Das in der Strafbestimmung angeführte Verhalten bezeichnet nicht nur die Bedingung, bei deren Eintritt die Behörde gebunden ist, die vorgesehene Strafe zu verhängen, sondern gibt gleichzeitig dem Lehrherrn die rechtliche Bestimmung einer Pflicht gegenüber dem Staat. Die Pflicht besteht hier in dem Unterlassen von Verletzungen gesetzlicher Pflichten gegen die dem Lehrherrn anvertrauten Lehrlinge. Unter den gesetzlichen Pflichten sind die aus zwingendem Privatrechtsatz hervorgehenden Pflichten des Lehrherrn zu verstehen. Die Verletzung der diesen Pflichten entsprechenden Forderungsrechte dadurch, daß ihre Erfüllung oder gehörige Erfüllung unmöglich gemacht, die Leistung rechtswidrig verzögert oder in anderer Weise der Verbindlichkeit zuwider gehandelt wird, ist zugleich Verstoß gegen die öffentlich-rechtliche Unterlassungspflicht, wenn der Lehrherr den Umstand, der die Forderungsverletzung bewirkte, schuldhaft herbeigeführt hat.

Bei wiederholt groben Verstößen gegen diese Unterlassungspflicht kann durch Verfügung der unteren Verwaltungsbehörde das Halten und das Anleiten der Lehrlinge untersagt werden (§ 126 a Abs. 1 GewO.). Der Staat überläßt es dem freien Ermessen der zuständigen Behörde (in Sachsen: Stadtrat und Amtshauptmannschaft) den Verwaltungsakt ins Werk zu setzen, wenn sie es beim Vorliegen der gesetzlichen Voraussetzungen für notwendig hält. In den Lehrlingsordnungen für das Buchdruckgewerbe ist in unjuristischer Ausdrucksweise vermerkt, daß die Gewerbekammer „das Verfahren gemäß GewO. § 126 a in die Wege leite". Dem ist kein anderer Sinn zuzusprechen als der, daß die Gewerbekammer hier nichts weiter tut, als was jeder Staatsbürger vermag: vom Recht der Eingabe Gebrauch zu machen. Die öffentliche Genossenschaft nimmt hierbei eine ihr durch Gesetzesvorschrift (§ 103

[32]) Dagegen Kaskel, Arbeitsrecht, S. 189.

Abs. 1 Ziff. 4) auferlegte Obliegenheit wahr. Der freie Entschluß zum Erlaß einer solchen Verfügung braucht aber dadurch nicht veranlaßt zu werden, zumal die von den Lehrlingsordnungen vorgesehenen Tatsachen, „wiederholte Verletzung der Lehrlingsordnung oder der dem Lehrherrn obliegenden sonstigen Pflichten", auf welche die Eingabe gestützt wird, nicht unter allen Umständen die oben bezeichnete rechtsatzmäßige Voraussetzung zum Erlaß einer Verfügung auf Grund GewO. § 126 a bilden.

Dem öffentlich-rechtlichen Erfüllungsschutz unterliegen folgende, dem Lehrvertragsverhältnis entspringende Pflichten des Lehrherrn: Als wesentlichste ist die Ausbildungspflicht anzuführen, deren Inhalt nach GewO. § 127 Abs. 1 die Unterweisung in Arbeiten, welche in dem jeweiligen Betriebe vorkommen, nach einer dem Zwecke der Ausbildung entsprechenden Folge und Ausdehnung darstellt. Die Leitung der Ausbildung hat entweder der Lehrherr selbst oder ein ausdrücklich hierzu beauftragter und geeigneter Vertreter vorzunehmen. Die Heranziehung des Lehrlings zu häuslichen Dienstleistungen ist untersagt, wenn er weder Kost noch Wohnung vom Lehrherrn erhält. Geschützt ist die Erfüllung der gesetzlichen Nebenpflichten. Sie verpflichten den Arbeitgeber zur Fürsorge für das körperliche, geistige und sittliche Wohl des Lehrlings (GewO. § 120 a—c), zu Schutzmaßnahmen vor Mißhandlungen seitens der Arbeits- und Hausgenossen und zur Bewahrung vor Ueberanstrengungen und Gefährdungen infolge Betrauung mit solchen Arbeiten, die den körperlichen Kräften nicht angemessen sind (GewO. § 127 Abs. 1). Jede gesundheitsgefährdende Handlung, unanständige und übermäßige Bestrafung sind untersagt. Als weitere Fürsorgepflichten obliegen dem Lehrherrn die sittliche Erziehung des Lehrlings und die Pflicht, ihn vor sittlichen Ausschweifungen zu bewahren (GewO. § 127 Abs. 1). Er ist verpflichtet, den Lehrling, solange er nicht 18 Jahre alt ist, zum Besuch der Fach- oder Fortbildungsschule anzuhalten und den Schulbesuch zu überwachen (GewO. § 127 Abs. 1) [33]), nach vollendetem 18. Lebensjahre ihm nicht die Zeit und Gelegenheit zu weiterer Ausbildung, insbesondere zur weiteren Wahrnehmung des Fachschulbesuchs vorzuenthalten. Im letzteren Falle handelt es sich nur um ein Beschäftigungsverbot. Dem jüngeren als 18jährigen Lehrling dagegen hat der Lehrherr nicht nur die Zeit zum Besuche der Fachschule zu gewähren (GewO. § 127 Abs. 2 S. 1), sondern ihn sogar zum Schulgang aufzufordern und die Erfüllung seiner Schulpflicht zu kontrollieren (§ 127 Abs. 1 S. 1). Gegenüber dem älteren, nicht mehr schulpflichtigen Lehrling besteht diese Fürsorgepflicht nicht. Ihm gegenüber ist der Lehrherr nur verpflichtet, Zeit und Gelegenheit zu dem frei-

[33]) Fehl geht die Ansicht v. Landmann-Rohmer, Kom. z. GewO., S. 446, Anm. 4 zu § 127; Rohrscheidt, Kom. z. GewO., S. 280, Anm. 7 zu § 127; Hoffmann, Kom. z. GewO., S. 465, Anm. 1 zu § 127; und des Kammergerichts, Urt. vom 27. April 1914, GArch. 13, 667, daß diese Pflichten auch gegenüber älteren als 18jährigen Lehrlingen bestehen. Sie steht in Discrepanz zum § 120 Abs. 1 GewO. und § 139 i Abs. 2. Dagegen wie hier: Hueck-Nipperdey, Lehrbuch des Arbeitsrechts, Bd. I, S. 353.

willigen Besuch der Fachschule zu geben, wenn er dieses Verlangen kund tut. Durch § 127 Abs. 2 S. 1 wird zugunsten des gewerblichen Lehrlings das Verbot der Beschäftigung jugendlicher Arbeiter während der Stunden des obligatorischen oder freiwilligen Schulbesuchs (§ 120 Abs. 1 S. 1) auch auf Jugendliche, die das 18. Lebensjahr vollendet haben, ausgedehnt [34]).

Zu den gesetzlichen Pflichten des Lehrherrn gegenüber dem anvertrauten Lehrling sind auch diejenigen zu rechnen, die erst durch die Beendigung des Lehrverhältnisses entstehen. Auf Verlangen des Lehrlings [35]) hat der Lehrherr ein schriftliches Zeugnis auszustellen, das Angaben über das Gewerbe, in welchem der Lehrling unterwiesen wurde, und die darin erworbenen Kenntnisse und Fertigkeiten, über Dauer der Lehrzeit und Betragen enthalten muß (§ 127 c Abs. 1). An Stelle des Zeugnisses tritt dort, wo Innungen und andere Vertretungen der Gewerbetreibenden bestehen, der von diesen ausgestellte Lehrbrief (§ 127 c Abs. 2) [36]).

Die Buchdruckhandwerker — nicht die übrigen Buchdruckereiunternehmer — sind außerdem verpflichtet, den Lehrlingen Gelegenheit zur Ablegung der Gesellenprüfung zu geben. Auch diese Pflicht ist nur auf Verlangen der Lehrlinge zu erfüllen; ihr steht ein unverzichtbares Leistungsverweigerungsrecht des Lehrlings gegenüber. Dagegen beruht die Pflicht des Lehrherrn, den Lehrling anzuhalten, sich der Gehilfenprüfung zu unterziehen, nur auf einem Sollgebot. Ihre Nichterfüllung ist nicht Verstoß gegen den öffentlichen Rechtsatz, Verletzungen der gesetzlichen Pflichten gegenüber den anvertrauten Lehrlingen zu unterlassen [37]), denn es widerspricht dem Charakter einer dispositiven Norm, daß die Erfüllung seines Inhalts durch eine Strafdrohung erzwungen wird.

Desgleichen besteht keine durch zwingenden Rechtsatz begründete Pflicht der Lehrlinge zur Ablegung der Gehilfenprüfung; für die in Buchdruckhandwerksbetrieben beschäftigten Lehrlinge beruht sie lediglich auf einem Sollgebot (GewO. § 131 c), für die in anderen Buchdruckereien beschäftigten besteht nicht einmal ein solches. Doch dürfen die Letzteren nicht von den Prüfungsausschüssen zurückgewiesen werden, wenn sie die Prüfung ablegen wollen und die vorgeschriebene Lehrzeit durchlaufen haben. Im Buchdruckgewerbe wird in der Regel der Lehrling durch den Lehrvertrag verpflichtet, sich der Gehilfenprüfung zu

---

[34]) Außerdem darf den Lehrlingen die Zeit zum Besuch des Gottesdienstes nicht vorenthalten werden (§ 127 Abs. 2, S. 1).

[35]) Der § 127 c Abs. 1 begründet nur einen Anspruch, der erst bei Beendigung des Lehrverhältnisses und auf Grund besonderen Verlangens (GewO. § 113 Abs. 1) zu erfüllen ist. Ebenso Hueck-Nipperdey, Lehrbuch des Arbeitsrechts, Bd. I, S. 353; Staub, Kom. z. HGB., S. 524, Anm. 1 zu § 80. Dagegen die herrschende Meinung, nach welcher der Lehrherr das Zeugnis auch ohne ausdrückliches Verlangen auszustellen hat. v. Landmann-Rohmer, Kom. z. GewO., S. 455, Anm. 2 zu § 127 c; Rohrscheidt, Kom. z. GewO., S. 285, Anm. 1 zu § 127 c; Stier-Somlo, Kom. z. GewO., S. 666, Anm. 2 zu § 127 c; Neukamp, Kom. z. GewO., S. 316, Anm. 2 zu § 127 c.

[36]) Vgl. § 36 der sächsischen Lehrlingsordnungen für das Buchdruckgewerbe.

[37]) And. Meinung: v. Landmann-Rohmer, Kom. z. GewO., S. 491, Anm. 2 zu § 131 c.

unterziehen [38]). Die Nichterfüllung hat nur die aus § 129 Abs. 1 und § 133 Abs. 3 hervorgehenden Rechtsnachteile, nämlich, nicht zur Meisterprüfung zugelassen zu werden und in Buchdruckhandwerkbetrieben nicht zur Anleitung von Lehrlingen befähigt zu sein. Schief und rechtswidrig, weil es keine obligatorische Gehilfenprüfung gibt, sind die Bestimmungen der Lehrlingsordnungen, wonach die Gehilfeneigenschaft und -bezeichnung nur solchen Personen zuzuerkennen sei, welche die Prüfung bestanden haben [39]). Gehilfe im Buchdruckgewerbe ist vielmehr jedermann, der bestimmte gewerbliche Arbeitsleistungen auf irgendeine Weise (im Lehrlings-, Volontär-, Schülerverhältnis) gelernt hat und als Arbeitnehmer verrichtet [40]).

§ 22. Beschäftigungs- und Anleitungsverbote, insbesondere der Lehrlingsordnungen für das Buchdruckgewerbe.

Der Vertragsschutz der Jugendlichen kann sich nicht in den vorstehend besprochenen Regeln erschöpfen, die der Verlautbarung der wichtigen Vertragsbestimmungen dienen und die in Anbetracht der Geschäftsunerfahrenheit der Jugendlichen die Erfüllung ihrer vertraglichen Ansprüche schützen. Daneben bestehen zu ihren Gunsten noch besondere Bestimmungen, die der erhöhten Schutzbedürftigkeit der Jugendlichen infolge ihrer geringen Geschäftserfahrung und unvollendeten Erziehung gerecht werden. Es handelt sich dabei in erster Linie um Beschäftigungs- und Anleitungsverbote. Die Leistung von Arbeit durch den minderjährigen Arbeitnehmer und seine Unterweisung läßt der Gesetzgeber nur zu, wenn gewisse Voraussetzungen erfüllt sind.

I. Arbeitsbuch und Arbeitskarte. Der Arbeitgeber darf minderjährigen Buchdrucker-Gehilfen, Hilfsarbeitern und Lehrlingen nicht Arbeit leisten lassen, wenn sie nicht im Besitze eines von der Polizeibehörde ausgestellten Arbeitsbuches sind (GewO. § 107 Abs. 1 S. 1). Soweit Kinder, die noch nicht 13 Jahre alt oder noch volksschulpflichtig sind, für Buchdruckereien tätig werden können [41]), ist deren dauernde Beschäftigung nur zulässig, wenn sie im Besitze einer Arbeitskarte sind [42]). Der Gesetzgeber verhindert, indem er die Beschäftigung von Minderjährigen ohne polizeilichen Ausweis als einen verbotenen Zustand bezeichnet, die Geltendmachung des privatrechtlichen Anspruchs auf Arbeitsleistung und evtl. die Erfüllung der Beschäftigungspflicht des Arbeitgebers gegenüber den Lehrlingen, bis der Arbeitnehmer die öffentliche Urkunde beibringt. Obschon die Annahme der Arbeitsleistung und die Erfüllung der Beschäftigungspflicht verbotswidrig ist, so lange sich der Minderjährige nicht den polizeilichen Ausweis ver-

---

38) Vgl. § 33 der sächsischen Lehrlingsordnungen für das Buchdruckgewerbe.
39) Vgl. § 33 der sächsischen Lehrlingsordnungen für das Buchdruckgewerbe.
40) S. Kom. zum Deutschen Buchdruckertarif, Anm. 3 zu § 1.
41) S. o. S. 44 ff.
42) Strafdrohung: GewO. § 150 Abs. 1 Ziff. 1, KSchG. § 27.

schafft hat, wird doch die Vereinbarung der Arbeitsleistung nicht rechtsunwirksam, da das Verbot sich nicht gegen die Beschäftigung an sich, sondern nur gegen ihre Bewirkung unter einem rechtswidrigen Zustand richtet, zu dessen Beseitigung der Arbeitnehmer vertraglich verpflichtet ist[43]). Es hindert der § 107 Abs. 1 S. 1 nicht den rechtsgültigen Abschluß eines Arbeitsvertrags mit einem Minderjährigen, der ein Arbeitsbuch überhaupt nicht besitzt.

Um die gewerbepolizeilichen Zwecke der öffentlichen Urkunden zu erreichen, sind den Arbeitgebern eine Reihe öffentlicher Nebenpflichten auferlegt. Sie haben sich die Urkunden bei Beginn der Arbeitsverhältnisse von den Minderjährigen oder deren gesetzlichen Vertretern aushändigen zu lassen (GewO. § 107 Abs. 1 S. 2 mit § 150 Abs. 1 Ziff. 2), sie sicher zu verwahren, auf amtliches Verlangen vorzulegen und bei rechtmäßiger Lösung des Arbeitsverhältnisses zurückzugeben[44]) (GewO. § 107 Abs. 1 S. 3 mit § 150 Abs. 1 Ziff. 2)[45]). Die Wiederaushändigung hat, wenn der Arbeiter das 16. Lebensjahr noch nicht erreicht hat, an den gesetzlichen Vertreter zu erfolgen oder ausnahmsweise an die zur gesetzlichen Vertretung nicht berechtigte Mutter, an einen nahen Angehörigen oder an den Arbeiter selbst, sofern es die Gemeindebehörde, welche die Urkunde ausgestellt hat, gestattet. Hat der Jugendliche das 16. Lebensjahr erreicht, so ist die Urkunde ihm selbst auszuhändigen, dem gesetzlichen Vertreter nur dann, wenn er es verlangt, oder der von der Gemeindebehörde gemäß § 107 Abs. 1 S. 5 bezeichneten Person.

In die öffentliche Urkunde hat der Arbeitgeber handschriftlich mit Tinte die Zeiten des Beginns und des Endes des Arbeitsverhältnisses, die Arten der Beschäftigung und, im Falle vorzeitiger Lösung des Lehrverhältnisses durch den Lehrling zwecks Uebergang in einen anderen Beruf oder in ein anderes Gewerbe diesen Auflösungsgrund einzutragen. Andere Eintragungen, insbesondere Urteile über Führung und Leistungen, sind unstatthaft. Die Eintragungen sind entweder vom Arbeitgeber persönlich oder von einem dazu bevollmächtigten Betriebsleiter zu unterzeichnen (GewO. §§ 111 Abs. 1, 2, 3; 127e Abs. 1 S. 2 und 150 Abs. 1 Ziff. 2). Besonders schwere Strafe wird wegen Verletzungen des Verbotes, das Arbeitsbuch nicht mit Geheimzeichen irgendwelcher Art, welche den Arbeitnehmer in einer nur für die Eingeweihten ersichtlichen Weise kennzeichnen, angedroht (GewO. §§ 111 Abs. 1, 146 Abs. 1 Ziff. 3).

---

43) Vgl. Hueck-Nipperdey, Lehrbuch des Arbeitsrechts, Bd. I, S. 116; dagegen nehmen die Nichtigkeit des Vertrages an: v. Landmann-Rohmer, Kom. z. GewO., Bd. II, S. 282, Anm. 2c zu § 107; Stier-Somlo, Kom. z. GewO., S. 552, Anm. 5 zu § 107.

44) Eine Kontroverse besteht über die Frage, ob bei vertragswidriger Lösung des Arbeitsverhältnisses durch den Jugendlichen der Arbeitgeber die Urkunde zurückbehalten könne, auch dann, wenn er die Erfüllung des Arbeitsvertrages nicht mehr fordern kann. Sie wird bejaht von Landmann-Rohmer, Kom. z. GewO., S. 283, Anm. 3 zu § 107; Rohrscheidt, Kom. z. GewO., Anm. 12 zu § 107; verneint von Nelken, Die deutschen Handwerker- und Arbeiterschutzgesetze, S. 497; Hueck-Nipperdey, Lehrbuch des Arbeitsrechts, Bd. I, S. 420 f.

45) Vgl. die entsprechenden Vorschriften über die Arbeitskarte: KSchG. § 11 Abs. 3 mit § 27 Ziff. 2.

Damit der minderjährige Arbeitnehmer ein Arbeitsverhältnis eingehen könne und sein wirtschaftliches Fortkommen nicht erschwert werde, wird ihm durch Rechtsatz der Anspruch auf Erteilung der öffentlichen Urkunde eingeräumt. Die Ausstellung bedeutet nicht die Gewährung einer vorbehaltenen Erlaubnis, welche für den Einzelfall eine Ausnahme von einem Verbote der Leistung von Arbeit durch minderjährige Arbeitnehmer schafft, sondern die Erfüllung einer durch Rechtsatz begründeten Pflicht des Staates gegenüber dem Untertan. Es liegt hier einer der vereinzelten Fälle vor, daß zur Verwirklichung des Arbeitnehmerschutzes ein öffentliches Rechtsverhältnis dient, an dem der Staat als verpflichtetes Rechtssubjekt beteiligt ist. Die subjektiven öffentlichen Rechte gegen den Staat sind gerichtet auf Ausstellung von Arbeitskarten für fremde Kinder als gewerbliche Arbeiter (KSchG. § 11 Abs. 2) und von Arbeitsbüchern für minderjährige Arbeiter (GewO. §§ 108, 109, 112 Abs. 1). Die Erfüllung dieser Pflichten haben für den Staat die Polizeibehörden des Ortes, an welchem der Berechtigte zuletzt seinen dauernden Aufenthalt gehabt hat, auf Verlangen und nach Erbringung gewisser Nachweise zu bewirken. Berechtigt, den Anspruch zu erheben, sind insbesondere beim erstmaligen Antrag auf Ausstellung einer dieser öffentlichen Urkunden Personen, die noch keinen Arbeitsvertrag abgeschlossen haben. Das Arbeitnehmerschutzrecht macht, um die Arbeitsverhältnisse Minderjähriger einer obrigkeitlichen Kontrolle zu unterziehen, zum Träger öffentlicher Rechte auch Personen, die nicht Arbeitnehmer sind, lediglich mit Rücksicht darauf, daß sie es werden können.

Vor einer übermäßigen Inanspruchnahme mit Ausstellung von Arbeitsbüchern sucht der Staat die Gemeindepolizeiverwaltungen dadurch zu schützen, daß er denjenigen Arbeitgebern und Arbeitnehmern Bestrafung androht, welche die Urkunden durch falsche oder unzulässige Angaben unbrauchbar machen oder vernichten (§ 150 Abs. 1 Ziff. 2 und 3).

Durch Rechtsatz ist der Staat verbunden, auf Verlangen des Arbeitnehmers die Einträge in das Arbeitsbuch zu beglaubigen. Die Erfüllung dieser staatlichen Pflicht ist den Ortspolizeibehörden übertragen (GewO. § 114).

II. Mangelnde Eignung zum Lehrherrn oder Arbeitgeber. Eine Anleitung und Ausbildung des Jugendlichen, insbesondere des Lehrlings, gibt, wenn sie durch Personen erfolgt, die dazu sittlich ungeeignet, geistig, körperlich untauglich, zu jung und fachlich unerfahren erscheinen, nicht die Sicherheit der Ordnungsmäßigkeit und ist in verschiedener Hinsicht bedenklich. Der Gesetzgeber verbietet, wenn das Ausbildungsziel wegen bedenklicher Eigenschaften des Arbeitgebers oder des mit der Anleitung Betrauten (Faktoren, Gespane) besonders gefährdet erscheint, entweder die Beschäftigung des Jugendlichen überhaupt oder nur die Beaufsichtigung und Unterweisung durch die ungeeigneten Personen. Das Verbot der Beschäftigung von Lehrlingen besteht für den Arbeitgeber, der nicht im Besitze der bürgerlichen Ehrenrechte sich befindet, kraft gesetzlicher Vorschrift (GewO. §§ 126, 148 Ziff. 9 a), oder kann durch Verfügung für den einzelnen Lehrherrn, welcher sich wiederholt grober Pflichtverletzungen gegenüber Lehrlingen schuldig machte oder bei dem durch Tatsachen die mangelnde Befähigung wegen sittlicher Verfehlungen bewiesen ist, festgestellt werden (GewO. §§ 126 a, 148 Ziff. 9 a).

Den Arbeitgebern ist rechtsatzmäßig untersagt, Jugendliche unter 18 Jahren und Lehrlinge selbst zu unterweisen oder durch Arbeitnehmer (Faktoren, Gespane) anleiten zu lassen, solange ihnen oder den Beauftragten die bürgerlichen Ehrenrechte aberkannt sind (§ 106 Abs. 1 mit § 150 Abs. 1 Ziff. 1 und § 126 mit § 148 Abs. 1 Ziff. 9 a). Außerdem kann das Verbot der Anleitung und des Anleitenlassens für Einzelfälle durch Verwaltungsakt auf Grund des § 126 a Abs. 2 und 3 begründet werden, welcher solchen Personen die Befugnis zur Anleitung entzieht, die wegen geistiger oder körperlicher Gebrechen dazu ungeeignet sind (Strafvorschrift § 148 Abs. 1 Ziff. 9 a).

III. Der kleine Befähigungsnachweis (Meisterprüfung). Den Besitzern von Buchdruckhandwerkbetrieben ist außerdem verboten, selbst, ohne den kleinen Befähigungsnachweis erbracht und das 24jährige Lebensjahr erreicht zu haben, Lehrlinge anzuleiten oder durch Arbeitnehmer, welche die beiden Voraussetzungen nicht erfüllen, beaufsichtigen und unterweisen zu lassen, es sei denn, daß Ausnahmen von diesen Verboten durch Erklärung der vorbehaltenen Erlaubnis geschaffen wurden (GewO. § 129 Abs. 2 und 3 mit § 148 Abs. 1 Ziff. 9 b). Durch gesetzliche Vorschrift sind von den Verboten die Witwe und minderjährigen Erben eines verstorbenen Handwerkers für eine begrenzte Dauer entbunden (§ 129 Abs. 3). Der kleine Befähigungsnachweis, von dem die Befugnis zur Ausbildung von Setzer- und Druckerlehrlingen in Handwerkbetrieben, abgesehen von einem Mindestalter, abhängig gemacht ist, besteht in dem erfolgreichen Abschluß einer Meisterprüfung für das Buchdruckgewerbe oder für ein verwandtes Gewerbe (Steindruck, Schriftguß) [46]) oder schließlich für irgendein anderes Gewerbe. Im letzten Falle gehört außerdem zum Befähigungsnachweis entweder die Zurücklegung der Lehrzeit in einem Buchdrucker-Berufe und Ablegung der Gehilfenprüfung oder die 5jährige Tätigkeit als selbständiger Buchdruckhandwerker oder als leitender technischer Arbeitnehmer in einer Buchdruckerei (z. B. als Faktor).

Der Deutsche Buchdrucker-Verein hat Richtlinien für die Meisterprüfung im Buchdruckgewerbe herausgegeben, um den Anforderungen zur Erlangung des kleinen Befähigungsnachweises in allen Gewerbe- und Handwerkskammerbezirken eine gewisse Gleichartigkeit zu

[46]) Es ist den Handwerks- und Gewerbekammern die Feststellung überlassen, welche Gewerbe als verwandt anzusehen sind. Verschiedene Kammern haben den Steindruck und Schriftguß als nicht mit dem Buchdruckgewerbe verwandt bezeichnet; andere haben den gegenteiligen Standpunkt eingenommen.

geben [47]). Eine rechtliche Bedeutung kommt diesen Richtlinien nicht zu; nur soweit ihr Gegenstand etwa in die Prüfungsordnung einer Gewerbekammer aufgenommen wurde, ist er für den Prüfungsausschuß maßgebend. Die Richtlinien sind besonders deshalb zu beanstanden, weil sie für die beiden wichtigsten Berufe des Buchdruckgewerbes die Erlangung besonderer Meistertitel (Setzer-, Druckermeister) auf Grund verschiedenartiger Prüfung vorschlagen, während die GewO. nur einen Meistertitel für jedes Gewerbe zur Verfügung stellt [48]).

IV. Die Beschränkung der Zahl der Lehrlinge im Betrieb. Der Gefährdung des Ausbildungsziels der Lehrlinge, weil deren Anzahl gegenüber der Zahl der Gehilfen und der Größe des Betriebs unverhältnismäßig groß erscheint, beugen gleichfalls Beschäftigungsverbote vor. Der Gesetzgeber hat diesen Verboten eine verschiedene Rechtsgrundlage gegeben.

1. Er ermächtigt durch GewO. § 128 Abs. 2 staatliche Stellen, die Reichsregierung (ursprünglich den Bundesrat) und subsidiär die Landeszentralbehörden, Rechtsverordnungen, die für einzelne Gewerbe die Höchstzahl der Lehrlinge festsetzen, welche in den Betrieben gehalten werden dürfen, zu erlassen. Die Organisationen des Buchdruckgewerbes, insbesondere der Verband und die Tarifgemeinschaft der Deutschen Buchdrucker haben in Petitionen wiederholt vergebens versucht, die staatlichen Stellen zu bewegen, von ihrem Verordnungsrechte Gebrauch zu machen und für alle Buchdruckereibetriebe skalenmäßig die Höchstzahl der Lehrlinge zu bestimmen [49]). Die ablehnende Haltung rechtfertigte sich aus dem Ersuchen der Berufsverbände, zum Gegenstand der Rechtsverordnung die Lehrlingsskala des Buchdruckertarifs zu machen, die wohl dem Lehrlingsschutze, jedoch primär einem anderen Zwecke, der Verminderung und Verhütung der Arbeitslosigkeit der Gehilfen, diente, wodurch die Verhältniszahlen der Lehrlinge und Gehilfen weitgehender als es der Ausbildungsschutz der Lehrlinge verlangt, beeinflußt würden [50]).

2. Durch GewO. § 130 werden die Vorschriften der Handwerks- und Gewerbekammern und der Innungen zur Regelung des Lehrlingswesens [51]), soweit sie die Beschäftigung von Lehrlingen über eine bestimmte Höchstzahl in den Betrieben eines Handwerks verbieten, durch

---

[47]) Vgl. Zeitschrift für Deutschlands Buchdrucker vom 17. Juni 1927, Nr. 48.

[48]) Verschiedene Kammern haben die infolge der Arbeitsteilung gegliederten buchdruckgewerblichen Tätigkeiten des Setzens und Druckens als zwei verschiedene, wenn auch verwandte Gewerbe bezeichnet, um einen Meistertitel für Setzer und Drucker zu rechtfertigen. Die Argumentation ist unmöglich.

[49]) Vgl. Morgenstern, Tarif und Lohn im deutschen Buchdruckgewerbe, S. 80 f.

[50]) Vgl. folgende Bestimmung des Tarifvertrages von 1906: „Der Tarifausschuß hat bei der jedesmaligen Neuberatung bzw. Revison des Tarifs die Lehrlingsskala mit Rücksicht auf die Arbeitslosigkeit zu regulieren. Als Norm ist hierbei angenommen, daß die Zahl der Arbeitslosen 3 Prozent der Gehilfen beträgt, deren Zahl aus den von dem Tarifamt herausgegebenen Vierteljahrsberichten der Arbeitsnachweise festzustellen ist."

[51]) Die Regelung des Lehrlingswesens gehört nach § 103 e Abs. 1 Ziff. 1 (§ 103 g Abs. 3 Ziff. 4 und Abs. 4) zur Aufgabe der Handwerks- und Gewerbekammern (§ 103 q) und nach § 81 a Ziff. 3 (§§ 93 Abs. 2 Ziff. 5, 100 p) zu den eigenen Angelegenheiten der Innungen.

Ausstattung mit Rechtsatzwirkung zu autonomen Satzungen erhoben[52]). Sie gehören damit zu den Rechtsquellen des Arbeitnehmerschutzrechts. Das Selbstgesetzgebungsrecht ist beschränkt auf das Gebiet des Handwerks[53]) und findet seine räumliche Begrenzung in dem Bezirke der Kammer oder der Innung.

Nach den vergeblichen Versuchen, den Bundesrat zum Erlaß von Vorschriften über die Höchstzahl der Lehrlinge in Buchdruckereien zu bewegen, führten die seit 1921 unternommenen Bemühungen der Berufsverbände des Druckgewerbes zu dem Erfolge, daß bisher über 50 Handwerks- und Gewerbekammern von ihrer Ermächtigung Gebrauch machten[54]). Auch diese Rechtsätze befinden sich, wie die oben behandelten, von den Kammern erlassenen Formvorschriften über den Lehrvertrag, in den Lehrlingsordnungen für das Buchdruckgewerbe[55]).

Die öffentlichen Körperschaften des Handwerks haben einfach wörtlich die Lehrlingsskala des Buchdruckertarifs zum Gegenstand der autonomen Satzung gemacht. Dabei sind auch die Höchstzahlenverhältnisse der Lehrlinge, die nur für die in der Druckindustrie in den Buchdruckerberufen ausgebildeten Lehrlinge in Betracht kommen, übernommen worden. Insoweit verletzen die Kammern mit ihren öffentlichen Verboten den Umfang der Delegation. Die von ihnen auf Grund der GewO. § 130 geschaffenen Rechtsätze wirken nur für diejenigen Personen, die im Kammerbezirk das Buchdruckgewerbe handwerksmäßig betreiben. Unwirksam sind die Festsetzungen der Höchstzahlen von Lehrlingen unter Bezugnahme auf so große Anzahl von Gehilfen, wie sie beim Buchdruckhandwerker nicht Beschäftigung findet. Ueberflüssig ist die Bezugnahme auf die an Rotationsmaschinen beschäftigten Drucker[56]), da solche Maschinen die Buchdruckhandwerker kaum besitzen.

Die Lehrlingsordnungen bestimmen rechtsatzmäßig die zulässige Anzahl der Setzer-, Stereotypeur-, Galvanoplastiker-[57]) und Druckerlehrlinge in Buchdruckhandwerkbetrieben. Die Zahl der Lehrlinge, die höchstens gehalten werden darf, bestimmt sich grundsätzlich nach der Durchschnittszahl der im Vorjahr beschäftigten Gehilfen. Die Setzerlehrlingszahl richtet sich nach der Zahl der Handsetzer, Setzerinnen und Setzmaschinen zuzüglich der Korrektoren, des Faktors und der Schwei-

---

52) S. Otto Meyer, Deutsches Verwaltungsrecht, Bd. I, S. 87, Anm. 11.

53) Diese Beschränkung der Ermächtigung geht aus der Ueberschrift „Besondere Bestimmungen für Handwerker" im Abschnitt „Lehrverhältnisse", unter der § 130 steht, hervor, im übrigen aus der Rechtsnatur der Handwerkskammern. S. u. S. 113 ff.

54) Der Deutsche Buchdrucker-Verein hat ursprünglich irrtümlicherweise den Deutschen Handwerks- und Gewerbekammertag für berechtigt zur Regelung des Lehrlingswesens gehalten und mit ihm über den Erlaß einer Lehrlingsordnung für das Buchdruckgewerbe verhandelt. Bereits vordem hatten Handwerkskammern vereinzelt Lehrlingshöchstzahlen für Buchdruckhandwerker aufgestellt.

55) § 9 der 5 einheitlichen sächsischen Lehrlingsordnungen für das Buchdruckgewerbe.

56) § 9 Ziff. 6 der sächsischen Lehrlingsordnungen: „In der Druckerei kommt die Zahl der Drucker einschl. der an Rotationsmaschinen Beschäftigten zur Berechnung."

57) Ebenso ist die Regelung der Lehrlingshöchstzahlen von Galvanoplastikerlehrlingen für die Buchdruckhandwerker, die galvanoplastische Abteilungen nicht zu besitzen pflegen, überflüssig.

zerdegen, sofern diese überwiegend im Satz arbeiten. Setzmaschinensetzer rechnen bei der Feststellung der zulässigen Lehrlingszahl nicht mit, dafür aber die im Betriebe stehenden Setzmaschinen[58]). Für die Höchstzahl der Druckerlehrlinge ist die Anzahl der Drucker einschließlich des Obermaschinenmeisters, der Schweizerdegen, welche überwiegend drucken, entscheidend.

Die Ausbildung könnte vernachlässigt werden, weil neben den Lehrlingen noch andere Personen, die nicht Lehrlinge sind (z. B. Volontäre), in technischen Verrichtungen ausgebildet und unterwiesen werden. Die Anzahl der zulässigen Lehrlinge vermindert sich um die Zahl dieser Personen, sofern letztere länger als ein Jahr in einer Betriebsabteilung (Setzerei, Druckerei) tätig sind. Aus diesem Grunde ist auch die Umgehung der Lehrlingsskala durch Einstellung jugendlicher Arbeiter[59]), die technisch ausgebildet werden, unzulässig.

Jeder Buchdruckhandwerker kann mindestens einen Setzer- und einen Druckerlehrling halten[60]). Beschäftigt er mindestens einen Setzer und einen Drucker, jedoch nicht mehr als durchschnittlich fünf Arbeitnehmer einer Sparte, so kann noch ein dritter Lehrling eingestellt werden. Jedoch müssen die beiden weiteren Voraussetzungen erfüllt sein: einer der Lehrlinge muß sich im letzten Jahre der Lehrzeit befinden und die Vertreter der Arbeitgeber- und Arbeitnehmer-Organisationen müssen sich von der guten Lehrlingsausbildung in der betr. Druckerei überzeugt haben. Bei der Einstellung des dritten Lehrlings muß der Arbeitgeber vorausschauend beachten, daß er nicht in den folgenden Jahren die Lehrlingsskala dadurch verletzt, daß eine Sparte mit zwei Lehrlingen belegt ist[61]). Beschäftigt der Handwerker im Jahresdurchschnitt mindestens fünf Gehilfen einer Sparte, so ist in dieser ein zweiter Lehrling zulässig. Bei durchschnittlich neun Gehilfen in der Setzer-, Stereotypeur- und Galvanoplastikersparte, bei zehn Gehilfen in der Druckersparte kann ein dritter Lehrling für den betr. Berufszweig gehalten werden[62]).

Die Schwächen der von den Handwerks- und Gewerbekammern zum Schutze gegen die Lehrlingszüchterei getroffenen Regelungen sind darin zu erblicken, daß die im Vorjahre durchschnittlich beschäftigte Gehilfenzahl auch bei inzwischen eingetretener starker Verminderung die

---

58) Dabei ist die Monotype-Tastmaschine und die Monotype-Gießmaschine je als besondere Setzmaschine zu betrachten. E. des Reichsschiedsamts vom 1. November 1927. Für Buchdruckhandwerker wird diese Streitfrage aber nicht praktisch.

59) Unter diese Vorschrift fallen auch die Volontäre, die zur Arbeitsleistung verpflichtet sind. Unzureichend die Begründung zur E. des Reichsschiedsamts vom 23. August 1929.

60) An Stelle des Drucker- oder Setzerlehrlings kann er einen Stereotypeurlehrling halten. Ein dritter Lehrling ist nur zulässig, wenn die drei Voraussetzungen des Abs. 2 von § 12 der sächsischen Lehrlingsordnungen erfüllt sind. Vgl. E. des Reichsschiedsamts vom 8. Mai 1923, Kom. zum Buchdruckertarif, S. 71 f., E. vom 11. Juli 1928, E. vom 20. Juli 1929.

61) Zu weitgehend die E. des Reichsschiedsamts vom 5. Juli 1927, Deutscher Buchdruckertarif mit Erläuterungen S. 73, die, ohne es zu begründen, verlangt, daß der dritte Lehrling der Sparte angehört, zu welcher der im letzten Jahre stehende Lehrling gehört.

62) Für Handwerker des Buchdruckgewerbes schaltet schon diese Staffel aus.

Lehrlingsanzahl bestimmt und die Zahl der im Betrieb vorhandenen Setzmaschinen auch dann mit entscheidend ist, wenn diese Betriebsmittel wegen Arbeitsmangel stillgelegt sind. Diese Erwägungen mögen sich bei der Lehrlingsskala des Deutschen Buchdruckertarifs erübrigt haben, da ihr vorherrschender Zweck, die Arbeitslosigkeit der Gehilfen zu vermindern und zu verhüten, war. Sie sind aber am Platze, nachdem diese Lehrlingsskala zum Gegenstand von Rechtssätzen erhoben wurde, welche mehr als 50 Handwerks- und Gewerbekammern auf Grund des § 130 GewO. zur Sicherung des Ausbildungszieles der Lehrlinge erlassen haben.

Das verbotswidrige, die Lehrlingshöchstzahlen der Lehrlingsordnungen überschreitende Halten von Lehrlingen bildet den strafbaren Tatbestand einer Uebertretung (GewO. § 148 Abs. 1 Ziff. 9 b).

3. Schließlich ermächtigt der Gesetzgeber (§ 128 Abs. 1) die unteren Verwaltungsbehörden im Falle der Notwendigkeit, die Beschränkung der Lehrlingszahl dem einzelnen Lehrherrn unter Zulassung des Rekursverfahrens (§ 126 a Abs. 3) bindend vorzuschreiben[63]). Der Gegenstand der Verfügungen ist nicht der gleiche wie derjenige der unter 1 und 2 behandelten Rechtssätze. Sie enthalten kein Beschäftigungsverbot, sondern das Gebot der Entlassung eines zahlenmäßig bezeichneten Teils der Lehrlinge und das Verbot, Lehrlinge über eine bestimmte Zahl hinaus einzustellen. Das Gesetz überläßt es dem Ermessen der Behörde, ob die Ueberzahl der Lehrlinge in einem Betriebe den Erlaß einer solchen Verfügung erfordere. Auch der Inhalt des Verwaltungsaktes beruht auf freiem Ermessen. Für das Buchdruckgewerbe ist die Ermächtigung nur von geringer Bedeutung wegen der Lehrlingsstaffeln der Handwerks- und Gewerbekammern und des Deutschen Buchdruckertarifs. Nur für die keiner Staffel unterliegenden, nicht tarifbeteiligten Buchdruckereien, die über den Rahmen des Handwerkbetriebes hinausgehen, kann die Ermächtigung praktisch werden.

V. Mit der Untersagung der Anleitung von Lehrlingen ist die Berechtigung zu ihrer Beschäftigung nicht entzogen, denn die Ausbildung kann einem ausdrücklich damit betrauten Vertreter übertragen werden (GewO. § 127 Abs. 1). Voraussetzung ist lediglich, daß nicht ebenfalls die Ueberlassung der Anleitung an einen Vertreter rechtsatzmäßig oder durch Verwaltungsakt auf Grund eines Rechtsatzes verboten ist. Nicht erforderlich zu einer Uebertragung der Beaufsichtigung und Unterweisung ist, daß dem Arbeitgeber die Anleitung selbst nicht versagt ist[64]). Wider die gegenteilige Ansicht ist die Terminologie des

[63]) Auch der Verstoß gegen eine solche Verfügung ist Uebertretung (§ 148 Abs. 1 Ziff. 9 b).

[64]) Dies ist die herrschende Ansicht. Vgl. v. Landmann-Rohmer, Kom. z. GewO., Bd. II, S. 437, Anm. 2 zu § 126 a, S. 470, Anm. 2 zu § 129; Neukamp, Kom. z. GewO., S. 323, Anm. 1 a zu § 129; von Rohrscheidt, Kom. z. GewO., Bd. II, S. 298, Anm. 4 zu § 129; Stier-Somlo, Kom. z. GewO., S. 571, Anm. 2 zu § 106, S. 677, Anm. 1 zu § 129; Nelken, Die deutschen Handwerker- und Arbeiterschutzgesetze, S. 472, Anm. 4 zu § 106, S. 636, Anm. 4 zu § 126. Die gegenteilige Ansicht vertritt das Oberlandesgericht Dresden, Urt. v. 30. März 1927 (Zeitschrift für Deutschlands Buchdrucker vom 10. Juni 1927).

Gesetzes anzuführen, die zwischen Anleitung und Halten von Jugendlichen oder Lehrlingen unterscheidet. Allerdings wird ein Arbeitgeber, dem die Anleitung selbst verboten ist, kaum die Verletzung dieser Vorschriften des Arbeitnehmerschutzrechts auch bei Bestellung eines Vertreters vermeiden können, da in seinen Anweisungen möglicherweise ein Befassen mit der Anleitung liegen kann.

Die Rechtsätze, welche das Halten und Anleiten von Lehrlingen und anderen Jugendlichen als strafbares Verhalten verbieten, richten sich nicht gegen den Abschluß der Arbeitsverträge. Strafbaren Tatbestand bildet allerdings unter den gesetzlichen Voraussetzungen auch die Erfüllung vertraglicher Pflichten (Ausbildungs- und Beschäftigungspflicht gegenüber dem Lehrling). Nichtigkeit des Vertrags wegen rechtswidrigen Inhalts oder wegen der Rechtswidrigkeit der Ausführung der vertraglichen Versprechen kann aus § 134 BGB. nicht hergeleitet werden[65]), da die Verbotsvorschriften sich nicht sowohl gegen die Leistungen schlechthin, sondern nur dagegen richten, daß die Leistung unter bestimmten Umständen oder bei ungeeigneten Eigenschaften einer Partei bewirkt wird, z. B. das Ausbilden von Lehrlingen, solange der kleine Befähigungsnachweis nicht erbracht ist oder der zur Anleitung unbefähigte Arbeitgeber ohne einen dazu befähigten Vertreter ist, das Beschäftigen von Lehrlingen, solange die Lehrlingshöchstzahl überschritten ist oder dem Arbeitgeber die bürgerlichen Ehrenrechte entzogen bleiben. Der Arbeitgeber setzt durch sein Verhalten selbst die Gründe und Tatbestandsmerkmale, unter welchen seine Leistungen als strafbare Handlungen erscheinen. Auch das Unvermögen, die Leistungen zu erbringen, wirkt sich zivilistisch nicht in Nichtigkeit des Vertrags aus, da § 306 BGB. die objektiv unmögliche Leistung voraussetzt.

Da das Lehrvertragsverhältnis seine Rechtswirksamkeit behält, trotz Verstoßes gegen die Vorschriften über das Halten und Anleiten von Lehrlingen (§§ 126, 126 a, 129) und über die Höchstzahl der Lehrlinge (§§ 128, 130), sowie über den Abschluß der Lehrverträge (§ 103 e Abs. 1 Ziff. 1 mit § 150 Abs. 1 Ziff. 4 a, §§ 126 b, 129 b) sind auf die Lehrzeit, welche zur Ablegung der Gehilfenprüfung durchlaufen werden muß, auch die Perioden anzurechnen, während deren der Lehrherr sich wegen Verletzung der angeführten Gebote und Verbote strafbar machte[66]).

Die Verfügungen auf Grund des § 128 Abs. 1, welche die Begründung von Lehrvertragsverhältnissen untersagen, richten sich nur gegen die eine Seite der Beteiligten, gegen den Lehrherrn. Verbotswidrig ist hier

[65]) Ebenso Hueck-Nipperdey, Lehrbuch des Arbeitsrechts, Bd. I, S. 347; Kaskel, Arbeitsrecht, S. 187, Anm. 1; v. Landmann-Rohmer, Kom. z. GewO., S. 464, Anm. 2 zu § 128; Nelken, Die deutschen Handwerker- und Arbeiterschutzgesetze, S. 640, Anm. 8 a zu § 126; Staub, Kom. z. HGB., S. 525, Anm. 1 und 2 zu § 81. And. Auff.: Düringer-Hachenburg, Kom. HGB., Anm. 1 zu § 81.

[66]) Unrichtig die gegenteilige im Klimsch Druckerei-Anzeiger 1928 S. 572, 1930 S. 49 unter Bezugnahme von Entscheidungen vertretene Ansicht. Abweichend auch Nipperdey, Die privatrechtliche Bedeutung des Arbeiterschutzrechtes, Reichsgerichtspraxis S. 208 ff.

die den Vertragsschluß mitherbeiführende Willenserklärung des Arbeitgebers. Ein verbotswidriger Gesamttatbestand mangelt. Die Nichtigkeit des Lehrvertrags ist, weil der Vertrag noch die gültige Willenserklärung des anderen Vertragsteils enthält, die unter dem deliktischen Charakter des anderen Bestandteils des Rechtsgeschäfts nicht leiden darf, nur dann anzunehmen, wenn ausnahmsweise das Gesetz bereits durch eine Rechtswidrigkeit eines Vertragspartners den Geschäftsabschluß vereiteln will. Aus dem Wortlaut des § 128 Abs. 1 und seinem Zweck ist aber ein solcher Wille des Gesetzgebers nicht zu schließen.

Die Tatbestände dieser Delikte des Arbeitnehmerschutzrechts sind, wie dargelegt wurde, nur das Halten und das Anleiten von Lehrlingen und von jugendlichen Arbeitnehmern unter bestimmten Voraussetzungen. Der Abschluß der Anstellungsverträge ist dagegen kein Tatbestandsmerkmal dieser Delikte, jedoch eine Handlung, welche die Delikte erleichtert und vorbereitet. Der Staat erblickt daher in ihr eine besondere Polizeiwidrigkeit und stellt den Polizeibehörden eine Ungehorsamkeitsstrafe zur Verfügung, um die Erfüllung der von ihnen im Einzelfall befohlenen Lösung des Vertragsverhältnisses zu erzwingen. Die gesetzliche Grundlage der Zwangsstrafe bilden die §§ 106 Abs. 2, 144 a. Die Strafe ist im Gegensatz zu den oben angeführten nicht Strafe im Rechtssinn, sondern nur Mittel der Zwangsvollstreckung in der Verwaltung zur Herbeiführung der Lösung des Arbeitsverhältnisses. Da die Zwangsstrafe auf ein Unterlassen gesetzt ist, gegen das nicht zugleich Strafbarkeit durch Strafrechtsatz angedroht ist, kann sie nicht ausgeschlossen sein wegen Zusammentreffen mit einer rechtsatzmäßig angedrohten Kriminalstrafe[67]). Doch ist sie nicht gegeben zur Erzwingung des Gehorsams gegen eine auf Grund des § 128 der GewO. ergangene Verfügung, weil gegen die Nichterfüllung der auferlegten Pflicht zur Lösung des Lehrvertragsverhältnisses schon eine bestimmte Kriminalstrafe angedroht ist[68]).

[67]) Dagegen soll sowohl die Verhängung administrativer Strafe wie die strafgerichtliche Verfolgbarkeit für denselben Tatbestand gegeben sein nach der Auffassung von Nelken, Die deutschen Handwerker- und Arbeiterschutzgesetze, S. 474, Anm. 8 zu § 106.

[68]) Otto Meyer, Deutsches Verwaltungsrecht, Bd. I, S. 279 ff.

Dritter Abschnitt.

Arbeitnehmerschutz durch öffentliches statutarisches Recht und Verwaltungsvorschriften.

Die Rechtsätze der staatlichen Rechtsordnung zur Abwehr der Gefahren im Arbeitsverhältnisse, das zwingende Arbeitsvertragsrecht und das öffentliche Arbeitnehmerschutzrecht erschöpfen die rechtlichen Mittel, mit denen das Ziel dieses sozialpolitischen Schutzes der Arbeitskraft erreicht wird, noch nicht. Neben der Regelung der Materie durch Gesetz, Verordnung und autonomer Satzung, durch die das öffentliche Bedürfnis nach Vorkehrungen zum Schutze der Person des arbeitenden Menschen befriedigt wird, wurde Arbeitnehmerschutz durch statutarisches Recht und Verwaltungsvorschriften öffentlich-rechtlicher Körperschaften verwirklicht. Sachlich stehen diese öffentlich-rechtlichen Bestimmungen dem eigentlichen, starken polizeilichen Einschlag aufweisenden Arbeitnehmerschutzrecht so nahe, daß sie daher regelmäßig, soweit es sich wenigstens um die Unfallverhütungsvorschriften der Berufsgenossenschaften handelt, dem Arbeitnehmerschutzrecht eingegliedert werden [1]. Rechtlich sind sie aber von diesem zu scheiden. Das eigentliche Arbeitnehmerschutzrecht bilden öffentliche Rechtsätze und Verwaltungsakte auf Grund von Rechtsätzen, demnach stets zweiseitige, sowohl Staat wie Untertan bindende Regeln. Die zweiseitige Bindung fehlt dagegen den Verwaltungsvorschriften und statutarischen Bestimmungen. Die öffentliche Gewalt kann jederzeit im Einzelfall Abweichungen von der Regel zulassen. Die Form dieser nur einseitig den Gewaltunterworfenen bindenden Regeln genügt dem Träger körperschaftlicher Selbstverwaltung zur Durchführung seiner Verwaltungsaufgaben. Für das Buchdruckgewerbe kommen zwei Gruppen derartiger Vorschriften in Betracht: die Unfallverhütungsvorschriften der Deutschen Buchdrucker-Berufsgenossenschaft [2]) und die Lehrlingsordnungen für das Buchdruckgewerbe der Handwerks- und Gewerbekammern.

---

[1]) Vgl. insbesondere Kaskel, Arbeitsrecht, S. 199; Hueck-Nipperdey, Lehrbuch des Arbeitsrechts S. 391 f.; Jacobi, Einführung in das Gewerbe- und Arbeitsrecht, S. 85.

[2]) Dieses öffentliche Unternehmen ist gegründet als erste deutsche Berufsgenossenschaft am 7. Januar 1885.

§ 23. Die Unfallverhütungsvorschriften der Deutschen Buchdrucker-Berufsgenossenschaft.

Der Erlaß von Unfallverhütungsvorschriften liegt im eigenen wirtschaftlichen Interesse der Genossenschaft als eine Sicherung gegen die Inanspruchnahme aus einer Häufung von Entschädigungsfällen und ist ihr durch Rechtsatz (RVO. § 848) geboten. Die Deutsche Buchdrucker-Berufsgenossenschaft hat Unfallverhütungsvorschriften sowohl für Betriebsunternehmer wie für Versicherte erlassen. Für beide Personengruppen haben die Vorschriften nicht die verbindliche Kraft von Rechtsätzen, etwa vermöge eines vom Gesetz auf die Berufsgenossenschaft abgeleiteten Verordnungsrechts oder einer Befugnis zum Erlaß autonomer Rechtsnormen [3], sondern wirken mit der Kraft eines besonderen öffentlich-rechtlichen Gewaltverhältnisses zwischen dem Versicherungsträger einerseits und den Arbeitgebern und Versicherten andererseits.

Die Geltung der für die Unternehmer erlassenen Unfallverhütungsvorschriften beruht in der gesetzlichen Zwangsmitgliedschaft der Betriebsunternehmer zur Berufsgenossenschaft (RVO. § 649). Kraft derselben können ihnen zugunsten der öffentlichen Verwaltungsaufgabe, welche der Berufsgenossenschaft übertragen worden ist, öffentlich-rechtliche Mitgliederpflichten, z. B. für bestimmte Schutzeinrichtungen zu sorgen, auferlegt werden. Die der Mitgliedschaft entspringenden Pflichten gehören zum Satzungs- oder statutarischen Recht des Vereins. Einen Bestandteil dieses Rechts bilden die Unfallverhütungsvorschriften. Sie sind öffentlich-rechtliche statutarische Bestimmungen.

Das besondere Gewaltverhältnis zwischen Berufsgenossenschaft und Versicherten, kraft dessen den Arbeitnehmern im Verwaltungsweg Pflichten auf bestimmtes Verhalten in den Buchdruckereibetrieben zugunsten des Verwaltungszwecks der Genossenschaft (Unfallversicherung) auferlegt werden, ist nicht in der Mitgliedschaft begründet, denn die versicherten Arbeitnehmer haben weder Mitgliederrechte noch -pflichten. Diese genießen mit der Beschäftigung im Betrieb auf Grund gesetzlichen Zwanges die Vorteile des öffentlichen Unternehmens (RVO. § 544). Mit dieser öffentlich-rechtlichen Anstaltsnutzung tritt der Versicherte in das besondere Gewalt- oder Abhängigkeitsverhältnis zur Berufsgenossenschaft [4]. Der Anstaltsgewalt untersteht der Arbeitnehmer, wenn er die öffentliche Anstalt, und um eine solche handelt es sich hier, benutzt. Dies geschieht mit dem Beginn seiner Beschäftigung in einem Betriebe. Kraft des Gewaltverhältnisses kann die Berufsgenossenschaft ihm einseitig bindende Anweisungen erteilen. In Ge-

[3]) Vgl. Otto Meyer, Deutsches Verwaltungsrecht, Bd. II, S. 349, Anm. 15; Jacobi, Grundlehren des Arbeitsrechts, S. 142, Anm. 8, S. 441; Constantin, Das rechtliche Verhältnis zwischen Versicherten und Berufsgenossenschaft in der Unfallversicherung, S. 18 ff. Dagegen bezeichnen sie als Rechtsverordnungen auf Verbandsautonomie beruhend, Kaskel, Arbeitsrecht, S. 199; Stier-Somlo, Kom. z. RVO., Anm. 1 zu § 848.

[4]) Gleichartige Gewaltverhältnisse entstehen z. B. durch Aufnahme in ein staatliches Krankenhaus, öffentliche Lehranstalt, in eine Strafanstalt, Betreten eines öffentlichen Museums.

stalt allgemeiner Regeln sind solche als Unfallverhütungsvorschriften für Versicherte ergangen. In der Rechtswirkung stehen die Verwaltungsvorschriften für Versicherte den öffentlichen statutarischen Bestimmungen für Unternehmer gleich.

Beide Gruppen von Unfallverhütungsvorschriften, sowohl die Verwaltungsvorschriften für die Gewaltunterworfenen Versicherten, wie die kraft öffentlich-rechtlichen Mitgliedschaftsverhältnisses für die Unternehmer geltenden, sind für den Betriebsschutz der Buchdrucker in hohem Grade bedeutsam. Die Unternehmer sind verpflichtet, die bauliche Betriebsanlage und die übrigen technischen Betriebsmittel, Schnellpressen, Rotationsmaschinen, Tiegeldruckpressen, Kopfdruckpressen und Perforiermaschinen, Stereotypie- und Gießereimaschinen, die Kraftmaschinen, elektrische Anlagen, Hebezeuge und Fahrstühle, Dampfkesselanlagen, das Fuhrwerk usw. nur in einem solchen Zustande den Arbeitnehmern zu überlassen, der die Unfallgefahr für diese verringert. In einer erstaunlichen Fülle sind die einzelnen Schutzeinrichtungen aufgezählt, welche bei dem einzelnen Betriebsmittel vorhanden sein müssen, um dem Zustand der Unfallsicherheit zu entsprechen. Die Unfallverhütungsvorschriften enthalten eine gewisse Regelung der Ordnung des Betriebs, indem sie den Arbeitgeber verpflichten, bestimmte Anweisungen den Arbeitnehmern über das Verhalten im Betriebe zu erteilen[5]). Der Arbeitnehmer hat diese Anordnungen zu befolgen. Eine Weigerung ist Verletzung der durch Arbeitsvertrag begründeten Gehorsamspflicht. Dem Arbeitgeber ist verboten, Arbeitnehmer mit gewissen Schwächen und Gebrechen mit solchen Arbeiten zu beschäftigen, die sie bei den gesundheitlichen Mängeln einer außergewöhnlichen Gefahr aussetzen würden[6]). Weiterhin ist er verpflichtet, mit gefährlichen, schwierigen und verantwortungsvollen Verrichtungen nur Personen zu betrauen, denen sowohl die damit verbundene Gefahr und Verantwortung bekannt ist. Bestimmte Arbeiten durch Frauen und Jugendliche vornehmen zu lassen, ist daher verboten[7]). Schließlich obliegen ihm Fürsorgepflichten zugunsten Verletzter. Die Unfallverhütungsvorschriften für Versicherte[8]) bestehen aus einer Fülle von Verhaltungsmaßregeln zur Verhütung von Unfällen, deren Beobachtung ihnen unter Androhung von Strafe zur Pflicht gemacht ist. Die besonders wichtigen seien beispielsweise angeführt. Vor dem Ingangsetzen der Druckmaschinen hat der Anlassende sich zu überzeugen, daß keine Person sich im Innern oder in gefährlicher Nähe befindet. Das Ingangsetzen der Rotationsmaschinen ist außerdem durch lauten Zuruf oder durch Signal rechtzeitig anzukündigen. Während des Ganges der Maschinen ist das Berühren der Form, Walzen oder son-

---

[5]) Z. B. Unfallverhütungsvorschriften § 4, Ziff. 1, 4—6, § 7, § 15 Ziff. 8 und 9, § 16 Ziff. 9, 11 ff., § 17 Ziff. 6 ff., § 18 Ziff. 13 ff., § 19 Ziff. 6.

[6]) Unfallverhütungsvorschriften § 4 Ziff. 2.

[7]) Unfallverhütungsvorschriften § 4 Ziff. 3, § 14 Ziff. 6 II, § 15 Ziff. 10, § 16 Ziff. 10, § 17 Ziff. 11, § 20 Ziff. 13, § 21 Ziff. 18, § 22 Ziff. 5.

[8]) Unfallverhütungsvorschriften §§ 23 ff.

stiger bewegter Maschinenteile (Niederdrücken von Spießen, Abfangen von Verunreinigungen) untersagt. Beim Einlegen von Bogen an Tiegeldruckpressen ist das Nachgreifen verboten. Nur in dringenden Fällen dürfen Schutzvorrichtungen entfernt werden. Alle wahrgenommenen Mängel sind unverzüglich dem Vorgesetzten zu melden. Geschlossene Lederschuhe müssen bei Verarbeitung flüssigen Metalls getragen werden usw.

Infolge der Ausdehnung der Unfallversicherung auf die gewerblichen Berufskrankheiten durch die Verordnung vom 12. Mai 1925 (RGBl. I, S. 69) hat die Deutsche Buchdrucker-Berufsgenossenschaft neben den Unfallverhütungsvorschriften noch Krankheitsverhütungsvorschriften, die teilweise inhaltlich mit der Bundesratsverordnung vom 31. Juli 1897 übereinstimmen, aufgestellt. Außerdem hat sie die ersteren wesentlich erweitert. Die neuen Unfall- und Krankheitsverhütungsvorschriften, die noch nicht in Kraft getreten sind, weil die Genehmigung des Reichsversicherungsamtes aussteht, lassen es an der bisherigen klaren Scheidung der statutarischen Vorschriften für Unternehmer und Verwaltungsvorschriften für Versicherte fehlen.

§ 24. Die Lehrlingsordnungen für das Buchdruckgewerbe.

Für den Schutz der Arbeitnehmer in gleicher Weise bedeutsam sind an dieser Stelle die Lehrlingsordnungen anzuführen. Sie sind das jüngste Ergebnis sozialpolitischer Bestrebungen im Buchdruckgewerbe [9]. Lehrlingsordnungen für das Buchdruckgewerbe sind seit 1926 mit ziemlich einheitlichem Inhalt von der überwiegenden Mehrzahl der Handwerks- und Gewerbekammern erlassen worden [10].

Ueber die rechtliche Bedeutung und Wirkungen der Vorschriften der Lehrlingsordnungen herrscht bei den beteiligten Kreisen große Unklarheit. Zur Feststellung ihrer Rechtsnatur wird man vom Rechtscharakter der Handwerks- und Gewerbekammern ausgehen müssen. Der Gesetzgeber hat sie kraft Gesetzes als juristische Persönlichkeiten des öffentlichen Rechts für ein abgegrenztes Stück öffentlicher Verwaltung geschaffen. Der eigene Lebenszweck besteht in erster Linie in der Erfüllung an sich staatlicher Interessen. Der Staat hat die Erledigung der eigenen, d. h. öffentlichen, Aufgabe der Förderung der Volkswirtschaft den Handels-, Handwerks-, Gewerbe- und Landwirtschaftskammern übertragen [11]. Soweit es sich dabei um die Pflege des Handwerks handelt, gehört sie zu dem Wirkungskreis der Gewerbe- und Handwerkskammern.

---

9) Ueber die Schwierigkeiten, die Kammern zum Erlaß von Lehrlingsordnungen zu bewegen und über den Ursprung dieser Ordnungen s. u. S. 130 ff.

10) Bisher haben noch keine Lehrlingsordnung für das Buchdruckgewerbe erlassen: die Kammern von Dessau, Gera, Halle a. S., Schwerin i. M.

11) Vgl. Hereus, Die deutschen Handwerkskammern als Glied der Verwaltung, S. 31 ff.; Tatarin-Tarnheyden, Die Berufsstände im Staatsrecht und die deutsche Wirtschaftsverfassung, S. 62 ff.

Da das abgesonderte Stück öffentlicher Verwaltung außer den Zwecken des Gemeinwesens zugleich den besonderen Interessen der Handwerker dient, lag nahe, die rechtsfähige Verwaltung zum Gegenstand der Selbstverwaltung zu machen [12]). So erscheinen die Vertretung und der zum Zweck der Förderung der handwerklichen Berufsstände vom Gesetz übertragene umfassende Aufgabenkreis (GewO. §§ 103 Abs. 1, 103e) als eigene Angelegenheiten der Selbstverwaltungskörper. Der Anteil des Staates an ihrer Verwaltung äußert sich in dem Aufsichtsrecht. Er hat, wiewohl er diesem Stück öffentlicher Verwaltung die eigene Rechtspersönlichkeit zuerkennt (GewO. § 103 n Abs. 1 mit § 86), durch das Recht der Staatsaufsicht die Sicherheit, den Selbstverwaltungskörper bei der Erfüllung seiner öffentlichen Aufgaben zu erhalten. Die Aufsichtsgewalt über die Handwerkskammern ist ganz allgemein den staatlichen Aufsichtsbehörden vorbehalten. (GewO. § 103c.) Das Aufsichtsrecht ist nicht nur beschränkt auf das Recht der Kenntnisnahme und Rechtsbewahrung, sondern durch besondere Rechtstitel ist für verschiedene Akte der Kammern die Zustimmung der Aufsichtsbehörde vorbehalten [13]). Der Staatseinfluß kommt ferner zum Ausdruck in der Initiative der Länder zur Errichtung dieser Kammern (GewO. §§ 103, 103 m S. 1.) [14]).

Die rechtsfähige Verwaltung ist als Körperschaft ausgestaltet; hinter der juristischen Person steht eine Mitgliederschaft, ein Handwerkerverband. Die Mitgliederschaft bildet einen Verein, dem alle Personen mit bestimmten Merkmalen auch entgegen ihrem Willen kraft gesetzlicher Vorschrift anzugehören gezwungen sind. Mitglieder sind alle diejenigen, die mit den gesetzlich bestimmten Zwecken und Aufgaben der Handwerks- und Gewerbekammern im Zusammenhang stehen oder daran besonders interessiert sind. Es sind die natürlichen und juristischen Personen, die innerhalb des Handwerkskammer-Bezirkes ein produzierendes Gewerbe in der Form des Handwerks oder den Kleinhandel betreiben. Da der Verwaltungszweck gebunden ist an die lokale Entwicklung des zu fördernden Handwerks, andererseits ein Zuständigkeitskonflikt mit anderen Handwerkskammern vermieden werden muß, erhält jede Kammer einen bestimmten Bezirk zugewiesen. Diese Eigenarten bestimmen die Handwerks- und Gewerbekammern

---

12) In der Begründung von 1897 wurde die Handwerkskammer als Organ für die Vertretung und Selbstverwaltung des Handwerks bezeichnet. Es heißt: daneben wird sie als Selbstverwaltungsorgan die Aufgabe haben, diejenigen zur Regelung der Verhältnisse des Handwerks erlassenen gesetzlichen Bestimmungen, welche noch einer Ergänzung der Einzelvorschriften bedürftig und fähig sind, für ihren Bezirk weiter auszubauen, die Durchführung der gesetzlichen und von ihr erlassenen Vorschriften in ihrem Bezirke zu regeln und, soweit erforderlich, durch besondere Beauftragte zu überwachen etc.

13) §§ 103 e Abs. 4, 103 g Abs. 3 Ziff. 4, 5 und Abs. 4, 103 m Abs. 1 S. 2 und 3, 103 n Abs. 1 mit 89 b, 103 Abs. 3, § 133 Abs. 7.

14) Dagegen ging der Anstoß zur Errichtung der artverwandten Handels- und Landwirtschaftskammern durch den Staat von den künftigen Mitgliedern aus. Diese öffentlichen Genossenschaften sind mit Beitrittszwang ausgestattet.

als mit juristischer Persönlichkeit des öffentlichen Rechts ausgestattete Zwangsgenossenschaften von Handwerkern[15]).

Mitglieder der Handwerkskammern sind nicht etwa nur die in § 103 a angeführten Personen, die durch Wahl festgestellt werden. Der Gesetzgeber hat in wenig glücklicher Weise die Bezeichnung Handwerkskammer sowohl für eine juristische Person des öffentlichen Rechts als auch für deren oberstes willenbildendes Organ gebraucht. Diese Doppeldeutigkeit kommt im § 103 n klar zum Ausdruck. Wenn durch § 103 n Abs. 1 in Verbindung mit § 86 ihr Korporationsrechte zugesprochen werden, kann unter Handwerkskammer nur der Verein der selbständigen Handwerker gemeint sein. Einem Organ die Rechtsfähigkeit zuzusprechen, wäre schief. In § 103 oa dagegen wird unter Gewerbekammer nur das Organ der öffentlich-rechtlichen Genosssenschaft verstanden, wie sich aus dem Zusammenhang der Worte „auflösen und Neuwahlen anordnen" ergibt[16]). Der öffentlich-rechtliche Verband soll nicht aufgelöst werden. Die Mitglieder, die im § 103 a angeführt sind, bilden nur einen kleinen Kreis von Mitgliedern mit verstärktem Rechte. Es sind Abgeordnete oder Genossenschaftsvertreter, auf welche die Rechte der übrigen Mitglieder durch Wahl vereinigt ist. Bei derartig großen Vereinen, wie die Handwerkskammern, Berufsgenossenschaften oder die Tarifgemeinschaften der Deutschen Buchdrucker, ist es nicht üblich, weil tatsächlich kaum durchführbar, daß die Mitglieder unmittelbar durch Beschluß ihrer Gesamtheit die ordentliche Vertretung des Vereins stellen. Der Machteinfluß der Mitglieder in der Körperschaft tritt hier nur in Wirksamkeit, indem sie diejenigen wählen, die für sie handeln sollen. Die GewO. bezeichnet diejenigen, die berechtigt sind, durch Wahl ihre Mitgliedsbefugnis, namens der Handwerkskammer Beschlüsse zu fassen, auf einen kleinen Kreis einzelner Personen zu übertragen. Träger des Wahlrechts sind alle in die Handwerksrolle eingetragenen natürlichen und juristischen Personen (§ 103 b). Berechtigt zur Ausübung des Wahlrechts sind nur physische Personen, welche bestimmte Ansprüche auf volle bürgerliche Ehrenstellung und Handlungsfähigkeit erfüllen müssen (§§ 103 ba, 103 bb).

Die Mitgliedschaft bei der Handwerkskammer bedeutet für die selbständigen Handwerker ein Unterwerfungsverhältnis unter eine Vereinsgewalt. Die Handwerker befinden sich gegenüber der Gewerbekammer wie die Unternehmer gegenüber der Berufsgenossenschaft infolge ihrer Zwangsmitgliedschaft zu einer öffentlichen Genossenschaft

---

15) Zum gleichen Ergebnis kommt Tschiersch, Handwerks- und Gewerbekammer-Gesetzgebung Deutschlands, Leipz. Diss., 1930, S. 70. Vgl. auch die Auseinandersetzung mit den dort angeführten Ansichten über die Rechtsnatur der Gewerbekammer (S. 63 ff.), sowie hinsichtlich der in ihrem rechtlichen Aufbau den Gewerbekammern entsprechenden Handelskammern: Otto Mayer, Deutsches Verwaltungsrecht, 2. Bd., 2. Aufl., Anm. 14 zu § 57 und Seidel, die Handelskammergesetzgebung der wichtigeren deutschen Länder, Leipz. Diss., 1929, S. 30 f.

16) Ebenso v. Landmann-Rohmer, Kommentar zur GewO., Bd. II, 1. Teil, 1930, Anmerk. 3 zu § 103 oa, S. 164.

auf welcher der Verwaltungskörper ruht, in einem besonderen Gewaltverhältnis, vermöge dessen sie für die bestimmten Zwecke der öffentlichen Verwaltung der Kammern in Anspruch genommen werden können. Was für die einzelnen Handwerker kraft der Herrschaft der Genossenschaft über ihre Mitglieder als statutarisches Recht gelten soll, bestimmt deren oberstes willensbildendes Organ, die Versammlung der gewählten Mitglieder der Kammer. Bestandteil des statutarischen Rechts sind die in Ausübung ihrer Verwaltungsaufgabe nach § 103 e Abs. 1 Ziff. 1 getroffenen Regeln über das Lehrlingswesen [17]). Zu diesen gehören die Lehrlingsordnungen für das Buchdruckgewerbe. Das statutarische Recht, das zur näheren Regelung des Lehrlingswesens geschaffen wurde, enthält nur einseitig bindende Bestimmungen der Kammern für ihre Mitglieder.

Fehl geht die allgemeine Auffassung, daß die betr. Lehrlingsordnungen für alle Buchdruckereien verbindlich seien [18]). Sie haben nicht Geltung für die Buchdruckereibetriebe, die über den Umfang des Handwerks hinausgehen, denn die Gewerbekammern können nur ihren Mitgliedern die öffentlich-rechtlichen Mitgliedschaftspflichten auferlegen. Eine Feststellung, daß die Lehrlingsordnung über diesen Personenkreis hinaus auch für die übrigen Buchdruckunternehmer gelte [19]), ist rechtlich wirkungslos, da die Handwerkskammer die Grenze ihrer Zuständigkeit überschreitet.

Die statutarischen Vorschriften beruhen auf der öffentlichen Vereinsgewalt und bestimmen, was der Kammer als berechtigtes Rechtssubjekt zukommt und das Mitglied als verpflichtetes Rechtssubjekt zu leisten hat. Die Vorschriften wirken nur mit der Kraft der allgemeinen Mitgliedspflicht, die aus der gesetzlich begründeten Zwangsmitgliedschaft entspringt. Sie sind daher ebenso wenig wie die Unfallverhütungsvorschriften Rechtssätze, die etwa die Rechtsverhältnisse der Mitglieder der Kammer mit Dritten, z. B. ihren Lehrlingen, zwingend bestimmen [20]). Die Lehrlingsordnungen enthalten keine, sowohl für Lehrmeister wie für Lehrlinge in gleicher Weise verbindliche Regeln.

---

17) GewO. § 103 e Ziff. 1 mit §§ 103 g Abs. 3 Ziff. 4, 103 k Ziff. 1, 103 g Abs. 4.

18) Dies ist in der Tat die irrige Auffassung der deutschen Buchdruckereibesitzerorganisation. Siehe Z. f. D. B. 1927, S. 322, 1926, S. 77. Sie stützt sich dabei auf einen allerdings nicht eindeutig formulierten sächsischen Ministerialbescheid, der feststellt, daß die Lehrlingsordnung für das gesamte G e w e r b e ohne Rücksicht auf die Verbandszugehörigkeit des L e h r m e i s t e r s Gültigkeit habe. Während der Begriff „Gewerbe" die Betriebsformen des Handwerks und der Fabrik umschließt, weist die Bezeichnung Lehrmeister auf die Handwerksbetriebe hin, da nur in diesen die Anleitung von Lehrlingen den kleinen Befähigungsnachweis zur Voraussetzung hat.

19) In der Tat heißt es in § 1 der gleichlautenden Lehrlingsordnungen der 5 sächsischen Gewerbekammern: „Die Lehrlingsordnung für das Buchdruckgewerbe .... gilt für alle Buchdruckerlehrlinge und alle Betriebe und Personen, die Buchdruckerlehrlinge ausbilden".

20) Ohne hinreichende Begründung werden die Vorschriften der Handwerkskammern zur näheren Regelung des Lehrlingswesens als objektives Recht bezeichnet: von Hirte, Tarifvertrag und Lehrvertrag, S. 12, 17 f, 33 f; Dethloff, Tarifvertrag und Lehrvertrag, Deutsches Handwerksblatt v. 15. Mai 1928; derselbe, Tarifliche Regelung des Lehrvertrags, Deutsches Handwerksblatt v. 15. Februar 1929; Dörfler, Der Handwerkslehrling im Arbeitsrecht, NZfAR., IV, Sp. 355; Tschiersch, die Handwerks- und Gewerbekammergesetzgebung Deutschlands, Leipz. Diss., 1930, S. 61.

Zu einer nach allgemeinen Merkmalen erfolgenden, für sämtliche Beteiligte des Lehrvertragsverhältnisses, für den Lehrmeister und Lehrling, verbindlichen Festsetzung des Vertragsinhalts mangelt es an der hierzu nötigen Verleihung der Rechtssatzkraft [21]).

Die in der bisherigen Literatur fast allgemein vertretene Auffassung, die von der Gewerbekammer auf Grund des § 103e Ziff. 1 GewO. erlassenen Vorschriften seien Rechtssätze, ist nicht begründet. Die nähere Regelung des Lehrlingswesens ist eine der in § 103e GewO. angeführten Verwaltungsaufgaben der Gewerbekammer. Zur Erfüllung dieser Aufgaben steht ihr die Vereinsgewalt, d. h. diejenige Macht, welche die Genossenschaft gegenüber ihren Mitgliedern auf Grund des Mitgliedsverhältnisses hat, und die Kraft eines besonderen Abhängigkeitsverhältnisses [22]), die sie gegenüber den Lehrlingen ihrer Mitglieder aus eigenem Rechte geltend macht, zur Verfügung. Eine darüber hinausgehende Gewalt, wie das Selbstgesetzgebungsrecht, versteht sich nicht von selbst; sie bedarf einer Grundlage, die nur das Staatsgesetz geben kann. Daran aber fehlt es hier. Eine öffentliche Körperschaft wird nur zum Selbstgesetzgebungsrecht ermächtigt, damit sie Regelungen treffen kann, die über das Maß ihrer Verwaltung und ihrer vollziehenden Gewalt hinausgehen. Die Uebertragung dieser Fähigkeit kann aber nicht schon in der rechtsatzmäßigen Aufstellung einer Verwaltungsaufgabe liegen, die von der Körperschaft mit den ihr an sich schon zustehenden geringeren Machtmitteln erfüllt werden kann. Das trifft für § 103e Ziff. 1 zu. Der Macht des Rechtssatzes bedarf es zu der den Gewerbekammern obliegenden Regelung des Lehrlingswesens nicht. Weil die Mitglieder einem Mitgliedsverhältnis und deren Lehrlinge einem verschärften Abhängigkeitsverhältnis zur Gewerbekammer unterworfen sind, genügen die der öffentlichen Körperschaft zur Verfügung stehenden Machtmittel. Aber auch andere Merkmale weisen darauf hin, daß es sich bei der Regelung des Lehrlingswesens nicht um Autonomie handeln kann. Die Kammer ist an ihre Regelung insoweit nicht gebunden, als sie das ihr eingeräumte Ordnungsstrafrecht nicht zur Anwendung zu bringen braucht. Es steht ihr frei, ob sie Zuwiderhandlungen gegen ihre generellen Vorschriften mit Ordnungsstrafe bedroht und die Geldstrafe bei der unteren Verwaltungsbehörde beantragt (§ 103n Abs. 2 GewO.). Auch der Umstand, daß der Gesetzgeber von den Gegenständen der Regelung des Lehrlingswesens drei Fälle ausdrücklich in anderen Vorschriften hervorhebt, den Gewerbekammern besondere Ermächtigung erteilt und gegen Zuwiderhandlung der Bestimmungen Kriminalstrafe androht (vgl. § 130, § 130a Abs. 2 und § 150 Ziff. 4a GewO.), spricht dafür, daß es im übrigen bei der vollziehenden Gewalt der Gewerbekammern bewenden soll.

---

[21]) Ebenso wiederholt das RArbG., vgl. E. v. 14. März 1928 (73/27), I. Bd. S. 313 f, E. v. 26. September 1928, II. Bd. S. 241 ff.

[22]) s. u. S. 121 f.

Die Befugnis zur Schaffung objektiven Rechts ist diesen Korporationen, wie wir festgestellt haben, nur in bescheidenem Umfange übertragen, nämlich durch § 130 hinsichtlich der zulässigen Höchstzahl der Lehrlinge, durch § 130a Abs. 2 hinsichtlich der Dauer der Lehrzeit und durch § 150 Ziff. 4a hinsichtlich der Beurkundung des Lehrvertrags[23]). Nur in diesen drei Fällen der Ermächtigung zur Selbstgesetzgebung, von denen auch durch die Lehrlingsordnungen für das Buchdruckgewerbe Gebrauch gemacht wurde, ist die körperschaftliche Satzung Quelle des öffentlichen Rechts.

Ehe wir zu den statutarischen Vorschriften der Lehrlingsordnungen kommen, gilt es, außer den Rechtssätzen noch eine zweite Gruppe von Bestimmungen abzusondern, die in größerer Anzahl erscheinen. Es sind die Richtlinien oder Ratschläge, welche die Gewerbe- oder Handwerkskammer ihren Mitgliedern erteilt. Solcherlei Ratschläge können, da ihnen die Verbindlichkeit fehlt, auch Nichtmitgliedern, also Buchdruckindustriellen, erteilt werden. Die Richtlinien und Ratschläge sind daran erkenntlich, daß ihnen die bestimmte Form fehlt, die den Verwaltungsvorschriften und statutarischen Vorschriften eigen ist. Die Unzufriedenheit des Buchdruckgewerbes mit den Lehrlingsordnungen ist in dem Umstand zu suchen, daß eine ganze Reihe von Vorschriften der früheren amtlich geltenden Lehrlingsordnung der Tarifgemeinschaft teils überhaupt nicht, teils nur als Ratschläge in die Lehrlingsordnungen der Handwerks- und Gewerbekammern übergegangen sind. Während die sogenannten Lehrgänge, die dem Lehrherrn einen geordneten Stufengang der Ausbildung vorweisen, in der Lehrlingsordnung der Tarifgemeinschaft als Bestandteil des Satzungsrechts aufgestellt waren, sind sie in den Lehrlingsordnungen der Kammern nur Vorschläge. Das gleiche gilt insbesondere auch von folgenden Bestimmungen: „Ergibt sich durch Prüfung oder ärztliche Untersuchung, daß ein Jugendlicher für den Eintritt in das Buchdruckgewerbe ungeeignet ist, so soll er von keiner Buchdruckerei als Lehrling eingestellt werden“[24]). „Der Lehrling soll nicht mit außerberuflichen Arbeiten beschäftigt werden“[25]).

Den wesentlichsten Teil der Lehrlingsordnungen bilden als spezifische Bestimmungen die statutarischen Vorschriften der Handwerks- und Gewerbekammern. Sie legen den Buchdruckereibesitzern, soweit sie Mitglieder der Kammern sind, eine Anzahl öffentlich-rechtlicher Pflichten, in der Hauptsache zur Sicherung einer ordnungsmäßigen Lehrlingsausbildung auf. Die Mitgliedspflichten der Buchdruckhandwerker gegenüber den Handwerks- oder Gewerbekammern berühren sich vielfach, ebenso wie das öffentliche Arbeitnehmerschutzrecht, mit

[23]) Vgl. oben S. 91 ff., 94 ff., 113 ff.

[24]) § 4 Abs. 2 der sächsischen Lehrlingsordnungen. Dagegen die Lehrlingsordnung der Tarifgemeinschaft, die unter Ziff. 13 denselben Satz wörtlich bis auf das Wort „soll“ enthält. An Stelle des „soll“ stand ein „darf“.

[25]) § 18 Abs. 1 S. 2. Dagegen Ziff. 31 der Lehrlingsordnung der Tarifgemeinschaft. Er darf in der Konzentration auf seine Arbeit nicht gehindert und nicht durch außerberufliche Hilfsarbeiten störend abgehalten werden.

den zwingenden Rechtssätzen, die das Vertragsverhältnis zwischen Lehrherrn und Lehrling bestimmen. Die Erfüllung der öffentlichen Mitgliedspflichten besteht in der Regel in dem gleichen Verhalten, wie es die Vertragspflichten verlangen, nur hat den Anspruch auf Erfüllung im ersten Falle eine öffentliche Körperschaft, im zweiten der Lehrling selbst.

Das wesentlichste der Lehrlingsordnungen überhaupt sind m. E. die statutarischen Vorschriften, welche zu einer geeigneten, für die gute Ausbildung erforderlichen Unterweisung der Lehrlinge verpflichten. Der Lehrherr ist seiner Gewerbekammer verpflichtet, den ihm anvertrauten Lehrling „zu einer solchen Beherrschung der Arbeit zu führen, daß er am Schlusse der Lehrzeit imstande ist, selbständig Arbeiten innerhalb einer Zeit herzustellen, die den lohntariflichen Bestimmungen entspricht" [26]). Um dieses Ausbildungsziel zu erreichen, hat die Unterweisung in einem geordneten Stufengang zu erfolgen, welcher durch Lehrziele bestimmt wird, die für die einzelnen Lehrjahre der Lehrlinge verschiedener Sparten (Setzer-, Drucker- Stereotypeur- und Galvanoplastikerlehrlinge) in den verschiedenen Druckereien (Werk-, Akzidenz- und Zeitungsdruckereien) aufgestellt sind [27]). Der Lehrherr ist seiner Kammer gegenüber verpflichtet, sich zu bemühen, die Fertigkeiten und Kenntnisse, die als Ziel für das einzelne Lehrjahr gelten [28]), dem Lehrling beizubringen. Die Art und Weise, wie diese Jahreslehrziele erreicht werden, bleibt dem Lehrherrn überlassen. Jedem Lehrziel ist nur als Vorschlag ein sogenannter „Lehrgang" angefügt. Zur Nachprüfung, ob der Lehrherr die vorgeschriebene stufenmäßige Ausbildung wahrgenommen hat, dient eine Zwischenprüfung der Lehrlinge zu Beginn ihres dritten Lehrjahres [29]). Der Lehrherr ist verpflichtet, seine Lehrlinge zu dieser Prüfung anzumelden.

Den Pflichten zu ordnungsmäßiger Berufsausbildung schließen sich Pflichten zu zweckmäßiger Erziehung des Lehrlings an. Es seien folgende angeführt: der Lehrherr hat den Lehrling an Sauberkeit an sich selbst und beim Umgange mit dem Arbeitsmaterial zu gewöhnen, zur Ordnung zu erziehen, ihn zu richtiger Ausdrucksweise zu gewöhnen, ihn während der ganzen Lehrzeit in die Fachschule zu schicken [30]). „Der Lehrherr oder dessen Beauftragter muß die Leistungen des Lehrlings in der Schule durch Einsichtnahme der Hefte und Zeichnungen nachprüfen und ihre Durchsicht durch Unterschrift bestätigen. Er ist nach Vereinbarung mit der Fachschule auch gehalten, sein Urteil über

---

26) § 17 der Lehrlingsordnungen für die 5 sächsischen Gewerbekammern.

27) §§ 24—29 der Lehrlingsordnungen für die 5 sächsischen Gewerbekammern.

28) Als Beispiel sei das Lehrziel des ersten Lehrjahres für Setzerlehrlinge in Werkdruckereien angeführt: „Der Lehrling soll sich einen guten Griff angeeignet haben und regelrecht ausschließen können. Er muß in einer Probestunde mindestens 12 Zeilen Korpus Fraktur von 20 Cicero Breite nach gedruckter oder gut lesbarer Vorlage orthographisch richtig setzen können und fähig sein, leichte Korrekturen selbst auszuführen".

29) §§ 30—32 der Lehrlingsordnungen der 5 sächsischen Gewerbekammern.

30) §§ 18 und 21 der Lehrlingsordnungen der 5 sächsischen Gewerbekammern.

die Leistungen des Lehrlings im Betriebe an der vorgeschriebenen Stelle in das Schulzeugnis einzutragen [31]).

In den Lehrlingsordnungen bewendet es aber nicht mit diesen öffentlichen Pflichten zur Sicherung einer geeigneten Berufsausbildung und Erziehung der Lehrlinge. Es wird dem Lehrherrn außerdem der Abschluß der Lehrverträge nach einheitlichen, formularmäßigen Bedingungen und die Erfüllung bestimmter Leistungen an den Lehrling, Kostgeld, Ueberstundenentschädigung und Urlaub, die jeweils allgemein von einem Fachausschuß festgesetzt werden, geboten [32]) [33]). Zur Aufstellung derartiger Vorschriften, welche die Entlohnung, Ueberstundenentschädigung, Arbeitszeit, Pausen und Urlaub der Lehrlinge betreffen, erachtet man nach der herrschenden Meinung die Kammern für unzuständig [34]). Die Begründung dieser Ansicht geht von zwei Gesichtspunkten aus. Ueberwiegend hält man die Gewerbe- und Handwerkskammern deshalb nicht befugt zu solchen Regelungen, welche die privatrechtlichen Beziehungen zwischen Lehrmeistern und Lehrlingen berühren, weil die gesetzliche Zuständigkeit der Kammern als öffentliche Körperschaften sich beschränke „auf die öffentlich-rechtliche Seite des Lehrverhältnisses, d. h. auf die Regelung derjenigen Bestimmungen des Lehrvertrages (!), die unmittelbar die Ordnung des Lehrverhältnisses, die Ausbildung des Lehrlings, die Ablegung von Prüfungen, die Feststellung der Befugnis zur Anleitung von Lehrlingen, die Festsetzung der Lehrlingshöchstzahlen und die Sicherung des Zwecks der Lehre angeben" [35]). Die andere Begründung geht davon aus, daß die Handwerkskammern im Rahmen ihres Aufgabenkreises Vorschriften nicht nur über die öffentlich-rechtliche, sondern auch über die privatrechtliche Seite des Lehrverhältnisses erlassen können, aber mit der Einschränkung auf einen bestimmten Gegenstand, nämlich, soweit es sich um die Ausbildung der Lehrlinge handelt. Die sachliche Begrenzung ergebe sich daraus, daß die Handwerkskammern für die „nähere" Regelung der in der GewO. enthaltenen Bestimmungen über das Lehrlingswesen, deren gemeinsamer Zweck in der Förderung der Ausbildung liege, zuständig wären [36]).

Das Wesen der Befugnisse der Handwerks- und Gewerbekammern zur näheren Regelung des Lehrlingswesens ist bisher völlig verkannt

31) § 23 der Lehrlingsordnungen.

32) Vgl. § 11 Abs. 1 S. 2, §§ 13, 14 der 5 sächsischen Lehrlingsordnungen.

33) Derartige Bestimmungen in den Lehrlingsordnungen für das Buchdruckgewerbe haben mitunter wegen Mangels der erforderlichen Bestimmtheit nur den Charakter von Richtlinien.

34) Dagegen die Kreise des organisierten Handwerks, s. o. S. [illegible]8 ff.

35) Aus dem Bescheid des Reichsarbeitsministers v. 30. November 1920 (RArbBl. Amtl. T., Jahrg. 1921, S. 329). Dieser Auffassung schließen sich an v. Landmann-Rohmer, Komm. z. GewO., II. Bd. I. Teil, 1930, S. 144, Anm. 2 zu § 103 e, Bd. II, 1925, S. 432, 439, u. a. O.; GG. Erfurt v. 14. September 1921 (GKG. 1921 Sp. 70), Entscheidung des thüringischen Wirtschaftsministeriums, v. 27. März 1923, GKG. 1923, Sp. 159; Sitzler, Tarifvertragsrecht, S. 13 f., Anm. 2 b zu § 1; Schindler, Lehrlingswesen; HWStaatsw., S. 322; Erdel, Regelung des Lehrlingswesens durch Tarifvertrag oder Schiedsspruch, SchlWes. 1921, S. 74 f; Kleinschmidt, Tarifliche Regelung des Lehrvertrags etc., NZfArbR. 1928, Bd. VIII, S. 743.

36) Vgl. Hirte, Tarifvertrag und Lehrvertrag, Diss., S. 14 ff.

worden. Der Auffassung liegt eine abwegige Gliederung des Lehrvertragsverhältnisses in eine öffentlich-rechtliche und eine privatrechtliche Seite zugrunde. Nach der Meinung des Reichsarbeitsministeriums sind die Bestimmungen des Lehrvertrags „über die unmittelbare Ordnung des Lehrverhältnisses" und über die Ausbildung öffentlich-rechtlich. Nach der hier allein als brauchbar anerkannten Subjektstheorie ist das Lehrvertragsverhältnis in seiner Ganzheit ein privates Rechtsverhältnis. Danach erscheint die Zergliederung des Lehrvertrages in zwei Teile, von denen der eine die Entschädigung, den Urlaub, die Arbeitszeit, der andere die übrigen Rechte und Pflichten der Parteien, insbesondere die Ausbildungspflicht regelt, willkürlich [37]) und zu einer Rechtfertigung einer Begrenzung der Zuständigkeit der Kammern ungeeignet. Für eine Beschränkung der Zuständigkeit zur „näheren Regelung des Lehrlingswesens" auf eine sachlich begrenzte Materie des Lehrlingswesens läßt sich ebenfalls kein Anhalt finden. Aus einer gesetzespolitischen Absicht, die den Vorschriften der GewO. über das Lehrlingswesen zugrunde liegt, kann der Umfang der Befugnisse der Kammern nicht bestimmt werden. Der Tatbestand der Rechtssätze selbst betrifft nur vereinzelt die Ausbildungspflicht des Lehrherrn. Nach dem Wortlaut des Gesetzes ist ohne jede Einschränkung den Handwerkskammern die Regelung des Lehrlingswesens überlassen. Es läßt sich in keiner Weise die Auffassung rechtfertigen, daß sie nur einen Teil des Lehrverhältnisses regeln können [38]).

Es ist davon auszugehen, daß diese Regelungen ihrer Rechtsnatur nach öffentlich-rechtliche statutarische Bestimmungen sind, da sie auf öffentlich-rechtlicher Vereinsgewalt beruhen. Sie begründen nur öffentlich-rechtliche Pflichten der Buchdruckhandwerker gegenüber der Kammer, auch dann, wenn ihr Gegenstand in den gleichen Leistungen besteht, wie die der Vertragspflichten gegenüber dem Lehrling, z. B. ein bestimmtes Entgelt zu zahlen. Dadurch wird die Erfüllung des Lehrvertrags durch hinter und neben ihm stehende Mitgliedschaftspflichten gesichert, eine Erscheinung, die dem Verhältnis des Arbeitnehmerschutzrechts zum Arbeitsvertragsrecht gleicht. Es liegt durchaus im Rahmen der Verwaltungsaufgabe der Kammern, ihre Mitglieder anzuhalten, den Lehrlingen gewisse Mindestentschädigungen zu zahlen, ihnen Urlaub zu gewähren, insbesondere ihre Beschäftigung in Ueberstunden durch eine erhöhte Entschädigung zu erschweren. In Anbetracht der Geschäftsunerfahrenheit dieser jugendlichen Arbeitnehmer und der langen Dauer des Lehrverhältnisses erscheint es dringend, daß die Kammern ihren Mitgliedern derartige Pflichten auferlegen.

Auf Grund des § 103 e Ziff. 1 GewO. können die Handwerkskammern auch Bestimmungen für Lehrlinge treffen. Auch hierbei handelt es

[37]) Ebenso OLG. Kiel, Urt. v. 20. Juni 23. (RArbBl. Amtl. T. S. 394).

[38]) Ebenso OLG. Kiel, Urteil vom 20. Juni 1923 (RArbBl. Amtl. Teil S. 394); OLG. Naumburg, Urteil vom 17. Juni 1924 (J. W. 1925, S. 281), LG. Frankfurt (DHBl. 16, s. 145).

sich nicht um einen Akt der Autonomie, vielmehr beruht die Befugnis zu diesen Anordnungen auf der den Handwerkskammern übertragenen Macht zugunsten ihres öffentlichen Verwaltungszweckes. Da diese Macht auch genügt, besteht keine Veranlassung, die Uebertragung einer darüber hinausgehenden öffentlichen Gewalt, wie sie das Selbstgesetzgebungsrecht darstellt, anzunehmen, zumal auch kein Anhalt hierfür vorhanden ist. Der § 103 e Ziff. 1 GewO. gibt zugleich die gesetzliche Grundlage für ein besonderes Gewaltverhältnis, das die Handwerkslehrlinge in eine verschärfte Abhängigkeit zu den Handwerkskammern zugunsten der ihnen obliegenden Verwaltungsaufgabe, den gewerblichen Nachwuchs zu fördern, bringt. Es folgt aus der öffentlichen Ordnung des Lehrlingswesens, deren Regelung den Handwerkskammern obliegt, von selbst, daß diejenigen, die es in erster Linie angeht und deren Nutzen sie dient, sich danach richten müssen. Was im Rahmen der Ordnung des Lehrlingswesens an Tun und Lassen seitens der Handwerkslehrlinge an Anweisungen erforderlich wird, hat nach § 103 e Ziff. 1 in Gestalt von Verwaltungsvorschriften [39]) zu ergehen. Gegen Zuwiderhandlung kann nach § 103 n Abs. 2 Ordnungsstrafe angedroht werden. Die Lehrlingsordnungen für das Buchdruckgewerbe enthalten derartige Vorschriften, die den Lehrlingen ein bestimmtes Verhalten gebieten, z. B. die Zwischenprüfung nach Ablauf des zweiten Lehrjahres abzulegen. Gegen ihre Verletzung ist eine Ordnungsstrafe von 20 RM. angedroht. Auch die Lehrlingsprüfungsordnungen, die in erster Linie in Anweisungen an die Mitglieder des Prüfungsausschusses zu bestimmtem Verhalten bestehen, bestimmen zugleich den Umfang der Anforderungen, welche von den Lehrlingen zur Erlangung des Befähigungsnachweises erfüllt werden müssen.

§ 25. Die Durchsetzung der statutarischen Bestimmungen und Verwaltungsvorschriften.

Die Durchführung der Verwaltungsvorschriften und statutarischen Bestimmungen ähnelt der des Arbeitnehmerschutzrechts. In Anbetracht der Verschiedenartigkeit des Rechtscharakters müssen auch die rechtlichen Mittel der Durchsetzung grundsätzliche Besonderheiten aufweisen. Die Ueberwachung der Erfüllung der rechtsatzmäßigen öffentlich-rechtlichen Verpflichtungen ist den staatlichen Gewerbeaufsichtsbehörden, deren Beamte polizeiliche Befugnisse haben, übertragen. Auch die öffentlichen Genossenschaften beobachten die Erfüllung ihres statutarischen Rechts und die Anweisungen im Gewaltverhältnis; die Berufsgenossenschaften durch eigene technische Aufsichtsbeamte (RVO. §§ 874, 875 ff.), die Handwerks- und Gewerbe-

[39]) Das RArbG. kennzeichnet die zur Regelung des Lehrlingswesens von den Kammern erlassenen Bestimmungen ohne besondere Begründung als Richtlinien und Verwaltungsvorschriften. E. v. 14. März 1928, RArbG. Bd. 1, S. 317; E. v. 26. September 1928, RArbG., Bd. 2, S. 243 f.

kammern durch Beauftragte (GewO. § 103 n Abs. 1 mit § 94 c). Besondere Fachausschüsse haben die Aufgabe, die Durchführung der Lehrlingsordnungen zu überwachen. Die Aufsichtführenden haben das Recht auf Zutritt zu den Betrieben und auf Auskunft.

Die einzelne Handwerks- und Gewerbekammer hat die Durchführung der Lehrlingsordnung einem Fachausschuß für das Buchdruckgewerbe, der als „Organ der Kammer" bezeichnet wird, übertragen. Seine Zusammensetzung entspricht jedoch nicht den gesetzlichen Vorschriften über die Bildung von Kammerausschüssen, die als Organe im Sinne des § 103 c d angesehen werden. Die Wahl solcher Organe muß durch Beschlußfassung des Hauptorgans, der Vollversammlung der Gewerbe- oder Handwerkskammer, erfolgen (§ 103 g Abs. 3 Ziff. 1). Ihre Mitglieder werden von der Vollversammlung auf fünf Jahre gewählt (§ 103 c d). Schon diese Voraussetzung trifft auf den Fachausschuß nicht zu. Seine Mitglieder werden durch die Kreis- bzw. Gauvorstände der Arbeitgeber- und Arbeitnehmerorganisationen gewählt. Wenn auch die Rechtswirksamkeit der Wahl von dem Zustimmungsbeschluß der Kammer abhängig gemacht ist, so entspricht dies doch nicht dem Erfordernis einer eigenen Wahl der Kammer, denn ihr Einfluß ist darauf beschränkt, nur die Bestätigung der erfolgten Wahl zu geben oder zu versagen. Außerdem verlangt das Gesetz, daß der Ausschuß aus der Mitte der „Handwerkskammer" gebildet wird, wenn er ein Willensträger der Körperschaft sein soll (§ 103 d und § 103 c d). Auch dieses Erfordernis erfüllt die Bildung des Fachausschusses nur in unzulänglicher Weise. Nur der von der Kammer in den Fachausschuß entsandte Vertreter dürfte in der Regel dem Kreise der Abgeordneten in der Genossenschaftsversammlung angehören. Er allein ist jedenfalls nicht Ausschuß. Als Mitglieder sind für die Ausschüsse, die als Organe Willensträger der öffentlich-rechtlichen Genossenschaft darstellen, nur die aus der Handwerkerschaft gewählten Handwerkskammervertreter geeignet[40]). Andere Personen können nur als Sachverständige mit beratender Stimme an den Verhandlungen der Ausschüsse teilnehmen. Die in den Fachausschuß hineingewählten Personen sind nicht nur Eigentümer von Handwerksbetrieben, sondern auch Unternehmer der Buchdruckindustrie, sowie Betriebsleiter, Faktoren, ganz abgesehen von den Gehilfenvertretern. Daraus ergibt sich zur Genüge, daß die Fachausschüsse für das Buchdruckgewerbe in den einzelnen Gewerbe- und Handwerkskammerbezirken nicht Organe der Kammer sind, wie es unrichtig in den Lehrlingsordnungen festgestellt ist. Es muß daher zweifelhaft erscheinen, ob die Fachausschüsse zur Erledigung übertragener Verwaltungsaufgaben der Kammern befähigt sind. Die Handwerkskammern können die ihnen obliegenden Verwaltungsaufgaben nicht auf Stellen weiter übertragen, die außerhalb ihres Organismus liegen. Den Fachausschüssen obliegt in der Hauptsache die

---

40) Ebenso im Ergebnisse ein Bescheid der Handwerkskammer Stettin, Buchdruckerwoche 1930, Nr. 6, S. 71.

Durchführung der Vor- und Zwischenprüfungen und die Feststellung des näheren Inhalts der statutarischen Pflichten des Lehrherrn zur Zahlung von Kostgeld, von Ueberstundenentschädigung und zur Gewährung von Urlaub für die Lehrlinge. Soweit die Fachausschüsse lediglich mit der Aufsicht über die Durchführung der Lehrlingsordnungen beauftragt sind, erübrigen sich die Bedenken, da für diese Funktion die geschilderten Voraussetzungen nicht erforderlich sind.

Die öffentlichen Körperschaften, Berufsgenossenschaften und Gewerbekammern, können nicht den ihren statutarischen Vorschriften entsprechenden Zustand mit den Zwangsmitteln herbeiführen, die dem Staate zur Durchsetzung des Arbeitnehmerschutzrechtes in Beugestrafe, Zwangsersatzvornahme und polizeilicher Einstellung des Betriebs zur Verfügung stehen. Auch die Möglichkeit des Ausschlusses ungehorsamer Mitglieder ist den Zwangsgenossenschaften versagt. Der Ausschluß von der Benutzung der öffentlichen Anstalt der Unfallversicherung kann ebenfalls nicht erfolgen.

Als Nachteil kann bei Verstößen gegen die statutarischen Bestimmungen und Verwaltungsvorschriften lediglich eine Geldstrafe angedroht werden. Die Deutsche Buchdrucker-Berufsgenossenschaft hat von dem Rechte der Strafandrohung (RGO. § 851) für die Zuwiderhandlung gegen jede Unfallverhütungsvorschrift ergiebig Gebrauch gemacht, dagegen bei den Gewerbe- und Handwerkskammern finden sich nur spärliche Anwendungsfälle [41]). Die Strafen sind nicht Kriminalstrafen, wie sie bei Zuwiderhandlung gegen das Arbeitnehmerschutzrecht angedroht sind, sondern Ordnungsstrafen [42]), da sie lediglich Verstöße gegen eine zur Erfüllung von Verwaltungsaufgaben erforderliche Ordnung, nicht aber Verletzung des objektiven Rechts ahnden. Ebenso wie die verschiedene Arbeitsaufsicht der Genossenschaften und der staatlichen Gewerbeaufsichtsbeamten sich grundsätzlich selbständig voneinander vollzieht, kann zugleich die Verhängung der Kriminalstrafe durch das ordentliche Gericht und die Festsetzung der Ordnungsstrafe durch die Körperschaften oder Verwaltungsbehörden erfolgen, wenn eine Arbeitnehmerschutzvorschrift und eine statutarische Bestimmung mit den gleichen Tatbeständen auf demselben Geltungsgebiete, was sich nicht selten findet, verletzt wurde [43]). Die Verletzung der weitergehenden Vorschrift ist notwendig zugleich Verletzung einer juris-

[41]) In den sächsischen Lehrlingsordnungen ist die Zuwiderhandlung gegen die eine statutarische Vorschrift, die Lehrlinge vor Ablauf des zweiten Lehrjahres zur Zwischenprüfung durch den Fachausschuß bei der beteiligten Arbeitgeberorganisation anzumelden, mit Ordnungsstrafe bedroht.

[42]) Ebenso Stier-Somlo, Kommentar zur RVO., Anmerk. 6 zu § 851 S. 570; Constantin, Das rechtliche Verhältnis zwischen Versicherten und Berufsgenossenschaft in der Unfallversicherung, S. 24 ff. Dagegen bezeichnet Kaskel, Arbeitsrecht, S. 264, die Strafen der Berufsgenossenschaft als Kriminalstrafen.

[43]) Stier-Somlo, Kommentar zur RVO., Anmerk. zu § 585; Heeschen, Der Arbeitnehmerschutz der Seeleute, S. 32; A. A. v. Landmann-Rohmer, Kommentar zur GewO., Bd. II, T. I, 1930, S. 161, Anmerk. 2 zu § 103 n.

tisch verschiedenartigen Vorschrift mit sachlich gleichen ober mindergroßen Anforderungen. Während aber die Kriminalstrafe verwirkt ist durch den Ungehorsam, steht die Verhängung der Ordnungsstrafen unter dem Opportunitätsprinzip. Die Unterschiedlichkeit der Mittel zur Durchsetzung beruht darin, daß die statutarischen Bestimmungen und Verwaltungsvorschriften im Gegensatz zum Arbeitnehmerschutzrecht nicht die Unverbrüchlichkeit der Regel besitzen, sondern für den Einzelfall unverbindliche Regelungen enthalten. Beispielsweise könnte die Gewerbekammer trotz entgegenstehender statutarischer Vorschrift die Einstellung eines schwächlichen Jugendlichen als Setzerlehrling zulassen. Wegen der grundsätzlichen Verschiedenartigkeiten müssen bei den Lehrlingsordnungen die mit Rechtssatzwirkung ausgestatteten in das Arbeitnehmerschutzrecht gehörigen Bestimmungen von den statutarischen Vorschriften unterschieden werden. Nur bei Verletzung der ersteren sind die Kriminalstrafen des § 148 Ziff. 9 b) und des § 150 Ziff. 4 a verwirkt. Außerdem kann die Ordnungsstrafe des § 103 n Abs. 2 verhängt werden. Bei Zuwiderhandlungen gegen die Letzteren kommt nur die Ordnungsstrafe des § 103 n Abs. 2 in Betracht. Die Notwendigkeit dieser Unterscheidung der Vorschriften der Handwerkskammern und der Strafen des § 103 n und der §§ 148 Ziff. 9 b und 150 Ziff. 4 a werden allgemein verkannt[44]).

Da das statutarische Recht der Lehrlingsordnungen nicht objektives Recht ist, erfüllen Zuwiderhandlungen nicht den strafbaren Tatbestand der Arbeitnehmerschutzvorschrift des § 148 Ziff. 9 GewO., welche die Verletzung der gesetzlichen Pflichten gegen die anvertrauten Lehrlinge verbietet. Die Unfallverhütungsvorschriften, die gleichfalls nicht Rechtsquelle sind, stellen kein „Schutzgesetz" im Sinne des § 823 Abs. 2 BGB. dar[45]). Ein Arbeitgeber ist daher nicht schadenersatzpflichtig nach § 823 Abs. 2, wenn infolge Verstoßes gegen die Vorschriften der Berufsgenossenschaft ein Schaden des Arbeitnehmers eintritt; anders bei Schäden infolge Verletzung des Arbeitnehmerschutzrechts oder der zwingenden Vorschriften des Arbeitsvertragsrechts, welche Arbeitsgefahren abwenden. Unberührt bleibt, ob infolge Außerachtlassung der Unfallverhütungsvorschriften das Schuldmoment einer sonst gegebenen unerlaubten Handlung in Betracht kommt. Regelmäßig wird sich der Entschädigungs-

---

[44]) Die Kommentatoren der GewO. halten aus dieser Verkennung die Strafe des § 103 n Abs. 2 für überflüssig, weil das Gesetz die Strafbestimmungen der §§ 148 Ziff. 9 b und 150 Ziff. 4 a bringt. Neben der Kriminalstrafe dürfe wegen Verletzung einer zur autonomen Satzung erhobenen Vorschrift statutarischen Rechts die Ordnungsstrafe nicht verhängt werden. v. Landmann-Rohmer, Kommentar zur GewO., Bd. II, T. I, 1930, S. 161, Anmerk. 2 zu § 103 n; Stier-Somlo, Kommentar zur GewO., S. 498 Anmerk. 2 zu § 103 n; Nelken, Die deutschen Handwerker- und Arbeiterschutzgesetze, S. 298, Anmerk. 2 zu § 103 n.

[45]) Die herrschende Meinung spricht in Anlehnung an das Reichsgerichtsurteil, Bd. 48 S. 331 den Unfallverhütungsvorschriften den Charakter von Schutzgesetzen im Sinne des § 823 Abs. 2 mit der Begründung ab, der Grund der Ermächtigung zu ihrem Erlaß wäre in erster Linie die wirtschaftliche Sicherung der Berufsgenossenschaften vor einer Häufung von Entschädigungsansprüchen, nicht aber stehe der Schutz Dritter als beabsichtigter Zweck im Vordergrunde. So: Reichsgerichtsräte Kom. z. BGB. Bd. 2, 6. Aufl., 1928, Anm. 14 IV zu § 823 S. 567; Staudinger, Kom. z. BGB. II T., 7./8. Aufl., Anm. III A 2 cß, S. 1717.

anspruch des Verletzten auf die Haftung wegen Fahrlässigkeit nach § 823 Abs. 1 BGB. stützen, wobei allerdings die Frage des mitwirkenden eigenen Verschuldens zu erörtern ist.

Die Buchdrucker-Berufsgenossenschaft droht gegen ihre Mitglieder und gegen die nach RVO. § 913 mit ihrer Vertretung betrauten Personen Strafen bis zu einer Höhe von 10 000 RM., gegen Arbeitnehmer bis zu 1000 RM. an. Die Handwerks- und Gewerbekammern drohen mit Ordnungsstrafen bis zu 1000 RM. Diese Strafen können nur verhängt werden für ein Uebel, für das sie ausdrücklich angedroht sind. Die Festsetzung der Strafen im Einzelfall kann die Berufsgenossenschaft selbst nur gegenüber ihren Mitgliedern vornehmen. Im übrigen können die Selbstverwaltungskörperschaften die Strafen nicht selbst verhängen, sondern müssen das Staatsbehörden überlassen, und zwar die Bestrafung der Anstaltsnutzer der Berufsgenossenschaft dem Versicherungsamt (RVO. § 870), die Bestrafung eines Mitglieds der Kammern der unmittelbar vorgesetzten Aufsichtsbehörde der Kammer. Die Verhängung von Ordnungsstrafen setzt schuldhafte Zuwiderhandlung voraus.

Vierter Abschnitt.

Der Deutsche Buchdruckertarif und die Lehrlingsordnungen.

§ 26. Das Verhältnis des Deutschen Buchdruckertarifs zu den öffentlich-rechtlichen Arbeitnehmerschutzvorschriften im allgemeinen.

Ehe noch der sozialreformatorische Gedanke des Gesetzgebers zur Beseitigung der die Arbeitnehmer schädigenden Auswirkungen der Freiheit des Arbeitsvertrags die Sozialversicherungs- und Arbeitnehmerschutzgesetzgebung einleitete, haben die Buchdrucker infolge ihrer Geschlossenheit, die durch eine Reihe geschickter Organisationstalente, wie Richard Härtel, gefestigt wurde, und infolge besonderer historisch und wirtschaftlich begründeter Umstände die Besserung der Arbeitsbedingungen durch die Gründung von Tarifgemeinschaften erlangt. Andere Berufsgruppen haben das gleiche Ziel, wenn auch in geringerem Maße durch Abschluß von Tarifverträgen erreicht. Der Arbeitstarif war für die Buchdrucker das Mittel, die unbefriedigend gestalteten Arbeitsverhältnisse zu bessern. Nicht nur das Entgelt für die geleistete Arbeit sondern auch Bestimmungen, die den Arbeitgeber verpflichteten, hygienische und soziale Maßnahmen zur Erhaltung der Arbeitskraft zu treffen, waren Gegenstand ihrer Arbeitstarife. Die Arbeitnehmerschaft des Buchdruckgewerbes hat es vorgezogen, aus eigener Kraft, sei es im Verhandlungswege mit den Arbeitgebern oder mittels Arbeitskampf einen Schutz der Arbeitskraft zu erhalten, da die Versuche, den Gesetzgeber dazu zu bewegen, wie z. B. die Petitionen der Buchdrucker an den Bundesrat um Erlaß einer Lehrlingsordnung mit Lehrlingsskala, ergebnislos waren, und dieser Weg auch aus politischen Gründen vielfach nicht erst beschritten wurde. Auf diese Weise ist der Deutsche Buchdruckertarif Mittel zur Verwirklichung des Schutzes der Arbeitskraft geworden. Die Vorschriften des Buchdruckertarifs, die sich mit dem gleichen Gegenstand befassen wie das öffentliche Arbeitnehmerschutzrecht, die allgemeinen Anweisungen im Gewaltverhältnis der Berufsgenossenschaft und die statutarischen Vorschriften der Lehrlingsordnungen, verdienen gleichermaßen als Schutzbestimmungen bezeichnet zu werden. Mit Unrecht wird der Tarifvertrag als rechtliches

Mittel für das sachlich gleiche Ziel meist nicht gewürdigt, obwohl er nicht nur einst beim Fehlen des Arbeitnehmerschutzrechts, sondern auch jetzt noch in dieser Hinsicht bedeutsam ist.

Das Verhältnis der tariflichen Schutzbestimmungen zum öffentlichen Arbeitnehmerschutzrecht ist ein dreifaches. Vielfach bereitet die tarifliche Rechtsentwicklung erst das öffentliche Arbeitnehmerschutzrecht vor, so daß sich der Staat damit begnügen kann, den Gegenstand tarifvertraglicher Bestimmungen zum Inhalt von Rechtsätzen zu machen, deren Beachtung durch Androhung von Strafe und Zwang besonders gesichert wird. Das markanteste Beispiel bietet hierfür der Lehrlingsschutz in Buchdruckereien. Dieser gesetzespolitisch ideale Zustand, wonach der Tarifvertrag als Pionier des Arbeitnehmerschutzrechts erscheint, enthebt die gesetzgebenden Organe der Verantwortung für die richtige Wahl der Mittel hinsichtlich ihrer Zweckmäßigkeit und wirtschaftlichen Tragbarkeit und erleichtert die Arbeitnehmerschutzgesetzgebung. Es liegt immerhin im Bereich der Möglichkeit, daß noch eine Reihe Vorschriften des geltenden deutschen Buchdruckertarifs zum Gegenstand öffentlichen Arbeitnehmerschutzrechts erhoben werden, namentlich Vorschriften zugunsten der jugendlichen Arbeiter und der Frauen und die Urlaubsregelung. Vielleicht erübrigt sich aber auch weiterhin infolge der allgemeinen Geltung des Deutschen Buchdruckertarifs ein derartiger öffentlich-rechtlicher Arbeitnehmerschutz.

Neben den Rechtsätzen des Arbeitnehmerschutzrechts bestehen gegenstandsgleiche oder -ähnliche Vorschriften in den Tarifverträgen. Dem öffentlichen Interesse, das an der Erfüllung der Anforderungen des Arbeitnehmerschutzrechts besteht, wird gedient, wenn neben dem Anspruchsverhältnis des Staates gegenüber dem Arbeitgeber die unmittelbar Beteiligten zivilistische Ansprüche gleichen Inhalts, sei es zwischen den Tarifparteien oder zwischen den Parteien des Arbeitsvertrags, entstehen lassen. Insofern fördert der Tarifvertrag die Erfüllung des staatlichen Arbeitnehmerschutzrechts. Jedoch nur selten mögen sich die Tarifparteien damit begnügen, nur gegenstandgleiche Normen aufzustellen. Ihre genaue Kenntnis der wirtschaftlichen Eigentümlichkeiten und der technischen Besonderheiten des Gewerbes läßt eine exakte Erfassung der einzelnen Gefahrquelle zu. Damit werden da, wo der Staat nur den Rahmen allgemeiner für alle Gewerbe bestimmter Grundsätze aufstellt und durch Verfügung feststellen läßt, was im Einzelfalle Rechtens ist, den ermächtigten Verwaltungsbehörden wertvolle Hinweise gegeben, was die beteiligten Interessengruppen der Arbeitgeber und Arbeitnehmer selbst an hygienischen Maßnahmen für notwendig erachten. Diese Anregung bieten etwa folgende tarifliche Vorschriften: „Einzuschmelzende Zeilen sind dem Setzer in gereinigtem und trockenem Zustande zu übergeben“ [1]), „Jugendliche (Hilfsarbeiter) unter 16 Jahren dürfen an Druckmaschinen nur mit Bogenfangen beschäftigt

[1]) Deutscher Buchdrucker-Tarif, § 12 (2).

werden". „Die Beschäftigung von Personen (Hilfsarbeiter) unter 18 Jahren an Rotationsmaschinen ist nicht zulässig"[2]). Die Arbeitstarife erweiterten regelmäßig zugunsten des Arbeitnehmers die Anforderungen, die das staatliche Arbeitnehmerschutzrecht stellt, so daß der Gegenstand der öffentlichen Rechtsätze zurückbleibt hinter den erhöhten Ansprüchen des Tarifrechts. Als Beispiel diene folgende Vorschrift: „Eine dritte Schicht (für Maschinensetzer) ist nur in Ausnahmefällen und nur mit Zustimmung der Kreise bzw. Gaue der vertragsschließenden Organisationen zulässig. In diesem Falle ist für die notwendige Lüftung und Reinigung der Arbeitsräume zu sorgen. Hierfür ist mindestens je ½ Stunde zu Beginn und Schluß der dritten Schicht unter Einbeziehung der Putzzeit einer Schicht zu verwenden"[3]).

Im Arbeitsrecht der Nachkriegszeit ist das Verhältnis des Arbeitnehmerschutzrechts zum Tarifvertragsrecht von einer entgegengesetzten Tendenz beeinflußt worden. Der Staat begnügte sich nicht mehr, zunächst tariflich erreichte Schutzbestimmungen nachträglich zu sanktionieren. Auf den Umstand, daß die Tarifvertragsparteien am besten die wirtschaftlichen und technischen Verhältnisse kennen, stützt sich der Gesetzgeber, indem er neuerdings den Arbeitgeber- und Arbeitnehmerverbänden anheim gibt, im Wege tariflicher Vereinbarung über gewisse gesetzliche Bestimmungen in beschränktem Umfang hinaus selbst das Maß an Anforderungen des Schutzes der Arbeitskraft unter Berücksichtigung der Natur des Gewerbes zu bezeichnen. Diese Neuerung bringt die Arbeitszeitverordnung in der Weise, daß sie mit dem bisherigen Grundsatz bricht, Abweichungen von den gesetzlichen Verboten nur mit der Erlaubnis einer Behörde zu ermöglichen, und es dem übereinstimmenden Willen der Parteien eines Tarifvertrages überläßt, von der innerhalb einer gesetzlichen Grenze zulässigen Durchbrechung des Achtstundentages bzw. der 48-Stunden-Woche Gebrauch zu machen. Hier erscheint die tarifvertragliche Regelung als gesetzliche Voraussetzung einer Ausnahme von der grundsätzlichen Höchstarbeitszeit. Die Stärkung der Gewerkschaften war dem Gesetzgeber die Gewähr, daß kein abträglicher Mißbrauch mit § 5 ArbZV. getrieben würde. Er hat aus dieser Erwägung nur die tarifliche Regelung der Arbeitszeit und nicht die Betriebsvereinbarung zur gesetzlichen Voraussetzung von Mehrarbeit gemacht.

Die allgemeinen Arbeitsbedingungen und die schuldrechtlichen Bestimmungen des Tarifvertrags gelten grundsätzlich uneingeschränkt neben den öffentlich-rechtlichen Schutzbestimmungen des Arbeitnehmerschutzrechts, den Unfallverhütungsvorschriften und den Lehrlingsordnungen. Das gilt insbesondere auch von den tariflichen Vorschriften, die weitergehende Anforderungen zum Schutz der Arbeitskraft verlangen. Nur da, wo sie Pflichten begründen, deren Erfüllung

[2]) Reichstarif für das deutsche Buch- und Zeitungsdruckerei-Hilfspersonal, § 2 (4) und (5).

[3]) Deutscher Buchdrucker-Tarif, § 11 (8).

Verstöße gegen Rechtssätze des Arbeitnehmerschutzrechts darstellen, tritt ihre Nichtigkeit nach § 134 BGB. ein. Die Beziehungen von Tarifvertrag und Arbeitnehmerschutzrecht lassen sich durch die Klarstellung des Verhältnisses des Deutschen Buchdruckertarifs zu den Lehrlingsordnungen besonders deutlich darlegen.

§ 27. Die Entwicklung der Lehrlingsordnungen aus dem Tarifrecht der Buchdrucker.

Die aktuellste Materie des öffentlichen Arbeitnehmerschutzrechts der Buchdrucker ist das Lehrlingsschutzrecht der „Lehrlingsordnungen für das Buchdruckgewerbe". Diese öffentlichen Schutzvorschriften stehen insofern in innigstem Zusammenhang mit dem Tarifrechte des Buchdruckgewerbes, als ihr Gegenstand in vollem Umfange von den Buchdrucktarifen entwickelt bzw. der Satzung der Tarifgemeinschaft entnommen wurde und nur auf das Betreiben der Tarifkontrahenten die Handwerks- und Gewerbekammern von ihrer Autonomie Gebrauch machten und die Lehrlingsordnungen erließen. Dieses ursprüngliche Verhältnis der Lehrlingsordnungen zu den Deutschen Buchdrucktarifen veranlaßt die Verbände, auf die von den Handwerks- und Gewerbekammern erlassenen Lehrlingsordnungen weitere Einwirkung auszuüben. Sie versuchen eine Anpassung der Lehrlingsordnung an den jeweiligen Inhalt der tariflichen Bestimmungen über die Lehrverhältnisse zu erzielen. Die Bestrebungen der Verbände erscheinen verständlich, wenn man sich die Entwicklung der Ausgestaltung des Lehrverhältnisses im Druckgewerbe vergegenwärtigt.

Die Regelung des Lehrverhältnisses geschah ursprünglich in den Buchdruckerordnungen, den Satzungen der Buchdruckerzünfte[4]). In den Ordnungen waren die Voraussetzungen für das Lehrlingsaufdingen aufgestellt. Ein Unehelicher oder einer, der früher als 9 Monate nach dem Eheschluß seiner Eltern geboren war, durfte nicht angenommen werden. Daher hatte sich der Meister den Geburtsbrief aushändigen zu lassen. Es war das Einschreibegeld bestimmt, das in fiscum, die Kasse der löblichen Buchdruckergesellschaft, vom Lehrlinge zu zahlen war. Die Ordnungen enthielten Verbote des Aufdingens einer übermäßigen Anzahl von Jungen. Ueblicherweise durften nicht mehr Lehrlinge eingestellt werden, als Gesellen in der Offizin waren. Die Münchener Buchdruckergesellschaft hatte folgende Einstellungsbeschränkungen:

> „Zweytens soll es keinem Herrn Principal, unter keinerley Vorwand, erlaubt seyn, mehr als zwey Lehrjungen in die Lehre zu nehmen, und kann kein anderer in die Lehrzeit einrücken, bis einer von diesen zweyen wirklich freygesprochen ist. Der Sohn eines hiesigen Herrn Principals kann als dritter Lehrjung angenommen werden, doch kann sich dies nicht auf einen Befreunden, Zöglinge, oder an Kindesstatt Angenommenen erstrecken."

---

[4]) Vgl. Carl Wunderlich, Die Leipziger Buchdruckerordnung vom Jahre 1606, Sonderdruck aus „Die Zeugkiste, kurioser Almanach für Buchdrucker", 1922; Krahl, Der Verband der Deutschen Buchdrucker, 1. Bd., 1916, S. 61 ff., S. 143 ff.; Greifenclau, Von Buchdrucker- und Lehrlingsordnungen, Z. f. Deutschlands Buchdrucker 1925, S. 497 f.

Vorschriften der Ordnungen regelten die Dauer der Warte-, Probe- und Lehrzeit. Die kursächsische Buchdruckerordnung für Leipzig und Wittemberg verbot, das Lehrverhältnis über 4 Jahre auszudehnen. Als übliche Lehrzeit muß nach den anderen Ordnungen die 5jährige Lehrzeit gelten. Bei Wohlverhalten und Tüchtigkeit sowie für Personen mit höherer Schulbildung und vorgeschrittenen Alter konnte ¼—½ Jahr der Mindestlehrzeit zur Erlernung eines Handwerks erlassen werden. Die Ausbildungsweise war gleichfalls vorgeschrieben. Jeder Lehrling, der nicht vom Meister selbst angewiesen wurde, sollte einen Anführgespan erhalten. Ueber das Verhalten inner- und außerhalb der Offizin und über die Arbeitspflicht der Lehrlinge sind Bestimmungen getroffen. Andere Vorschriften verboten die Ausnutzung, schlechte Behandlung und die übermäßig außerberufliche Inanspruchnahme durch Meister und Gesellen. Geregelt ist die Lossprechung und das Postulieren der Cornuten, d. h. die Aufnahme der Ausgelernten in die zünftige Gesellenschaft. Die hohe finanzielle Anspannung der Cornuten, zur Deckung der bei der Verschenkung des Postulats entstehenden Unkosten der mehrtägigen Feiern, der Zeremonien, der Depositio Cornuti typographici, waren für die Gesellen ein Mittel zur Eindämmung des Zustroms zum Berufe. Die Buchdruckerordnungen verboten die Erhebung übermäßiger Geldbeträge und vereinfachten die Postulatsfeier.

Aus der knappen Zusammenstellung der Regelung des Lehrverhältnisses in den Ordnungen der löblichen Buchdruckergesellschaften ist, abgesehen von den polizeistaatlichen Tendenzen, hinsichtlich Inhalts und Umfanges eine weitgehende Aehnlichkeit mit den modernen Lehrlingsordnungen bemerkbar. Die Rechtsnatur ist obendrein die gleiche. Die Regelungen des Lehrverhältnisses sind in beiden Fällen Bestandteil des statutarischen Rechts öffentlich-rechtlicher Körperschaften. Die alten Regeln beruhten auf der öffentlichen Vereinsgewalt der löblichen Buchdruckergesellschaften über ihre Mitglieder; die modernen Lehrlingsordnungen gelten kraft des öffentlichen Zwangsmitgliedsverhältnisses der Buchdruckhandwerker zu den Gewerbe- oder Handwerkskammern.

Die Träger der Fortbildung des Lehrverhältnisses bis zu ihrem jetzigen Zustand waren nach der Beseitigung der Zunftorganisationen im Anfang des 19. Jahrhunderts anfänglich die Buchdruckerinnungen. Doch hat diese öffentlich-rechtliche Organisationsform im Druckgewerbe keinen dauernden Bestand gefunden. Es haben vielmehr die Tarifgemeinschaften der Buchdrucker das Lehrlingswesen bis zu dem Zustand entwickelt, wie es in den modernen Lehrlingsordnungen seinen Niederschlag gefunden hat.

Die Lehrlingsskala und der Ausbildungsschutz bildeten von jeher das Fundament der Buchdruckertarife. Bereits in den ersten Tarifen der nationalen und lokalen Tarifgemeinschaften von 1848 waren Lehrlingsvorschriften aufgenommen worden, denn als Ursache der schlechten wirtschaftlichen Lage der Prinzipale und Gehilfen war der Wegfall der Schranken der Lehre, besonders derjenigen für die Einstellung der Lehrlinge erkannt worden. Die ersten Lehrlingsbestimmungen der Tarife verdanken allerdings mehr dem eigenen Interesse der Prinzipale und Gehilfen ihren Ursprung, als dem Gedanken der Sicherung einer guten Lehrlingsausbildung, sie sollten zur Minderung des Konkurrenzkampfes der Unternehmer und zur Erhaltung der tariflichen Arbeitsbedingungen der Arbeitnehmer beitragen. Die Beseitigung der Schranken der Lehrlingseinstellung, welche durch die Aufhebung der Buchdruckerordnungen und durch den Grundsatz der Freiheit des Arbeitsvertrags erfolgt war, hatte nämlich eine maßlose Beschäftigung dieser Arbeitskräfte zur Verbilligung der Produktionskosten veranlaßt. Mit der ersten technischen Revolution des Gewerbes, der Einführung der Schnellpresse, steigerte sich die Ueberfüllung der Arbeitsplätze mit Lehrlingen in katastrophaler Weise, weil die kleinen Handpressendrucker, die nicht über die Mittel zur Anschaffung einer Schnellpresse verfügten, die billige Lehrlingsarbeit als einzige Möglichkeit, um konkurrenzfähig zu bleiben, in rücksichtsloser Weise auswerteten. Als Folgen traten großer Ueberfluß an Gehilfen, Untauglichkeit der Arbeitnehmer, Gründung von kleinen Druckereien ein, wodurch die frühere Auftragsdecke noch mehr geschwächt und das Preisniveau weiter gedrückt wurde. Die Ueberfüllung des Arbeitsmarktes verursachte die Verschlechterung der Arbeitsbedingungen, lange Arbeitszeit, regelmäßige Sonntags- und Nachtarbeit und Senkung des Lohnes. Die Lehrlingsskalen wurden das Mittel zur Verringerung und Besserung des gewerblichen Nachwuchses.

Seit der Tarifrevision von 1886 enthält jeder deutsche Buchdruckertarif Lehrlingsskalen. In dem Tarifvertrag von 1905 wurden außerdem Fürsorgepflichten des Arbeitgebers zugunsten der Lehrlinge aufgenommen und die Ueberwachung des Lehrlingswesens den Tarifschiedsgerichten übertragen. Der nächste Tarif von 1912 enthält in seinem § 13 eine ausführliche Regelung des buchdruckgewerblichen Lehrverhältnisses.

Die durch die Kriegsjahre vernachlässigte Lehrlingsausbildung veranlaßte am 3. Juli 1918 den Tarifausschuß, das Tarifamt zur Einsetzung einer Kommission zu ermächtigen, welche eine Lehrlingsordnung für das Buchdruckgewerbe schaffen sollte. Das Tarifamt überließ die vorbereitenden Arbeiten nicht der Kommission selbst, sondern der Prinzipals-Organisation, die durch ein von ihr beauftragtes Mitglied (Otto Säuberlich) die Lehrlingsordnung zusammenstellen ließ. Nach 1½jähriger Vorarbeit wurde sie der Kommission vorgelegt, die den Entwurf in wenigen Punkten abänderte. Am 20. April 1920 hat der Tarifausschuß, das oberste, beschlußfassende Organ der Tarifgemeinschaft, dem abgeänderten Entwurfe zugestimmt und das Tarifamt ermächtigt, „die Lehrlingsordnung für das Buchdruckgewerbe in Kraft zu setzen und für die Mitglieder der Tarifgemeinschaft für verbindlich zu erklären“. Das Tarifamt veröffentlichte die Lehrlingsordnung und erklärte sie mit Wirkung vom 1. Mai 1920 sowohl für die Lehrherren als auch für die Lehrlinge als verbindlich. Damit ging das Tarifamt über die Grenzen des rechtlich Möglichen hinaus, denn die Lehrlingsordnung, die neben dem Arbeitstarif und dem Preistarife als dritter Bestandteil des Satzungsrechts der Tarifgemeinschaft zu stellen ist, konnte nur Pflichten der Mitglieder gegenüber ihrem Verein begründen. Für die Lehrlinge, die niemals der Tarifgemeinschaft angehörten, konnte sie keine verbindlichen Regeln enthalten. Die Lehrlingsordnung der Tarifgemeinschaft hat gleichfalls die Wirkung statutarischen Rechts. Nur handelt es sich bei ihr nicht um öffentliches Satzungsrecht, sondern im Gegensatz zu den Buchdruckerordnungen und den Lehrlingsordnungen der Handwerks- und Gewerbekammern um private rechtsgeschäftliche Bestimmungen. Außerdem verletzten die Vorschriften der Lehrlingsordnung über die Gehilfenprüfung zwingendes Recht der Gewerbeordnung.

Ein lebhafter Protest der Handwerks- und Gewerbekammern führte zu einer Eingabe des Reichsverbandes für das Deutsche Handwerk und des Deutschen Handwerks- und Gewerbekammertages beim Reichsarbeitsminister mit dem Ersuchen, die Lehrlingsordnung für ungesetzlich zu erklären. Das Reichsarbeitsministerium erklärte hierauf, daß es einen Antrag auf Allgemeinverbindlichkeitserklärung der Lehrlingsordnung ablehnen würde, da diese in einer Reihe wesentlicher Punkte zwingenden reichsgesetzlichen Vorschriften widerspräche und der verbindlichen Kraft gegenüber den am Tarifvertrag beteiligten Personen entbehre. Die Einwendungen der Rechtswidrigkeit der Lehrlingsordnung veranlaßten den Tarifausschuß, die Mitglieder von der Einhaltung ihrer Vorschriften, mit Ausnahme der §§ 21 bis 23 über das Kostgeld, die Teuerungs-, die Ueberstundenzulage und den Erholungsurlaub zu entbinden.

Die Beanstandungen durch die Kreise des organisierten Handwerks waren zu ihrem größten Teil nicht stichhaltig. Es ist jedoch deren Widerlegung, die sich auf eine Feststellung der Zuständigkeit der Handwerks- und Gewerbekammern und auf das Verhältnis der Regelung des Lehrlingswesens durch die Kammern zu den tariflichen Vorschriften über das Lehrverhältnis hätte stützen müssen, sowie die Beseitigung der wenigen Rechtswidrigkeiten unterblieben. Die Kammern beriefen sich auf GewO. 103 e Abs. 1 Ziff. 1, woraus sie die alleinige Befugnis zur Regelung des Lehrlingswesens herleiteten. Sie unterstellten daher eine derartige tarifliche Regelung des Lehrlingswesens als unzulässig [5]).

Es wurde besonders die Rechtswidrigkeit der Beschränkung der Lehrlingseinstellung durch den Deutschen Buchdruckertarif und der Festsetzung des Entgelts und der einmonatlichen Probezeit in der Lehrlings-

5) Vgl. Hampke, Die Lehrlingsordnung der Tarifgemeinschaft für das Deutsche Buchdruckgewerbe, Industrie- und Gewerbezeitung 1920; das Gutachten des Reichsverbandes des Deutschen Handwerks über die Lehrlingsordnung, DHBl. 1920, Heft 8.

ordnung geltend gemacht. Die Kammern beanstandeten die Ablegung der Vorprüfungen zu Beginn des dritten Lehrjahres und der Gehilfenprüfungen vor den Bezirkslehrlingsausschüssen der Tarifgemeinschaft. Auf die hinsichtlich der Gehilfenprüfung mit Recht beanstandete Verletzung der GewO. brachte die Tarifgemeinschaft beim Reichsarbeitsministerium, dem Preußischen Ministerium für Handel und Gewerbe und dem Reichswirtschaftsrate den Antrag ein, dem deutschen Druckgewerbe die Bestellung der Prüfungsausschüsse, das Verfahren bei der Prüfung, die Gegenstände der Prüfung sowie die Prüfungsgebühren, abweichend von den Vorschriften der §§ 131 bis 132 gemäß der vom deutschen Buchdruckgewerbe aufgestellten Lehrlingsordnung auf Grund des § 132a GewO. zu genehmigen. Ferner ersuchte sie die Behörden um Bezeichnung der gesetzwidrigen Stellen. Die Behörden gaben dem Antrag und dem Ersuchen nicht statt, sondern empfahlen der Tarifgemeinschaft, mit den 72 Handwerks- und Gewerbekammern eine Uebereinstimmung herbeizuführen. Da solche Versuche scheiterten, wandte sich das Tarifamt an den Deutschen Handwerks- und Gewerbekammertag. Mit dessen Vertretung wurde in langwierigen Verhandlungen ein neuer Entwurf geschaffen. Die Mißbilligung des Entwurfs durch die Gehilfenschaft, weil die einzelnen Gewerbekammern als Träger der Ordnung vorgesehen waren, die Lehrlingsstaffel in die Lehrlingsordnung übernommen und ihre Feststellung einem gemeinsam von dem Tarifamt und dem Deutschen Handwerks- und Gewerbekammertag zu bildenden Reichsfachausschuß überlassen war, sowie der Zerfall der Tarifgemeinschaft brachte die Entwicklung zum Abbruch.

Erst im März 1925 wurden die Verhandlungen gemeinsam von den Arbeitgeber- und Arbeitnehmerorganisationen mit dem Deutschen Handwerks- und Gewerbekammertag wieder aufgenommen. Der wesentliche Beweggrund der Arbeitgeberorganisation für den erneuten Versuch zur Schaffung einer Lehrlingsordnung war die in den Kreisen des Handwerks vertretene Auffassung, daß die von ihren gesetzlichen Berufsvertretungen zur Regelung des Lehrlingswesens erlassenen Vorschriften die tarifvertraglichen Lehrlingsbestimmungen ausschalten [6]) Diese Ansicht beruht auf einer Verkennung des Rechtscharakters solcher Vorschriften. Auf der gleichen Unkenntnis dürfte auch das von den Verbänden an den Deutschen Handwerks- und Gewerbekammertag gerichtete Ersuchen beruhen, eine einheitliche deutsche Buchdruckerlehrlingsordnung zu erlassen [7]). Das Ersuchen mußte abgelehnt werden, weil jene Organisation infolge Fehlens einer Zwangsmitgliederschaft von Handwerkern und einer Delegation zum

---

6) Vgl. Eckert, Die neue Lehrlingsordnung für das Buchdruckgewerbe, ZfDB. v. 5. Januar 1926 Nr. 2, S. 17; Woelck, Die Lehrlingsordnung, ZfDB. v. 15. September 1925. Nr. 74, S. 603.

7) Vgl. den Artikel „Das Inkrafttreten der Lehrlingsordnung verzögert" ZfDB. v. 14. August 1925, Nr. 65, S. 507; Woelck, Die Lehrlingsordnung, ZfDB. v. 15. September 1925, Nr. 74. S. 603.

Erlaß von Rechtssätzen keine Macht besitzt, bindende Vorschriften für die Lehrherren zu erlassen. Man mußte sich damit begnügen, eine Lehrlingsordnung zu entwerfen, nach deren Muster der Deutsche Handwerks- und Gewerbekammertag den einzelnen Kammern für ihren Bezirk eine entsprechende Ordnung zu erlassen empfahl. Nach langwierigen Verhandlungen gelang es seit Dezember 1925, die einzelnen Handwerks- und Gewerbekammern zum Erlasse von annähernd gleichen Lehrlingsordnungen für das Buchdruckgewerbe zu bewegen [8]).

Die Entstehungsgeschichte der Lehrlingsordnungen lehrt, daß diese neuartige vollständige Regelung des Lehrlingsrechts einer Berufsgruppe das Ergebnis der Entwicklung der Buchdruckertarife ist. Die Bestrebungen mit den tariflich erreichten Bestimmungen über die Berufsausbildung den Gegenstand der Rechtssetzung des Staates oder anderer Träger öffentlicher Gewalt zu beeinflussen, sind so alt, wie die Tarifentwicklung im Buchdruckgewerbe. Schon 1848 haben die Abgeordneten der National-Buchdruckerversammlung an die Deutsche Nationalversammlung Anträge auf behördliche Ueberwachung des Lehrlingswesens, Beschränkung der Lehrlingszahl und Schutz gegen Willkür und moralisches Verderben gerichtet [9]). Der Tarifausschuß hat im Jahre 1901 das Reichsamt des Innern ersucht, Vorschriften über die höchste Zahl von Lehrlingen für das Buchdruckgewerbe nach Maßgabe der tariflichen Lehrlingsskala zu erlassen [10]).

Aehnlich wie die Buchdruckertarife bahnbrechend für das Tarifvertragsrecht geworden sind, scheinen es die Lehrlingsordnungen des Buchdruckgewerbes für das künftige Lehrlingsschutzrecht zu werden. Die in der Lehrlingsordnung der Tarifgemeinschaft zum ersten Male unter einem einheitlichen Leitgedanken erfolgte vollständige Regelung des Lehrlingswesens, welche nicht nur das eigentliche Lehrvertragsverhältnis, sondern die gesamte Berufsausbildung umfaßt, ist von der Reichsarbeitsverwaltung in dem Entwurf des Berufsausbildungsgesetzes nachgeahmt worden [11]). Unverkennbar ist bei verschiedenen Vorschriften des Gesetzentwurfes der Einfluß der Lehrlingsordnungen. Das gilt für den § 21, nach dem die körperliche und geistige Eignung Voraussetzung für die Einstellung von Lehrlingen sein soll. Die im Entwurf vorgesehene Eignungsprüfung und ärztliche Untersuchung, die gleichfalls dem geltenden Recht fremd sind, haben ihr Vorbild in den buchdruckgewerblichen Lehrlingsordnungen der Tarifgemeinschaft und der Handwerks- und Gewerbekammern. Die Lehrlingsordnungen haben in die Gesetzgebung den Gedanken der berufsständischen Rege-

---

[8]) Den Verlauf des Inkrafttretens der Lehrlingsordnungen schilderten die ständigen Mitteilungen in der ZfDB. (vgl. insbes. ZfDB. v. 5. Januar 1926, Nr. 2, S. 17 ff.; v. 19. Januar 1926, Nr. 6, S. 53, v. 29. Januar 1926, Nr. 9, S. 77; v. 18. Januar 1927, Nr. 5, S. 42), sowie die Berichte über die Tätigkeit des Deutschen Buchdruckervereins von 1925, S. 29 ff.; von 1926, S. 38, von 1927, S. 34 ff.

[9]) Krahl, Der Verband der Deutschen Buchdrucker, 1. Bd., S. 218 ff.

[10]) Imle, Gewerbliche Friedensdokumente, S. 42.

[11]) ZfDB. v. 10. September 1929, Nr. 73, S. 640.

lung des gesamten Gebiets der Berufsausbildung unter Anlehnung an die bestehenden gesetzlichen Berufsvertretungen eingeführt, so wie er in den §§ 72 ff. des Entwurfs, den Vorschriften über die paritätischen Ausschüsse, deren Zusammensetzung, Aufgaben usw., seinen Niederschlag gefunden hat. Die paritätischen Ausschüsse von Arbeitgebern und Arbeitnehmern gehen unmittelbar auf die Kreislehrlingsausschüsse der Tarifgemeinschaft zurück und die Bildung der Ausschüsse bei den gesetzlichen Berufsvertretungen als deren Organe entspricht der Errichtung von Fachausschüssen für das Buchdruckgewerbe bei den Handwerks- und Gewerbekammern, deren Stellung als Organe und deren Funktionen jedoch aus den oben S. 126 dargelegten Widersprüchen mit den Vorschriften des geltenden Rechts auf Bedenken stößt, welche sich mit dem Erlaß des Berufsausbildungsgesetzes zerstreuen würden.

Die Bedeutung des Buchdruckertarifs für die Rechtssetzung des Staates und anderer Träger öffentlicher Gewalt wird nach dem Erlaß der Lehrlingsordnungen nicht verringert. Ueber das Verhältnis des Deutschen Buchdruckertarifs zu den Lehrlingsordnungen bestehen bei den Beteiligten Meinungsverschiedenheiten. Das entspricht dem in Doktrin und Praxis umstrittenen Verhältnis des Tarifvertrags zu der Regelung des Lehrlingswesens durch die Gewerbekammern im allgemeinen.

§ 28. Die Geltung der tariflichen Lehrlingsregelung neben den Lehrlingsordnungen.

Die notwendige Vorfrage für eine Erörterung des Verhältnisses von Tarifvertrag und Lehrlingsordnung ist diejenige, ob die Bedingungen des Lehrvertrags durch den Tarifvertrag geregelt werden können. Den Inhalt des Tarifvertrags bildet die Regelung arbeitsrechtlicher Beziehungen. Notwendig ist nach § 1 TVO. für den Begriff des Tarifvertrags [12]) die Regelung der Bedingungen für den Abschluß von Arbeitsverträgen. Da der Lehrvertrag ein Arbeitsverhältnis, das zwar infolge des Ausbildungszwecks einen eigenartigen Charakter besitzt, begründet [13]), steht der tariflichen Regelung seiner Bedingungen nichts

12) So Jacobi, Grundlehren, S. 181 ff.; Abw. Hueck-Nipperdey, Lehrbuch des Arbeitsrechts, Bd. II, S. 30.

13) Die herrschende Meinung stellt den Lehrvertrag unter den Begriff des Arbeitsvertrags. Vgl. Hueck-Nipperdey, Lehrbuch des Arbeitsrechts, Bd. I, S. 63, Bd. II, S. 62; Jacobi, Grundlehren des Arbeitsrechts, S. 64, Anm. 83; Kaskel, Arbeitsrecht, S. 67, 185; Landmann-Rohmer, Kom. z. GewO., Bd. II. Vorbem. z. T. VII, Abschn. III, S. 432; Sinzheimer, Grundzüge des Arbeitsrechts, S. 41 f.; Sitzler, Tarifvertragsrecht, S. 13 f.; Staub, Kom. z. HGB., Anm. 1 zu § 76, S. 513 f.; Bescheid des Reichsarbeitsministers v. 10. Juli 1920 (RArbBl. 1921, Amtl. T. S. 94) und v. 30. November 1920 (RArbBl. 1921, Amtl. T. S. 329), Entsch. d. thür. Wirtschaftsministeriums v. 27. März 1923 (GKG. 1923, Sp. 158 f.); Erdel, Die Regelung des Lehrlingswesens durch Tarifvertrag oder Schiedsspruch, SchlWes. 1921, S. 73 ff.; Hirte, Tarifvertrag und Lehrvertrag, Diss. S. 9 ff.; Reitz, Sind Lehrverträge Arbeitsverträge, Monatsbl. f. Verw.-Praxis, 17. Jg., Nr. 12, S. 93; Urt. d. KG. Magdeburg v. 25. Oktober 1920 (GKG. XXVI, Sp. 160); Urt. d. GG. Schönebeck a. E. v. 13. Juni 1921 (GKG. XXVII, Sp. 113 ff.); Urt. d. OLG. Hamm v. 27. Juni 1922 (GKG. XXVIII, Sp. 57); Urt. d. OLG. Dresden v. 8. November 1923 (NZfArbR. 1924, Sp. 113 f.); Urt. d. LG. Berlin v. 8. Oktober 1925 (NZfArbR. 1926,

entgegen [14]) [15]). Der Lehrvertrag des Buchdruckgewerbes fällt unter den Begriff des Arbeitsvertrags im Sinne des § 1 TVO., denn im Buchdruckgewerbe hat er nicht den Charakter eines reinen Ausbildungs- und Erziehungsvertrags. Die Aufnahme in die Familie des Lehrherrn und die Naturalverpflegung finden nur noch selten statt. Die Erziehung ist ganz unerheblich; die Einwirkung des Lehrherrn auf den Lehrling beschränkt sich in der Regel nur auf die Zeit, während welcher sich der Lehrling im Betrieb aufhält. Es besteht die Tendenz, die fachliche Ausbildung schnell zu fördern, um die Arbeitsleistung des Lehrlings zu steigern. Die Leistung produktiver Arbeit, zu welcher die Lehrlinge im Buchdruckgewerbe verpflichtet sind, spielt eine gleich wesentliche Rolle wie die Ausbildung, zumal gerade durch die dauernde Ausübung der produktiven Tätigkeit das Lehrziel, nämlich die relative Vollkommenheit der Arbeitsleistung erreicht wird. Dieser Zweck der Arbeitsleistung des Lehrlings ist für die Beurteilung der Rechtsnatur des Lehrvertrags unerheblich [16]). Voraussetzung für den Arbeitsvertrag ist nicht,

Sp. 306); Urt. d. LArbG. Leipzig v. 7. November 1927 (ArbGEntsch., Bd. I, S. 237); Urt. d. LArbG. Münster v. 29. November 1927 (ArbGEntsch., Bd. I, S. 249); Baum, Bem. z. Urt. d. LG. Darmstadt v. 16. Mai 1922 (JW. 1922, S. 1735 f.); Nipperdey, Bespr. d. Urt. d. OLG. Naumburg v. 17. Juni 1924 (JW. 1924, S. 281). Das RArbG. stützt seine Ansicht auf die Natur des Lehrvertrags in den einzelnen Gewerbegruppen; es stellt nicht allgemein den Lehrvertrag unter den Begriff des Arbeitsvertrags, sondern in der E. v. 14. März 1928 (Bd. I, S. 313 ff.) nur den Lehrvertrag des Baugewerbes und in der E. v. 26. September 1928 (Bd. II, S. 241 ff.) nur den des Buchdruckgewerbes. Anderer Auffassung sind OLG. Naumburg, Urt. v. 15. Mai 1925 (JW. 1925, S. 1887 f.); LG. Hannover (NZfArbR. 1922, Sp. 450); LG. Frankfurt a. M., Urt. v. 7. April 1922 (NZfArbR. 1922, Sp. 690 f.); Reichsverband des Deutschen Handwerks, Eingabe an den Reichsarbeitsminister v. 29. Juli 1920 betr. Lehrlingsordnung der Buchdrucker-Tarifgemeinschaft (DHBl. XIV, Heft 8, S. 161 ff.); Schienagel, Tarifvertrag und Lehrvertrag, GKG. XXVI, Sp. 287 f.

[14]) Die Frage ist in Theorie und Praxis umstritten. Die Regelung der Bedingungen des Lehrvertrags durch den Tarifvertrag wird von der herrschenden Meinung als nach § 1 TVO. zulässig angesehen. Diese Ansicht vertreten: Hueck-Nipperdey, Lehrbuch des Arbeitsrechts, Bd. II, S. 62 f.; Kaskel Arbeitsrecht, S. 32; Landmann-Rohmer, Kom. z. GewO., Bd. II, Vorbem. z. T. VII, Abschn. III, lit. c, δ S. 432; Sitzler, Tarifvertragsrecht, S. 13 f.; Staub, Kom. z. HGB., Anm. 1 zu § 76. S. 513 f.; Besch. d. RArbMin. v. 10. Juli 1920 (RArbBl. 1921, Amtl. T. S. 94) und v. 30. November 1920 (RArbBl. 1921, Amtl. T. S. 329), Erlaß des preußischen Handelsministers vom 4. Juni 1923 (GKG. 1923, Sp. 156, 175 f.); Erdel, Tarifvertragliche Regelung des Lehrlingswesens, SchlWes. 1922, S. 233 f.; ders., Die Regelung des Lehrlingswesens durch Tarifvertrag oder Schiedsspruch, SchlWes. 1921, S. 73 ff.; Hirte, Tarifvertrag und Lehrvertrag, Diss. S. 9 ff.; Urt. d. KG. Magdeburg v. 25. Oktober 1920 (GKG. XXVI, Sp. 160); Urt. d. LG. Dresden v. 6. September 1921 (NZfArbR. 1922, Sp. 193); Urt. d. GG. Erfurt v. 14. September 1921 (GKG. XXVII, Sp. 70); Urt. d. OLG. Hamm v. 27. Juni 1922 (GKG. XXXVIII, Sp. 57); Urt. d. LG. Berlin v. 8. Oktober 1925 (NZfArbR. 1926, Sp. 306); Urt. d. LArbG. Leipzig v. 7. November 1927 (ArbGEntsch., Bd. I, S. 244); Urt. d. LG. Münster v. 29. November 1927 (ArbGEntsch., Bd. I, S. 249); Urt. d. RArbG. v. 14. März 1928 (Bd. I, S. 313 ff.); Urt. d. RArbG. v. 4. Juli 1928 (Bd. II, S. 101 ff.); Urt. d. RArbG. v. 19. September 1928 (Bd. II. S. 226 ff.); Urt. d. RArbG. v. 26. September 1928 (Bd. II, S. 241 ff.); Urt. d. LArbG. Berlin v. 11. November 1927 (ZfDB. 1928, S. 23); Urt. d. RArbG. v. 23. Januar 1929 (NZfArbR. 1929, Sp. 511 f.); Urt. d. RArbG. v. 15. Mai 1929 (NZfArbR. 1930, Sp. 55 ff.). Anderer Auffassung sind: LG. Hannover (NZfArbR. 1922, Sp. 450); LG. Frankfurt a. M., Urt. v. 7. April 1922 (NZfArbR. 1922, Sp. 690 f.); Reichsverband für das Deutsche Handwerk, Eingabe an den Reichsarbeitsminister betr. die Lehrlingsordnung der Buchdrucker-Tarifgemeinschaft v. 29. Juli 1920 (DHBl. XIV, Heft 8, S. 161 f.); Schienagel, Tarifvertrag und Lehrvertrag, GKG. XXVI, Sp. 287 f.

[15]) Widerspruchsvoll ist das Urt. d. OLG. Naumburg v. 15. Mai 1925 (JW. 1925. S. 1887 f.), das den Lehrvertrag nicht als Arbeitsvertrag ansieht, und trotzdem eine tarifvertragliche Regelung der „arbeitsvertraglichen Bestimmungen des Lehrvertrags" für zulässig hält.

[16]) Anders OLG. Kiel, Urt. v. 26. Juni 1923 (RArbBl. 1924, S. 394). Da die Arbeitsleistung nur zur Durchführung des Lehrzweckes diene, sei der Lehrvertrag nicht Unterart des Arbeitsvertrags.

daß ein gelernter Arbeitnehmer seine Arbeitskraft zur Verfügung stellt, denn sonst wären alle für einen Beruf nicht Vorgebildeten gar nicht in der Lage, Arbeitsverträge abzuschließen [17]). Die Arbeitsleistung ist außerdem der Gegenwert für die vom Arbeitgeber oder dessen Vertretern gegebene Ausbildung und für den mit der Dauer der Lehrzeit steigenden Lohn [18]).

Mit der Pflicht zur Dienstleistung birgt der buchdruckgewerbliche Lehrvertrag zugleich die Eigenarten des Arbeitsvertrags in sich. Die Rechtswirkungen der allgemeinen tariflichen Lehrvertragsbedingungen treten nur ein, wenn neben dem Arbeitgeber auch die Lehrlinge tarifbeteiligt sind. Die Tarifbeteiligung erfolgt durch Beitritt in eine der vertragschließenden Arbeitnehmerorganisationen, wobei der minderjährige Lehrling der Zustimmung seines gesetzlichen Vertreters bedarf, oder durch Abschluß des Lehrvertrags unter Bezugnahme auf den Buchdruckertarif und im übrigen durch die Allgemeinverbindlich-Erklärung des Tarifvertrags. Die beschränkte Geschäftsfähigkeit des Lehrlings [19]) steht der Tarifbeteiligung nicht im Wege, da der gesetzliche Vertreter den Lehrvertrag nicht im eigenen Namen, sondern eben als Vertreter im Namen des Lehrlings abschließt. Da der Lehrling selbst Vertragskontrahent ist, wird durch seine Mitgliedschaft bei einer Gewerkschaft die Tarifbeteiligung herbeigeführt.

Die herrschende Lehre sucht das Verhältnis des Tarifvertrags zum Lehrvertrag durch eine gegenseitige Abgrenzung der Autonomie der Handwerkskammern einerseits und der wirtschaftlichen Vereinigungen der Arbeitgeber und Arbeitnehmer andererseits klarzustellen und erblickt in der von der Gewerbeordnung den öffentlichen Körperschaften eingeräumten Befugnis zur Regelung des Lehrlingswesens eine Schranke für die tarifliche Regelung des Inhalts der Lehrverträge [20]). Da aber die Meinungen über den Umfang der Befugnisse auseinandergehen, wird die Anzahl der Lehrvertragsbedingungen, für welche die tarifvertragliche Regelung freigestellt oder die Zuständigkeit der Handwerkskammern begründet ist, verschieden beurteilt.

Am weitesten geht die besonders in den Kreisen des organisierten

---

[17]) Abw. LG. Darmstadt, Urt. v. 16. März 1922 (JW. 1922, S. 1735 f.).

[18]) Das Entgelt für die Arbeitsleistung ist nicht essentiell für den Arbeitsvertrag. Anders: Erdel, Tarifvertragliche Regelung des Lehrlingswesens, SchlWes. 1922, S. 233 f

[19]) Ebenso Urt. d. LArbG. Berlin v. 11. November 1927 (ZfDB. 1928, Nr. 3, S. 23). Die Minderjährigkeit der Lehrlinge wurde zu einem haltlosen Einwand gegen die Regelung der Lehrvertragsverhältnisse durch die Lehrlingsordnung der Tarifgemeinschaft vom Reichsverband des Deutschen Handwerks gemacht. Vgl. die Eingabe an den Reichsarbeitsminister v. 29. Juli 1920 (DHBl. XIV, Heft 8, S. 161 ff.).

[20]) Vgl. Erdel, Die Regelung des Lehrlingswesens durch Tarifvertrag oder Schiedsspruch, SchlWes. 1921, S. 74; Hirte, Tarifvertrag und Lehrvertrag, Diss., S. 11 ff.; Landmann-Rohmer, Kom. z. GewO., Bd. II, Vorbem. z. T. III, Abschn. VII, lit. c, δ, S. 432; Sitzler, Tarifvertragsrecht, S. 13 f.; Besch. d. Reichsarbmin. v. 10. Juli 1920 (RArbBl. 1921, Amtl. T., S. 94) und v. 30. November 1920 (RArbBl. 1921, Amtl. T., S. 329); Baum, Bespr. d. Urt. d. LG. Darmstadt v. 16. Mai 1922 (JW. S. 1735 f.); Nipperdey, Bespr. d. Urt. d. OLG. Naumburg v. 17. Juni 1924 (JW. S. 281); Urt. d. GG. Erfurt v. 14. September 1921 (GKG. XXVII, Sp. 70); Urt. d. LG. Frankfurt a. M. v. 7. April 1922 (NZfArbR. Sp. 690 f.); Urt. d. OLG. Naumburg v. 17. Juni 1924 (JW. S. 281); Urt. d. LArbG. Münster v. 29. November 1927 (ArbGEntsch., Bd. I, S. 245 ff.).

Handwerks vertretene Auffassung, daß die Aufgabe der Innungen, der Handwerks- und Gewerbekammern zur Regelung des Lehrlingswesens eine umfassende sei. Die öffentlichen Körperschaften könnten alle Bedingungen des Lehrvertrags durch bindende Rechtsnormen für die Vertragsparteien bestimmen[21]). Eine zweite Theorie[22]) schließt aus den Worten „nähere Regelung" in § 103 e Ziff. 1 GewO., daß es sich nicht um das gesamte Lehrlingswesen, sondern nur um die Spezialregelung der in den §§ 126 bis 132 a GewO. enthaltenen allgemeinen Vorschriften handele. Die „nähere Regelung" solle sich den beruflichen Eigenarten der handwerklichen Ausbildung anpassen, wobei sie sich in dem Rahmen der allgemeinen Vorschriften der §§ 126 bis 132 a GewO. zu halten hätte. Auf diese Begründung meint man die Theorie stützen zu können, daß es Aufgabe der Handwerkskammern und Innungen sei, die Regelung der Ausbildung der Lehrlinge vorzunehmen.

Die Körperschaften seien ausschließlich zuständig, bindend den Inhalt des Lehrvertrags zu regeln, soweit er seiner Natur nach Ausbildungsvertrag sei. Dagegen sei der Inhalt des arbeitsvertraglichen Bestandteils des Lehrvertrags, z. B. die Entlohnung, der Urlaub, die Arbeitszeit und die Ruhepausen, nicht der Regelung durch die öffentlich-rechtlichen Körperschaften zugängig und könne deshalb zum Gegenstand des Tarifvertrags gemacht werden.

Abgesehen davon, daß aus den Worten „nähere Regelung" die Deutung einer derartigen Begrenzung der Zuständigkeit der Kammern nicht möglich erscheint, ist eine Zerlegung des Lehrvertrags in arbeitsvertragliche und ausbildungsvertragliche Bestimmungen willkürlich und in keiner Weise durchführbar[23]). Es ist nicht recht einzusehen, daß die Formvorschriften des § 126 Abs. 1 und 2, die Fürsorgepflichten nach § 127 Abs. 1 S. 2 und 3, die Verbote der Ausnutzung gemäß § 127 Abs. 2, die gesetzlichen Bestimmungen über die Probezeit und Auflösung des Lehrverhältnisses (§ 127 b), über das Zeugnis (§ 127 c) u. a. nicht arbeitsvertragsrechtlicher Natur seien, wiewohl die Arbeitsverträge von gleichartigen Gesetzesbestimmungen ihre inhaltliche Ausgestaltung erfahren. Die willkürliche Zerlegung eines einheitlichen Vertrags offenbart schon die ganze Haltlosigkeit dieser Theorie.

Aehnlich steht es mit der herrschenden Meinung. Sie spricht sowohl den Handwerkskammern und Innungen eine „Autonomie" zum Erlasse von Vorschriften auf dem Gebiete des Lehrlingswesens als auch den wirtschaftlichen Vereinigungen der Arbeitgeber und Arbeitnehmer eine „Autonomie" zur Regelung der Bedingungen für den Abschluß von Arbeitsverträgen, also auch von Lehrverträgen, zu. Damit sich die

[21]) Vgl. Erdel, Die Regelung des Lehrlingswesens durch Tarifvertrag oder Schiedsspruch, SchlWes. 1921, S. 74; Nipperdey, Bespr. d. Urt. d. OLG. Naumburg v. 17. Juni 1924 (JW. S. 281); Urt. d. GG. Erfurt v. 14. September 1921 (GKG. XXVII, Sp. 70): Urt. d. OLG. Naumburg v. 17. Juni 1924 (JW. S. 281).

[22]) Ihre Vertreter sind Hirte, Tarifvertrag und Lehrvertrag, Diss. S. 13 ff.; OLG. Naumburg, Urt. v. 15. Mai 1925 (JW. 1925, S. 1887 f.).

[23]) Ebenso Urt. d. OLG. Kiel v. 20. Juni 1923 (RArbBl. 1924, S. 394).

Autonomie der Handwerkskammern und Innungen einerseits und die der wirtschaftlichen Verbände andererseits nicht überschneiden, werden sie gegeneinander in der Weise abgegrenzt, daß man den Handwerkskammern und Innungen nur die Befugnis, den öffentlich-rechtlichen Inhalt des Lehrvertrags zu regeln, und den Berufsverbänden lediglich die Befugnis zur Regelung des privatrechtlichen Teils des Lehrvertrags zuerkennt [24]). Diese Theorie stellt zwar nicht auf den Gegenstand, wohl aber auf die ratio der einzelnen Rechtsvorschrift ab. Danach sind zum Erlaß von Rechtsnormen, welche überwiegend dem Schutze öffentlicher Interessen im Lehrverhältnis dienen, die öffentlich-rechtlichen Körperschaften, von solchen, die überwiegend dem Schutze der Einzelinteressen entsprechen, die Berufsverbände befugt. Nach dieser Auffassung erscheint das Lehrverhältnis als ein gemischtes, d. h. von gleichzeitig privatrechtlicher und öffentlich-rechtlicher Natur. Auf solche Weise läßt sich gleichfalls eine scharfe Unterscheidung der Vorschriften des Lehrvertrags nicht vornehmen. Außerdem ist nach der für die Rechtseinteilung allein brauchbaren Subjektstheorie ein gleichzeitig privatrechtliches und öffentlich-rechtliches Rechtsverhältnis undenkbar [25]). Außerdem besteht eine kollektive Autonomie der Berufsverbände überhaupt nicht und das Recht der Kammern zur Aufstellung von Rechtssätzen nur in einem sehr bescheidenen Umfange.

Die Rechtsunsicherheit wird noch dadurch erhöht, daß man verschiedentlich annimmt, durch den Tarifvertrag könne auch die nähere, an sich den Gewerbekammern vorbehaltene Regelung des Lehrlingswesens erfolgen, wenn die öffentlichen Körperschaften von ihren Befugnissen keinen Gebrauch gemacht haben [26]). Für den Vorrang einer der beiden Regelungen findet sich im Gesetz gleichfalls kein Anhalt.

Die Theorien kommen, indem sie davon ausgehen, daß die Lehrlingsbestimmungen der Tarifverträge und der Handwerkskammern Rechtssätze darstellen, durch die willkürliche und ungenaue Bestimmung des Umfanges von angenommenen Delegationen der rechtssatzschaffenden Kraft zu unklaren und unbefriedigenden Ergebnissen. Einer solchen Abgrenzung des Umfanges der Autonomie bedarf es zur Feststellung der gegenseitigen Beziehungen der verschiedenen Regelungen des Lehrverhältnisses gar nicht, wenn man die Rechtsnatur der auf Grund des § 103e Ziff. 1 GewO. von den Gewerbe- und Handwerkskammern erlassenen Vorschriften klarstellt. Aus dem oben S. 107 ff. geschilderten Charakter der Kammern als öffentlich-rechtliche Zwangs-

---

[24]) Ihre Vertreter sind: Landmann-Rohmer, Kom. z. GewO., Bd. II, Vorbem. z. T. VII, Abschn. II, lit. c, γ S. 432; Sitzler, Tarifvertragsrecht, S. 13 f.; Baum, Bespr. d. Urt d. OLG. Darmstadt v. 16. Mai 1922 (JW. S. 1735 f.); den RArbMin., Besch. v. 30. November 1920 (RArbBl. 1921, Amtl. T. S. 329); Urt. d. LArbG. Münster v. 29. November 1927 (ArbGEntsch., Bd. I, S. 249).

[25]) Abw. Urt. d. LArbG. Münster v. 29. November 1927 (ArbGEntsch., Bd. I, S. 249).

[26]) So Erdel, Die Regelung des Lehrlingswesens durch Tarifvertrag oder Schiedsspruch, SchlWes., S. 74; Hirte, Tarifvertrag und Lehrvertrag, Diss., S. 18; Landmann-Rohmer, Kom. z. GewO., Bd. II, Vorbem. z. T. VII, Abschn. III, lit. c, γ S. 432; Besch. d. RArbMin. v. 30. November 1920 (RArbBl. 1921, Amtl. T., S. 329); Urt. d. GG. Erfurt v. 14. November 1921 (GKG. XXVII, Sp. 70).

genossenschaften von Handwerkern geht die rechtliche Eigenart der von ihnen erlassenen Vorschriften hervor. Ihre Geltungskraft entspringt in der Hauptsache der Vereinsgewalt, welche die Kammern befähigt, ihre Mitglieder für die bestimmten Zwecke der übertragenen öffentlichen Verwaltung in Anspruch zu nehmen. Das gilt für die Vorschriften, welche den Handwerkern ein bestimmtes Verhalten, in der Regel zur Sicherung einer im öffentlichen Interesse notwendigen Lehrlingsausbildung, gebieten. Sie bestimmen die Ordnung eines öffentlichen Rechtsverhältnisses, an dem als berechtigtes Rechtssubjekt die Gewerbekammer, als verpflichtetes der Handwerker, welcher Lehrlinge hält, beteiligt sind [27]. Was in Verwaltungsvorschriften an Anforderungen, welche die Lehrlinge zu erfüllen haben, gestellt wird, ist Gegenstand eines öffentlichen Rechtsverhältnisses zwischen der Gewerbekammer und dem Lehrlinge, der sich in einem besonderen rechtlichen Abhängigkeitsverhältnisse zum Selbstverwaltungsträger befindet. Die Vorschriften gelten also nur kraft der Vereinsgewalt oder eines besonderen Nutzungsverhältnisses für die an den öffentlichen Rechtsverhältnissen beteiligten Personen, keinesfalls aber für die Parteien des privaten Lehrvertragsverhältnisses. Auch durch die Autonomie der Gewerbekammern, welche auf den §§ 130, 130 a Abs. 2 und 150 Ziff. 4 a beruht, werden nicht die Rechtsbeziehungen zwischen Lehrherrn und Lehrling ausgestaltet. Die autonomen Satzungen, deren Gegenstand die zulässige Höchstzahl der Lehrlinge, die Dauer der Lehrzeit und die Beurkundung des Lehrvertrags darstellen, enthalten öffentliche Rechtssätze [28], die bestimmen, was die Handwerker, welche Lehrlinge halten, dem Träger öffentlicher Gewalt zu erfüllen verpflichtet sind.

Es kann eine Kollision mit den tariflichen Lehrlingsbestimmungen in keiner Weise eintreten, weil deren Rechtswirkungen Verpflichtungen aus ganz anderen Rechtsverhältnissen sind. Die Bestimmungen des Buchdruckertarifs über die Entlohnung und den Urlaub der Lehrlinge (§ 23 Ziff. 9 und 10) sind für das Lehrvertragsverhältnis zwischen dem Lehrherrn und dem Lehrling unmittelbar verbindlich. Die Lehrlingsskala (§ 23 Ziff. 1—8) gehört hingegen nicht zu den tarifvertraglichen allgemeinen Arbeitsbedingungen [29]. Nach Entstehung und Zweck soll sie nicht gegenseitige Rechte und Pflichten der Parteien des einzelnen Arbeitsvertragsverhältnisses begründen, sodaß ein Verstoß gegen die Lehrlingsskala eine Pflichtverletzung des Arbeitgebers gegenüber den Lehrlingen oder den Arbeitnehmern darstellen würde. Die Einhaltung der Lehrlingsskala ist nicht Voraussetzung für die Arbeitspflicht des einzelnen Arbeitnehmers. Die Lehrlingsskalen im Druckgewerbe waren von Anfang an ein Ausdruck des Willens, die wirtschaftliche Notlage des Gesamtgewerbes zu beseitigen. Das allgemeine Interesse dieses

27) Vgl. Urt. d. LArbG. Leipzig v. 7. November 1927 (ArbGEntsch. Bd. I, S. 242).

28) Abw. Hueck-Nipperdey, Lehrbuch des Arbeitsrechts, S. 134. Die Regelung der Dauer der Lehrzeit sei objektiv-rechtlich, zwingend privatrechtlich.

29) Ebenso Urt. d. RArbG. v. 26. September 1928 (Bd. I, S. 245).

Qualitätsgewerbes verbietet die übermäßige Einstellung von Lehrlingen und deren unzulängliche Ausbildung, als schädlich sowohl für die Unternehmerschaft wie für die Arbeitnehmerschaft. Für die Gestaltung der Verhältniszahlen der Skala war der jeweilige Stand der Arbeitslosigkeit von entscheidendem Einfluß. Dieses Prinzip ist schon im Deutschen Buchdruckertarif von 1906 mit folgender Bestimmung klar zum Ausdruck gebracht worden: „Der Tarifausschuß hat bei der jeweiligen Neuberatung bzw. Revision des Tarifes die Lehrlingsskala mit Rücksicht auf die Arbeitslosigkeit zu regulieren. Als Maßstab hat hierbei die Zahl von 3 Prozent Arbeitsloser zu gelten". Die Tarifgemeinschaften haben im allgemeinen gewerblichen Interesse ihre Arbeitgebermitglieder verpflichtet, die Lehrlingsskala einzuhalten. Im Buchdrucker-Tarifvertrag bildet die Skala den Inhalt einer obligatorischen Vertragspflicht des Deutschen Buchdrucker-Vereins gegenüber den beiden Arbeitnehmerverbänden. Nur diesen Verein, nicht seine Mitglieder, die Arbeitgeber, trifft die Verpflichtung. Der Deutsche Buchdrucker-Tarifvertrag verpflichtet nicht die Arbeitgeber zur Einhaltung der Lehrlingsskala, sondern den Arbeitgeberverband gegenüber den Arbeitnehmerverbänden, dafür Sorge zu tragen, daß seine Mitglieder nicht mehr Lehrlinge einstellen, als es die Lehrlingsskala zuläßt. Als obligatorische Bestimmung ist die Lehrlingsskala gemäß § 2 TVO. nicht der Allgemeinverbindlichkeitserklärung zugängig.

Die in den verschiedenen Rechtsverhältnissen bestehenden Pflichten widerstreiten einander nicht, mag auch ihre Erfüllung in verschieden weitgehenden gleichartigen Leistungen bestehen. Sie sind vielmehr unabhängig nebeneinander begründet. Fehl geht demnach die herrschende Meinung, daß die tariflichen Lehrlingsbestimmungen die Befugnisse der Kammern und Innungen durchkreuzen oder unmöglich machen, wenn nicht die Befugnisse der Tarifparteien und der öffentlichen Körperschaften beschränkt würden [30]). Die Verdrängung der tariflichen Regelung könnte nur erfolgen durch eine Befugnis der öffentlichen Körperschaften zur Festlegung der privatrechtlichen, lehrvertraglichen Rechte und Pflichten durch zwingende Sätze des objektiven Privatrechtes oder durch die Ermächtigung zum Erlaß solcher öffentlicher Rechtssätze, deren Verletzung infolge des § 134 BGB. von Einfluß auf die privatrechtliche Gültigkeit des Lehrvertrags ist.

Jene öffentlichen Körperschaften sind jedoch nicht ermächtigt zur Schaffung von objektivem Privatrecht, das mit zwingender Kraft den Inhalt der Lehrverträge bestimmt, so daß für die tarifvertragliche Regelung der Arbeitsbedingungen der Lehrlinge kein Raum mehr ist [31]). Eine so weitgehende außerordentliche Rechtswirkung der den Innungen und Gewerbekammern vorbehaltenen näheren Regelungen

---

30) Vgl. Urt. d. OLG. Naumburg v. 17. Juni 1924 (JW. S. 281).

31) Ebenso Urt. d. RArbG. v. 14. März 1928 (Bd. I, S. 317); Urt. d. RArbG. v. 26. September 1928 (Bd. II, S. 244).

des Lehrlingswesens müßte durch eine klare und eindeutige Gesetzesbestimmung verliehen worden sein [32]).

Soweit eine Delegation der gesetzgebenden Gewalt vorliegt, besteht sie in der Verleihung der Zuständigkeit zur Schaffung gewisser öffentlicher Rechtssätze, von denen aber unter Ausnahme der Festsetzung der Höchstdauer der Lehrzeit (GewO. § 130a Abs. II) der Tarifvertrag in jeder Beziehung abweichen kann.

Infolge der gleichwertigen und unabhängigen Geltung der verschiedenartigen Vorschriften über das Lehrlingswesen kann sich der Lehrherr nicht darauf beschränken, nur eine ihm am günstigsten erscheinende Bestimmung zu erfüllen. Er kann z. B. nicht eine geringere als tarifliche Entlohnung damit rechtfertigen, daß er den Lehrlingen das Kostgeld gewähre, wie es die Lehrlingsordnung vorschreibe [33]). Das gleiche gilt für den Urlaubsanspruch der Buchdruckerlehrlinge. Umgekehrt kann der Buchdruckhandwerker auch nicht mit der Rechtfertigung, daß der Ueberstundenzuschlag tarifvertraglich geregelt sei, den höheren Aufschlag der Lehrlingsordnung ignorieren [34]). Wenn sich der Lehrherr mit der Erfüllung der Mindestleistungen der Lehrlingsordnung, die in einem geringeren als die tariflichen Arbeitsbedingungen bestehen, begnügt, kommt er seiner Vertragspflicht gegenüber dem Lehrling nicht nach, denn nach § 1 der TVO. sind vom Tage des Inkrafttretens des Buchdruckertarifs die als allgemeine Arbeitsbedingungen der Lehrlinge aufgestellten Sätze Bestandteil jedes einzelnen Lehrvertrages an Stelle der in ihm vereinbarten, dem Lehrlinge ungünstigeren Bedingungen. Diese unmittelbare Wirkung des Tarifes erstreckt sich sowohl auf neu abzuschließende wie auf bestehende Lehrverhältnisse. Die Rechtswirkung der tariflichen allgemeinen Arbeitsbedingungen, an die Stelle der nach § 1 TVO. unwirksamen, für die Lehrlinge ungünstigeren Bestimmungen, die vereinbart und im Lehrvertrag angegeben sind, zu treten, steht der Vorschrift der GewO. § 126b Ziff. 3 nicht entgegen, denn diese begründet lediglich die Pflicht zur Beurkundung des abgeschlossenen Lehrvertrags unter Verlautbarung eines gewissen Mindestinhalts [35]). Der Lehrherr muß die weitgehendste der Vorschriften, welche eine gleichartige Leistung verlangen, befolgen, um alle Pflichten erfüllt zu haben [36]). Die Erfüllung der Pflichten sowohl aus der Lehrlingsordnung wie aus dem Tarifvertrag obliegt nicht allen Lehrherrn. Die allgemeinen Arbeitsbedingungen des Buchdruckertarifs sind infolge ihrer Allgemein-Verbindlich-

---

[32]) Ebenso Urt. d. RArbG. v. 14. März 1928 (Bd. I, S. 317).

[33]) Ebenso Urt. d. LArbG. Leipzig v. 7. November 1927 (ArbGEntsch. Bd. I, S. 242); Urt. d. RArbG. v. 26. September 1928 (Bd. II, S. 241 ff.).

[34]) Vgl. KorrfDB. 1930, Nr. 12, S. 79.

[35]) Vgl. Urt. d. RArbG. v. 14. März 1928 (Bd. I, S. 318).

[36]) An dieser bestehenden Rechtslage ändert auch der Entwurf des Berufsausbildungsgesetzes (§ 25) nichts. Die tarifliche Regelung des Lehrvertrags wird ebensowenig von den Vorschriften des Entwurfs beeinträchtigt Abw. Hirte, Tarifvertrag und Lehrvertrag, Diss., S. 27 ff.

erklärung für alle Lehrverhältnisse maßgebend. Die Lehrlingsordnungen dagegen begründen innerhalb ihres räumlichen Geltungsbereiches nur Pflichten der Inhaber von Buchdruckhandwerksbetrieben. Was eine handwerksmäßige Buchdruckerei ist, läßt sich mangels einer Legaldefinition des Begriffes Handwerk nur durch Nachprüfung im Einzelfall feststellen, ob die essentiellen Merkmale dieser Betriebsform vorliegen, die durch eine auf der Rechtsprechung des Reichsgerichts beruhenden, herrschenden Rechtsauffassung sowie durch die Anschauung des Verkehrs herausgebildet worden sind [37]). Alle Buchdruckereien deshalb als Handwerksbetriebe zu bezeichnen, weil die in ihnen verrichtete Tätigkeit sich in Groß- und Kleinbetrieben in vieler Hinsicht gleicht und ursprünglich Handarbeit war, ist abwegig. Ebenso haltlos ist die gleichfalls von den Gewerbekammern vertretene Begründung der handwerklichen Natur der Buchdruckereibetriebe damit, daß in ihnen „handwerklich ausgebildete" Arbeitnehmer beschäftigt werden. Das Handwerk ist keine Tätigkeitsform, sondern eine gewerbliche Betriebsform. Das Buchdruckgewerbe wird in den gewerblichen Betriebsformen des Handwerks und der Fabrik betrieben. Den Buchdruckhandwerksbetrieb kennzeichnen folgende wesentliche Merkmale:

1. In den Betrieben ist es üblich, daß der Prinzipal am technischen Hergang der Produktion mitwirkt. Die Betätigung ist dabei zugleich eine leitende und ausführende. Der Handwerker steht in persönlicher Fühlung zu allen seinen Arbeitnehmern. In Buchdruckfabriken dagegen betätigt sich der Unternehmer nicht produktiv im Betriebe. Die technische und kaufmännische Leitung sind hier organisatorisch und räumlich geschieden. Das Eingreifen in den Lauf der Produktion durch den Unternehmer geschieht in der Regel durch Anweisungen an Abteilungsvorsteher und die Ueberwachung durch Kontrollsysteme.

2. Eine fabrikmäßige Spezialisierung der Arbeitsleistung ist nicht durchgeführt. Der Arbeitnehmer wird nicht ausschließlich mit ganz bestimmten beruflichen Verrichtungen, z. B. mit Tabellen-, Inseraten-, Werksatz, im Umbruch, mit farbigem Druck u. dgl. beschäftigt, sondern seine Arbeit ist eine vielseitige. Der Mangel organisierter Arbeitsteilung tritt in der Gliederung des Betriebes zutage. Der buchdruckhandwerkliche Betrieb zerfällt in höchstens 3 räumlich gegliederte technische Abteilungen, in Setzerei, Druckerei und vielleicht Buchbinderei. In der Buchdruckfabrik findet sich eine weitergehende Gliederung, z. B. durch eine besondere Akzidenz-Abteilung, Werksetzerei, Umbruchabteilung, Maschinensetzerei, Stereotypie, Schnellpressensaal mit schwarzer und farbiger Abteilung, Offset-, Rotationsdruckerei u. a. m. Die auf rationeller Arbeitszerlegung beruhende Arbeitsteilung, das Durchlaufen des Hergangs der Produktion durch verschiedene Stadien,

---

[37]) Die Eintragung in das Handelsregister kann nicht als eindeutiges Merkmal für den nicht handwerksmäßigen Betrieb trotz Formulierung des § 1 Ziff. 9 HGB. angesehen werden.

sind wesentliche Kriterien für das fabrikmäßige Betreiben des Buchdruckgewerbes.

3. Die Anzahl der technischen Betriebsmittel ist eine geringe. Als Norm kann in fast allen Fällen die Zahl der Schnellpressen dienen. Die Einrichtung des handwerksmäßigen Druckereibetriebes besteht aus drei, im Höchstfalle aus vier Schnellpressen. Auch die Zahl der Arbeitnehmer hält sich in bescheidenem Rahmen. Die Höchstzahl der in handwerksmäßigen Buchdruckereien beschäftigten Arbeitnehmer kann man mit 25 bemessen [38]) [39]). Infolge des schwankenden Beschäftigungsgrades ist die Arbeitnehmerzahl als Merkmal nur von sekundärer Bedeutung. Das gleiche gilt auch für die Höhe des Umsatzes. Als Unterscheidungsmerkmal der gewerblichen Betriebsformen, das zwar gleichfalls nicht für alle Fälle eindeutig ist, kann die Höhe des investierten Kapitals herangezogen werden. Der Anschaffungswert handwerklicher Druckereien ist ein verhältnismäßig geringer.

Da die Unterscheidungsmerkmale (Umsatz, Umfang der Betriebsmittel, Arbeitnehmerzahl) von Handwerks- und Fabrikbetrieb im wirtschaftlichen Leben dauernden Schwankungen unterliegen und deshalb eine klare Feststellung der Zugehörigkeit zu einer der beiden gewerblichen Betriebsformen Schwierigkeiten bereitet, hat der Gesetzgeber durch die Novelle zur GewO. vom 11. Februar 1929 die Registrierung der Handwerksbetriebe durch die Handwerkskammern eingeführt (GewO. § 104 o. ff.). Das öffentliche Verzeichnis — die Handwerksrolle — hat zwar nicht die Wirkung, daß ein Betrieb durch seine Eintragung als handwerksmäßiger gilt, jedoch knüpfen sich an die Eintragung andere bedeutsame Rechtsfolgen: Die eingetragenen Gewerbetreibenden gehören auch dann, wenn ihr Betrieb über den Umfang des Handwerks hinausgeht, der Handwerkskammer und einer etwa bestehenden Zwangsinnung als Mitglieder an. Für die Zwangsmitgliedschaft zur Innung ist dies ausdrücklich in § 100 f Abs. 1 GewO. ausgesprochen, für die zur Handwerks- bzw. Gewerbekammer geht dies aus §§ 103 b, 103 bc und 103 l Abs. 1 S. 2 GewO. hervor. Die eingetragenen Gewerbetreibenden erhalten das passive und aktive Wahlrecht zur Handwerkskammer und unterliegen der Beitragspflicht zur Deckung der Handwerkskammerkosten. Somit werden die eingetragenen Nichthandwerker den Handwerkern gleichgestellt [40]) und ihnen obliegt demzu-

---

[38]) Vgl. die Richtlinien des DBV. für die Eintragung von Buchdruckereibetrieben in die Handwerksrolle.

[39]) Nicht ernst zu nehmen ist der Standpunkt der Berliner Handwerkskammer, weil ihm eine ganz laienhafte Anschauung über das Druckgewerbe zugrunde liegt. Die Berliner Handwerkskammer sieht erst dann eine Druckerei als fabrikmäßig an, wenn

1. die Zahl der handwerklich ausgebildeten Arbeitnehmer mehr als 100 beträgt, wobei also die an- bzw. ungelernten Hilfskräfte sowie die Lehrlinge außer Ansatz bleiben,
2. die Zahl der Rotationsmaschinen die Zahl der Schnellpressen übersteigt; die Rotationsmaschinen werden nach ihrer Rollenzahl beurteilt, eine Rolle gleich eine Schnellpresse. Setzmaschinen bleiben außer Betracht.

[40]) Abwegig ist aber die Meinung, die Eintragung in die Handwerksrolle genieße insofern öffentlichen Glauben. Abwegig Schindler-v. Hofmann, Das Körperschaftsrecht des Handwerks, Vorbem. z. Tit. VI a u. e, S. 263; v. Landmann-Rohmer, Kom. z. GewO., Bd. II. 1. T., Anm. 2 z. § 111 S. 105 f.

folge gleichermaßen die Erfüllung der Satzungsbestimmungen über das Lehrlingswesen. Dagegen erstreckt sich aber die Rechtssatzwirkung von Vorschriften der Satzung, soweit ihnen diese durch Autonomie zukommt, nur auf diejenigen Mitglieder, die ihr Gewerbe handwerksmäßig betreiben. Daher ist insofern die Nachprüfung der gewerblichen Betriebsform trotz Eintragung in die Handwerksrolle unerläßlich.

Die Arbeitgeberorganisation veranlaßte die Handwerks- und Gewerbekammern zum Erlasse von Lehrlingsordnungen, weil sie der Meinung war, daß diese Ordnungen die tarifliche Regelung der Lehrverhältnisse, insbesondere der Lehrlingsskala, beseitigen würde[41]. Diese Rechtsauffassung ist, wie oben angeführt wurde, falsch, denn es steht die auf Grund des § 103 e Ziff. 1 den Kammern vorbehaltene Regelung des Lehrlingswesens einer tarifvertraglichen Regelung des Lehrverhältnisses nicht entgegen, weil die Regelung der öffentlichen Körperschaften sich grundsätzlich in der Aufstellung öffentlich-rechtlicher statutarischer Schutzbestimmungen erschöpft, die den Lehrherrn gegenüber der Körperschaft zur Gewährung von Mindestleistungen zugunsten der Lehrlinge verpflichten.

Der Deutsche Buchdruckertarif enthält unter § 23 a Abs. 1 folgende Bestimmung, die auf die Lehrlingsordnung Bezug nimmt: „Soweit von Handwerks- und Gewerbekammern eine Lehrlingsordnung für das Buchdruckgewerbe mit Zustimmung der vertragschließenden Organisationen oder ihrer satzungsgemäßen Organe erlassen ist, gelten die entsprechenden Bestimmungen der Lehrlingsordnung." Es kommt in ihr nicht zum Ausdruck, daß die Lehrlingsordnung an die Stelle der im § 23 des Tarifs enthaltenen Lehrlingsbestimmungen trete[42].

Die Lehrlingsordnung enthält gar keine Bestimmungen, die geeignet wären, an die Stelle der tariflichen zu treten, denn sie begründet keine Rechtswirkungen für dieselben Rechtsverhältnisse, für das Arbeitsvertragsverhältnis und für die obligatorischen Beziehungen der Tarifverbände untereinander wie die Vorschriften des § 23 des Tarifvertrags. Eine Verpflichtung der Lehrherren und Lehrlinge zur Einhaltung der Lehrlingsordnung können die Verbände gar nicht begründen, da dieselbe, weil sie außerhalb der arbeitsvertraglichen Rechtsbeziehungen steht, ohne unmittelbare Wirkung auf die Lehrverträge ist und da es Verträge zu Lasten Dritter im geltenden Rechte nicht gibt. In § 23 a Abs. 1 ist ein schuldrechtliches gegenseitiges Versprechen der Verbände, mit allen Kräften darauf hinzuwirken, daß die Lehrherren und Lehrlinge die Leistungen der Lehrlingsordnungen den Handwerkskammern erbringen, zu erblicken. Die Verbandspflicht beschränkt sich

---

41) Vgl. ZfDB. XXXVII, Nr. 33, S. 247, Welche Voraussetzung hat die neue Lehrlingsordnung zu erfüllen; Eckert, Die neue Lehrlingsordnung für das Buchdruckgewerbe, ZfDB. v. 5. Januar 1926, Nr. 2, S. 17; Woelck, Die Lehrlingsordnung, ZfDB. v. 15. September 1925, Nr. 74, S. 603.

42) Eine andere Auffassung vertritt der Kom. z. Deutschen Buchdruckertarif, herausgeg. v. DBV., Anm. 2 zu § 23 a, S. 147. Wie hier E. d. Reichsschiedsamts v. 5. Juli 1927 (Kom. z. DBT., Anm. 1, zu § 23 a, S. 147).

dabei auf „entsprechende“ Bestimmungen, d. h. auf die Lehrlingsskala, die Lohn- und Urlaubsregelung der Lehrlingsordnung, welche mit den tariflichen Bestimmungen gegenstandsgleich sind. Da die Verbände sich schon versprochen haben, für die Einhaltung der Lehrlingsbestimmungen (§ 23) durch ihre Mitglieder Sorge zu tragen, tritt die Bedeutung der Vorschrift ganz zurück.

Die unrichtige Rechtsauffassung von dem Verhältnis der tariflichen Lehrlingsbestimmungen zu den Lehrlingsordnungen wurde bei der Tarifrevision vom 2. März 1930 von Einfluß auf den Inhalt des Tarifvertrags. Die Arbeitgeber- und Arbeitnehmervertreter waren gemeinsam davon überzeugt, daß eine weitere Einschränkung der Lehrlingshaltung notwendig wäre, weil die große Arbeitslosigkeit im Buchdruckgewerbe weniger auf die Wirtschaftskrise, vielmehr auf die in den letzten Jahren erfolgte Maschinisierung des Satz- und Druckverfahrens zurückzuführen sei[43]). Die Arbeitgeberorganisation brachte ihre irrige Rechtsauffassung zur Geltung, daß die Herabsetzung der Lehrlingshöchstzahlen zum Zwecke der Minderung der Arbeitslosigkeit nicht durch Aenderungen der tariflichen Skala, sondern nur durch eine Neufassung der Lehrlingsbestimmungen der Lehrlingsordnungen herbeigeführt werden könne[44]). Demzufolge begnügten sich die Verbände mit der beiderseitigen obligatorischen Verpflichtung (§ 23a Abs. 2 ff.), den Handwerks- und Gewerbekammern Anträge auf bestimmte Aenderungen der Lehrlingsordnung zur Beschlußfassung zu unterbreiten. Abgesehen davon, daß nach dem oben Ausgeführten einer Aenderung der tariflichen Lehrlingsskala nichts entgegensteht, beruht die Auffassung der Berufsverbände, den Kammern Anträge zur Beschlußfassung vorlegen zu können, auf Verkennung des Charakters dieser gesetzlichen Körperschaften. Das Recht, Anträge zu stellen, haben in einer Genossenschaft grundsätzlich nur die Mitglieder. In den Handwerks- und Gewerbekammern besitzen es nur die gewählten Vertreter, die durch die Wahl zur Wahrnehmung der Rechte der übrigen Mitglieder beauftragt sind, die sachverständigen Versammlungsmitglieder (GewO. § 103d Abs. 1, 1. Halbs.) und der Gesellenausschuß. So wie Nichtmitglieder in den Berufsverbänden keine Anträge einbringen können, sind hierzu ebensowenig Arbeitgeber- und Arbeitnehmerverbände den öffentlichen Körperschaften gegenüber berechtigt. Sie müssen sich mit dem Recht zur Eingabe begnügen, das ihnen nicht einmal einen Anspruch auf Bescheid gibt.

Das Recht, Anträge zur Beschlußfassung vorzulegen, läßt sich weder darauf stützen, daß die Berufsverbände ihre Zustimmung zum Erlaß einer Lehrlingsordnung erteilt haben, noch darauf, daß sie sich den öffentlichen Körperschaften gegenüber verpflichtet haben, die Lehrlingsordnung in allen, also auch in den nicht handwerksmäßigen Be-

---

[43]) Die Hälfte der in Druckereien stehenden Setzmaschinen ist in den Jahren 1925 bis 1930 angeschafft worden.

[44]) Vgl. Kom. z. DBT., Anm. 2 zu § 23a, S. 147.

trieben im Buchdruckgewerbe und in den Buchdruckabteilungen anderer Unternehmungen zur Durchführung zu bringen. Die Zustimmung der Berufsverbände ist für die Rechtswirkung der Lehrlingsordnung ohne jegliche Bedeutung. Auch dort, wo eine Lehrlingsordnung die Zustimmung der Verbände nicht erfahren hat, weil sie nicht ihren Wünschen entsprach, ist sie durch den Beschluß der Kammer (§ 103 a), durch Zustimmung des Gesellenausschusses (§ 103 k Ziff. 1) und durch die Genehmigung der Landeszentralbehörde und Publikation (§ 103 d Abs. 4) in Wirksamkeit getreten. Eine verbindliche Geltung der Lehrlingsordnung für alle Buchdruckereien und Buchdruckabteilungen anderer Unternehmungen (Hausdruckereien) wird durch die von den Tarifverbänden übernommene Verpflichtung, der tarifvertragliche Wirkung nicht zukommt, ebensowenig hervorgerufen [45]).

Die Aenderung einer Lehrlingsordnung zur Anpassung an die tariflichen Bedingungen ist der Gewerbekammerversammlung, dem Gesellenausschuß und der Landeszentralbehörde allein vorbehalten. Die Kammern dürfen bei Erlaß und Aenderung solcher Bestimmungen, welche Privatpersonen gegenüber dem Träger öffentlicher Gewalt zu bestimmten Verhalten verpflichten, nur das öffentliche Interesse berücksichtigen. Eine entsprechende Anpassung der Lehrlingsordnung an den Tarifvertrag braucht durchaus nicht im öffentlichen Interesse zu liegen. Die Neigung, hinter jede private Pflicht zur Sicherstellung eine entsprechende öffentliche Pflicht mit Strafandrohung zu stellen, ist die Wiederkehr polizeistaatlicher Tendenzen. Der Inhalt der Delegation der rechtssatzschaffenden Kraft nach § 130 GewO. begrenzt den Umfang der Autonomie in der Weise, daß er die Handwerks- und Gewerbekammern zum Erlasse von Vorschriften über die Höchstzahl von Lehrlingen nur zum Zwecke der Vorbeugung einer Gefährdung ihrer Ausbildung (GewO. § 128 Abs. 1) befugt. Die Zuständigkeit berechtigt nicht zur Einschränkung der Lehrlingseinstellung aus wirtschaftspolitischen Gründen. Es ist nicht Aufgabe der Kammern, die Lehrlingseinstellung nach dem Stand der jeweiligen Arbeitslosigkeit zu regulieren, denn die ratio der Ermächtigung geht nicht dahin, geeignete Lehrplätze zu sperren, um den Zudrang des jugendlichen Nachwuchses zum Gewerbe einzuschränken, sondern nur dahin, ungeeignete Lehrstellen, die eine gute Ausbildung nicht gewährleisten, im öffentlichen Interesse auszuschalten. Eine Erhöhung der Lehrlingsstaffel müssen die Handwerks- und Gewerbekammern damit rechtfertigen können, daß die bisher geltenden Höchstzahlen der Lehrlinge im Druckhandwerk zu groß gewesen seien, als sie im Interesse einer ordentlichen Ausbildung hätten sein müssen.

---

45) Abw. ZfDB. 1926, S. 77; 1927, S. 322.

§ 29. Die Lehrlingsordnung und die Allgemeinverbindlichkeitserklärung des Deutschen Buchdruckertarifs.

Die Reichsarbeitsverwaltung pflegt der Wirkung der allgemeinen Verbindlichkeit des Deutschen Buchdruckertarifs folgende Einschränkung zu geben: „Die allgemeine Verbindlichkeit erstreckt sich nicht auf die Bestimmungen über das Schlichtungsverfahren und ferner nicht auf die Lehrlingsbestimmungen, soweit durch Handwerkskammern oder Innungen innerhalb ihrer gesetzlichen Befugnisse anderweite Bestimmungen getroffen sind oder getroffen werden."

Damit ist gesagt, daß die der Allgemeinverbindlichkeitserklärung unterworfenen allgemeinen Arbeitsbedingungen des Buchdruckertarifs für die Außenseiter insoweit keine Geltung haben, als die Handwerkskammern oder Innungen innerhalb ihrer gesetzlichen Befugnisse anderweite Lehrlingsbestimmungen getroffen haben oder treffen werden. Gemeint können nur solche Lehrlingsbestimmungen der öffentlichen Körperschaften sein, deren Geltung die tarifliche Regelung erübrigt. Es kann sich nur um solche Bestimmungen handeln, die in einer für die beiden Beteiligten des Lehrvertrags bindenden Weise erfolgen können oder erfolgt sind[46]).

Diese Wirkung hat nur zwingendes objektives Privatrecht, das zu schaffen aber die Körperschaften nicht ermächtigt sind. Auch auf die von den Gewerbe- und Handwerkskammern erlassenen öffentlichen Rechtssätze, durch deren Verletzung tarifliche Lehrlingsbestimmungen wirkungslos werden, kann sich die Einschränkung nicht beziehen, da die Allgemeinverbindlicherklärung nur hinsichtlich r e c h t s w i r k s a m e r allgemeiner Arbeitsbedingungen die Ausdehnung der Tarifbeteiligung bewirkt[47]). Die in der Allgemeinverbindlicherklärung aufgenommene Ausnahmebestimmung ist daher überflüssig und gibt nur zu Irrtümern Veranlassung.

Von den Strafrechtssätzen der Handwerks- und Gewerbekammern sind die Vorschriften über die Lehrlingshöchstzahlen (GewO. § 130) und über die Verlautbarung der Lehrvertragsbedingungen (GewO. § 150 Ziff. 4 a) für die Wirksamkeit tariflicher Lehrlingsbestimmungen ohne Einfluß, da aus Verstößen gegen diese Rechtssätze sich nicht die Ungültigkeit der Lehrverträge herleitet[48]). Jedoch darf der Tarifvertrag nicht den Bestimmungen der Handwerkskammern über die Höchstdauer der Lehrzeit (§ 130 a GewO.) zuwiderlaufen. Da die Handwerks- und

---

46) Ebenso Urt. d. RArbG. v. 26. September 1928 (Bd. II, S. 244).

47) Völlig abwegig Klimsch 1927, Nr. 102, S. 2380 f., Lehrlingswesen und Tarifvertrag, „Die Allgemeinverbindlichkeit der Bestimmung des Buchdruckertarifs über die Lehrlingsskala (!) ist nur dann wirksam, wenn eine Handwerkskammer von ihrer gesetzlichen Befugnis auch Gebrauch gemacht hat." Diese Auffassung geht schon deshalb fehl, weil die Lehrlingsskala des Buchdruckertarifs eine obligatorische, der allgemeinen Verbindlichkeit gemäß § 2 TVO. unzugängliche Bestimmung ist.

48) Abw. Zeitschr. f. DB. XXXVII, Nr. 33, S. 247, Welche Voraussetzungen muß die neue Lehrlingsordnung erfüllen; Nipperdey, Die privatrechtliche Bedeutung des Arbeiterschutzes, in der Reichsgerichtspraxis im Deutschen Rechtsleben, 1929, S. 208 ff.

Gewerbekammern die Lehrzeit der Buchdruckerlehrlinge auf die gesetzliche Höchstdauer von vier Jahren festgesetzt haben, würde eine tarifliche Vorschrift, welche eine längere Lehrzeit vorsieht, zugleich gegen § 130 a Abs. 1 in Verbindung mit § 148 Ziff. 9 b GewO. verstoßen und gemäß § 134 BGB. nichtig sein.

Der Beschränkung der Allgemeinverbindlichkeitserklärung liegt die falsche Rechtsauffassung über das Verhältnis der tarifvertraglichen Lehrlingsbestimmungen zur Regelung des Lehrlingswesens der Innungen, Handwerks- und Gewerbekammern zugrunde. Die Reichsarbeitsverwaltung will durch die Ausnahmevorschrift andeuten, daß die Funktionen der öffentlich-rechtlichen Körperschaften auch durch die Allgemeinverbindlichkeitserklärung der tariflichen allgemeinen Lehrvertragsbedingungen keine Beeinträchtigung erfahren. Zu dieser Andeutung besteht aber bei richtiger Würdigung des Verhältnisses des Tarifvertrags zu den Lehrlingsordnungen gar keine Veranlassung.

Die geltende Regelung des Lehrlingswesens weist eine große Uneinheitlichkeit und große Lückenhaftigkeit auf. Sie wird infolge des Durcheinanders der Meinungen und der Unklarheit über das gegenseitige Verhältnis nebeneinander bestehender Regelungen des Lehrverhältnisses, wie es sich allgemein bei Arbeitgebern und Arbeitnehmern, in der juristischen Praxis, selbst in der Reichsarbeitsverwaltung dartut, noch verworrener gemacht. Der Versuch des Buchdruckgewerbes, eine einheitliche Regelung zu schaffen, ist nicht gelungen; er leidet daran, daß sich die Beteiligten nicht über den Rechtscharakter der Lehrlingsordnungen und ihrem Verhältnis zum Tarifvertrag im klaren waren. Der Versuch der einheitlichen Regelung des Lehrlingswesens durch das Buchdruckgewerbe bringt alle die strittigen Fragen zur besonderen Geltung, deren Lösung vor allem bedeutsam für den Gesetzgeber des Berufsausbildungsgesetzes sein wird.

FSC
www.fsc.org
MIX
Papier | Fördert gute Waldnutzung
FSC® C083411

Kolibri 360 GmbH
Ferdinand-Jühlke-Straße 7
99095 Erfurt, Deutschland
produktsicherheit@kolibri360.de